| 全国重点马克思主义学院建设项目成果 |

中国特色新型城镇化进程中的
城市文化发展研究
理念、框架与路径

张学昌 ◎ 著

四川大学出版社

项目策划：杨　果
责任编辑：杨　果
责任校对：孙滨蓉
封面设计：璞信文化
责任印制：王　炜

图书在版编目（CIP）数据

中国特色新型城镇化进程中的城市文化发展研究：理念、框架与路径 / 张学昌著． — 成都：四川大学出版社，2019.12
ISBN 978-7-5690-3278-9

Ⅰ．①中… Ⅱ．①张… Ⅲ．①城市文化－文化发展－研究－中国 Ⅳ．①G122

中国版本图书馆CIP数据核字（2020）第004907号

书　名	中国特色新型城镇化进程中的城市文化发展研究——理念、框架与路径
著　者	张学昌
出　版	四川大学出版社
地　址	成都市一环路南一段24号（610065）
发　行	四川大学出版社
书　号	ISBN 978-7-5690-3278-9
印前制作	四川胜翔数码印务设计有限公司
印　刷	四川盛图彩色印刷有限公司
成品尺寸	170mm×240mm
印　张	12.75
字　数	262千字
版　次	2020年8月第1版
印　次	2020年8月第1次印刷
定　价	58.00元

版权所有 ◆ 侵权必究

◆ 读者邮购本书，请与本社发行科联系。
电话：(028)85408408/(028)85401670/(028)86408023　邮政编码：610065
◆ 本社图书如有印装质量问题，请寄回出版社调换。
◆ 网址：http://press.scu.edu.cn

四川大学出版社
微信公众号

序

当今，中国特色社会主义进入了新时代。走中国特色新型城镇化道路，是党和国家在新时代大力推进的重要战略举措。中国特色新型城镇化道路是中国特色社会主义道路的组成部分，强调以人为核心的城镇化。在这条道路的开拓上，不仅要为城市"强身"，充实人民群众的物质生活；还要为城市"铸魂"，丰富人民群众的精神文化生活。城市文化发展，是一项城市的"铸魂工程"，对于传承和弘扬城市文明成果，促进城市经济高效增长和城市社会和谐发展，满足人民群众日益增长、不断升级、个性发展的美好精神文化需要，具有十分重要的意义。

党的十八大以来，中国特色新型城镇化的步伐更快、更稳、更高效，突出建设以"人文城市""绿色城市""智慧城市"为代表的社会主义城市，为城市文化发展带来了前所未有的重大机遇。当前，尽管中国特色新型城镇化进程中的城市文化发展成效显著，但也面临诸多问题。这些问题凸显了传统文化与现代文化、本土文化与外来文化、城市文化与农村文化等文化之间的矛盾与冲突，根本上是由中国处于并将长期处于社会主义初级阶段的基本国情所决定的。立足我国国情破解这些问题，在中国特色新型城镇化进程中提升城市文化发展的质量和水平，是我们当前面临的重要任务。

问题是时代的声音。本书以城市文化发展的问题为导向，探究城市文化发展的理念、战略和路径。首先，从理论上，阐释中国特色新型城镇化、城市文化发展的内涵、特点与相互关系，论证中国特色新型城镇化进程中城市文化发展的重要性和可能性，并指出城市文化发展的基本关注点，从而形成分析城市文化发展问题的理论。其次，从实践上，审视中国特色新型城镇化进程中城市文化发展面临的问题及其成因，进而从整体层面提出城市文化发展的基本理念和战略框架，从具体层面提出城市文化发展的路径选择，形成解决城市文化发展问题的系统性思路和举措。最后，遵循以人为核心的城镇化要求，将城市居民发展作为研究的出发点和落脚点，探索解决城市文化发展中"人的发展"的

中国特色新型城镇化进程中的城市文化发展研究
——理念、框架与路径

问题。

本书从中国特色新型城镇化的时代要求出发，在大量参阅国内外文献和总结我国城市文化发展实践经验的基础上，提出了推动我国城市文化发展的诸多观点：城市文化是在城市中形成并由城市居民消费的文化，其发展必须关注城市文化的传承与创新、外来文化的融合、城乡文化的协调发展、城市居民的发展；明确城市文化发展的基本理念，即坚持"传承发展""创新发展""包容发展""协调发展""共享发展"理念，延续城市历史文脉，激发文化创造活力，有序促进外来文化融合，推动城乡文化共生，增进市民文化福祉；建立和健全城市文化发展的战略框架，厘清城市文化发展的目标和原则，以优化城市文化资源、发展城市文化事业、发展城市文化产业和引导社会主体参与为战略重点，完善党领导的推进城市文化发展机制，政府、市场和社会多元参与机制，城市文化传承创新与包容协同发展机制，城乡文化一体化发展机制，市民基本文化权益保障机制，城市文化发展效能评价机制等；优化城市文化发展的路径选择，通过健全政府职能、优化产业布局、引导社会参与，提供优质高效的公共文化服务，增强城市文化发展的经济动力，壮大繁荣城市文化的社会力量，形成在党的领导下由政府、市场和社会共同参与的城市文化发展格局，增强城市文化发展的系统性和协同性。从根本上看，要坚定中国特色社会主义文化自信，促进城市居民全面发展。本书重点抓住概念、问题、理念、战略和路径五个方面，深化了对中国特色新型城镇化进程中城市文化发展问题的研究，提出的主要观点和举措具有较强的针对性和实践价值。

本书是张学昌同志在其博士论文基础上修订完成的，对于中国特色新型城镇化进程中的城市文化发展理念、发展战略和发展路径等方面的问题有一定思考，并取得了一些成果。期待作者后续可以在理论与实践的结合上进一步深化研究。

曹 萍

2019 年 9 月于四川大学

目 录

导 论 …………………………………………………………………（ 1 ）

第一章 中国特色新型城镇化与城市文化发展的基本界定………（ 5 ）
 第一节 中国特色新型城镇化的概念解读………………………（ 5 ）
 第二节 马克思主义视域下城市文化发展的学理阐释…………（ 21 ）

第二章 中国特色新型城镇化与城市文化发展的相互关系分析…（ 30 ）
 第一节 城镇化背景下新中国城市文化发展的历程回顾………（ 30 ）
 第二节 城市文化发展对中国特色新型城镇化的作用…………（ 34 ）
 第三节 中国特色新型城镇化对城市文化发展的作用…………（ 38 ）

第三章 中国特色新型城镇化进程中城市文化发展的问题审视…（ 44 ）
 第一节 中国特色新型城镇化进程中城市文化发展面临的问题…（ 44 ）
 第二节 中国特色新型城镇化进程中城市文化发展问题的成因……（ 73 ）

第四章 中国特色新型城镇化进程中城市文化发展的基本理念…（ 93 ）
 第一节 传承发展，延续城市历史文脉……………………………（ 93 ）
 第二节 创新发展，激发文化创造活力……………………………（ 98 ）
 第三节 包容发展，促进外来文化融合……………………………（103）
 第四节 协调发展，推动城乡文化共生……………………………（107）
 第五节 共享发展，增进市民文化福祉……………………………（112）

第五章 中国特色新型城镇化进程中城市文化发展的战略框架…（119）
 第一节 中国特色新型城镇化进程中城市文化发展的基本目标…（119）
 第二节 中国特色新型城镇化进程中城市文化发展的主要原则…（122）
 第三节 中国特色新型城镇化进程中城市文化发展的战略重点…（127）
 第四节 中国特色新型城镇化进程中城市文化发展的机制支撑…（134）

第六章　中国特色新型城镇化进程中城市文化发展的路径选择……………(145)
　第一节　健全政府职能，提供优质高效的公共文化服务……………(145)
　第二节　优化产业布局，增强城市文化发展的经济动力……………(167)
　第三节　引导社会参与，壮大繁荣城市文化的社会力量……………(181)

主要参考文献……………………………………………………………(191)

后　　记………………………………………………………………(197)

导 论

一、研究背景与意义

城市文化是城市的灵魂,不仅承载着城市的过去,也呈现着城市的现在,同时还影响着城市的未来。当今,城市文化发展在城镇化进程中展开,尽管所取得的成就十分显著,但问题也在逐渐显现。比如,有的城市过度追逐短期经济效益,以高楼取代一些具有较高历史文化价值的老建筑,使得城市"有了楼房,丢了文化""有了新貌,丢了内涵",甚至出现了"千城一面"的现象……此外,城市文化发展中还存在城乡文化发展不均衡、借鉴国外文化元素不当等问题。这些问题制约了城市文化发展,也进一步影响到城镇化建设。

当今,中国特色社会主义进入新时代。党和国家将城市文化发展上升到新的战略高度,坚持在中国特色新型城镇化的道路上为城市铸魂,不断增强城市服务社会主义现代化和满足人民群众文化需要的能力。这是对当代城市文化发展现实的积极回应,有利于在城市文化发展中推进马克思主义中国化的进程。研究中国特色新型城镇化进程中的城市文化发展,符合当代坚持和运用马克思主义的基本要求,有利于解决相关具体问题,从而在实践中推进马克思主义中国化。

本书以马克思主义理论为指导,以城市文化发展为研究对象,将其置于中国特色新型城镇化的背景下,探索解决中国特色新型城镇化进程中的城市文化发展问题,具有一定的理论与现实意义。一是拓宽视野,将马克思主义理论融入中国特色新型城镇化研究,既有助于明确中国特色新型城镇化研究的方向,又有利于丰富马克思主义中国化的探索。二是立足国情,探究城镇化背景下新中国城市文化发展的历程,有助于从历史角度把握城镇化与城市文化发展的关系,为推进中国特色新型城镇化进程中的城市文化发展提供借鉴启示。三是明确思路,深化城市文化发展的系统性研究,有助于为中国特色新型城镇化进程中的城市文化发展提供一种理论分析框架。四是聚焦问题,深化城市文化发展具体问题研究，有助于找到中国特色新型城镇化进程中城市文化发展的切入点、着力点和规避点。五是完善策略，探究城市文化发展的基本理念、战略框架和路径选择，有助于明确中国特色新型城镇化进程中城市文化发展的战略指引与有效路径。六是以人为本，探索打破束缚"人的城镇化"的文化障碍，有助于挖掘新时代全面建成小康社会的文化动力。

二、主要创新点

第一，本书以马克思主义为指导，系统梳理和阐述了"城市文化""城市文化发展"等概念，在城镇化背景下，将"城市文化发展"作为一个涉及多个具体方面的过程进行论证。首先，本书阐述了城市文化的内涵。本书认为，城市文化是在城市中形成并由城市居民进行消费的文化。其次，本书阐述了城市文化发展的内涵。本书认为，城市文化发展是旧的城市文化消亡、新的城市文化生成的过程。最后，本书论述了城镇化背景下城市文化发展所涉及的具体方面。本书认为，伴随城镇化的推进，城市文化发展会涉及以下三个方面：一是在城市内部，新的城市文化是对旧的城市文化的扬弃而非全盘否定，且应在原有城市文化的基础上增添新内容。这涉及城市文化的传承与创新、外来文化的融合。二是在城乡范围内，城市文化会向农村扩散并与农村文化碰撞。这涉及城乡文化的协调发展问题。三是城市文化实质上是城市实践领域"人化"与"化人"的统一，城市文化发展成果既体现城市居民的文化诉求和精神状态，同时又影响他们的思想与行为。这涉及城市居民的发展。这三个方面共同构成了城市文化发展的基本关注点。

第二，本书在考察城市文化发展的历史与现状基础上，提出了中国特色新型城镇化进程中城市文化发展的五个基本理念。本书认为，城市文化发展应在马克思主义指导下，遵循五个基本理念：一是"传承发展"理念，实现城市历史文化的延续和发展；二是"创新发展"理念，实现城市文化的原始创新、集成创新和引进消化吸收再创新；三是"包容发展"理念，实现外来文化的有序融合；四是"协调发展"理念，实现城乡文化的共存、共进、共荣；五是"共享发展"理念，实现城市文化成果的全民共享、全面共享、共建共享、渐进共享。这五个基本理念聚焦了城市文化发展的基本关注点，反映了城市文化发展的理论要求、国内外经验，具体回应了城市文化发展面临的问题，契合了中国特色新型城镇化的内在要求，着重回答了"城市文化实现什么样的发展"问题。

第三，本书从战略框架、推进路径方面，提出了在中国特色新型城镇化进程中着重解决"城市文化如何发展"问题的系统性思路。一方面，本书从战略层面，遵循城市文化发展的基本理念，构建了由"三层基本目标""四个主要原则""四个战略重点"和"六项支撑机制"组成的城市文化发展战略框架。另一方面，本书从路径层面，依托"党领导的推进城市文化发展机制""政府、市场与社会多元参与机制"等机制，具体从优化城市公共文化服务、发展城市文化经济、引导社会主体参与等方面探讨了城市文化发展的推进路径。本书认为，解决"城市文化如何发展"问题的着力点在于形成党领导下"政府—市场—社会"高效参与城市文化发展的格局，增强城市文化发展的系统性和协同性。

第四，本书结合中国特色新型城镇化实际，对城市文化发展中反映突出的城市居民发展问题进行了系统研究。本书认为，实现城市居民发展，是城市文化发展的本质要求。在中国特色新型城镇化进程中，城市文化发展面临的问题产生了诸多负面影响，如城市居民丧失城市历史记忆、被负面文化裹挟、遗忘"乡愁"等，从而对城市居民发展形成制约。要解决上述问题，应坚持以人为核心，将实现城市居民发展的要求嵌入城市文化发展的各方面、贯穿于城市文化发展的始终，完善城市居民基本文化权益保障、文化参与引导、文化素质提升等机制，增强各类城市文化产品对城市居民服务的可及性和有效性，让城市居民共享城市文化成果，切实满足城市居民日益增长的、个性化的文化需要。其中，要注重为城市移民融入城市提供文化保障，避免这一群体的边缘化。

三、研究思路与框架

本书采取"学理分析+实践分析"相结合的研究思路。首先，从当代中国城镇化进程中的城市文化发展问题出发，把握中国特色新型城镇化与城市文化的相关概念，厘清城市文化发展的基本关注点。其次，回顾城镇化背景下新中国城市文化发展的历程，进而探究中国特色新型城镇化与城市文化发展的相互关系，揭示中国特色新型城镇化进程中城市文化发展的重要性和可能性。再次，围绕城市文化发展的基本关注点，着重分析中国特色新型城镇化进程中城市文化发展面临的问题及其成因，把握城市文化发展的基本现状，找到推进城市文化发展的具体的切入点、着力点和规避点。最后，阐述中国特色新型城镇化进程中城市文化发展的基本理念、战略框架和路径选择，系统提出城市文化发展的思路和举措。

本书的研究框架如图 0-1 所示。

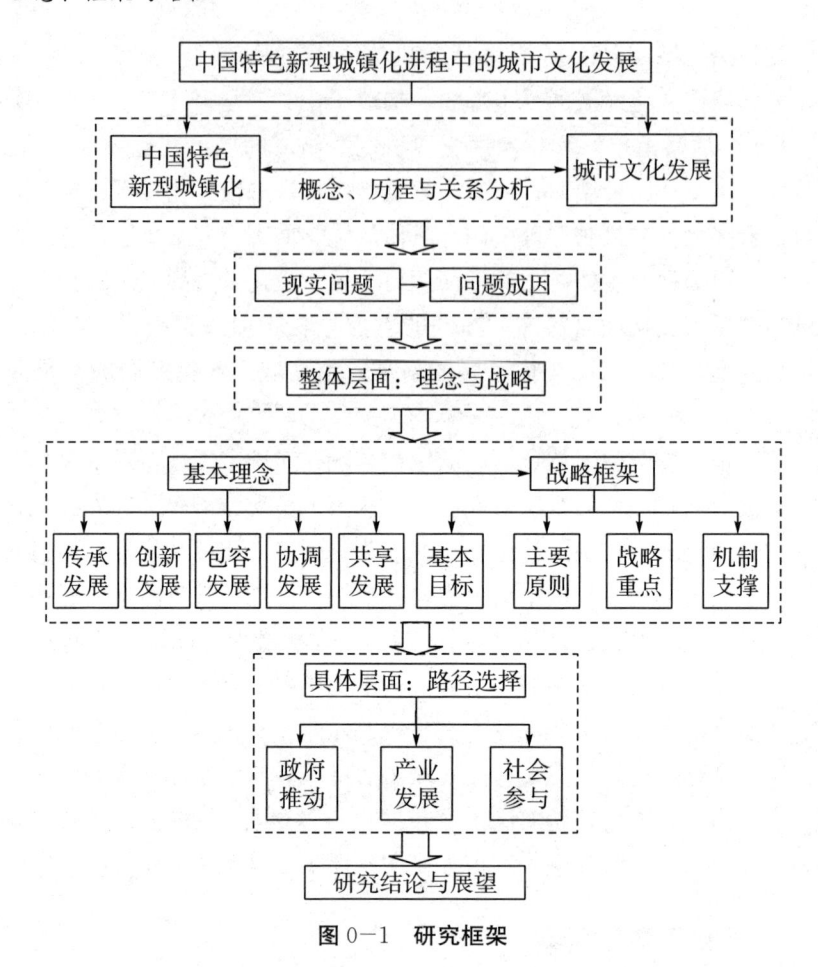

中国特色新型城镇化进程中的城市文化发展研究
——理念、框架与路径

图0-1 研究框架

第一章　中国特色新型城镇化与城市文化发展的基本界定

研究中国特色新型城镇化进程中的城市文化发展问题，是重要的时代课题之一，对坚持和发展马克思主义、实现经济社会发展目标具有重要的理论与现实意义。这一研究工作的起点，就是对中国特色新型城镇化和城市文化发展进行界定。本章首先解读中国特色新型城镇化的概念，并重点从马克思主义视域阐释城市文化发展，进而在此基础上进一步深化相关问题研究。

第一节　中国特色新型城镇化的概念解读

推进中国特色新型城镇化，是当代中国城镇化的现实选择。中国特色新型城镇化立足中国国情，具有丰富的内涵和鲜明的特色。本章从城镇化的概念出发，诠释中国特色新型城镇化的内涵和"中国特色"。

一、中国特色新型城镇化的界定

自工业革命以来，城镇化逐渐成为世界历史发展的一条主线。当今，中国特色新型城镇化是中国正在经历并着力推进的现实任务，对中国经济社会的发展具有重要意义。研究中国特色新型城镇化问题，首先需要对城市、城镇、城市化、城镇化、中国特色新型城镇化等基本概念进行界定。

（一）城市与城镇的内涵

"城市"是一种"人化"现象，是人类社会发展到一定阶段的产物。第一，城市与农村相对。农村是以从事农业生产为主的劳动者所居住的地域，居民职业构成较为单一，人口密度也较小，多自然景观。相对而言，城市的产业结构和居民职业结构较为复杂，且居民多为非农业人口，人口密度较大，多人工景

中国特色新型城镇化进程中的城市文化发展研究
—— 理念、框架与路径

观。第二,城市的经济属性和社会属性突出。许多研究者将城市作为一个经济共同体或社会共同体来探讨,强调城市在经济发展、社会关系等方面的本质特点。第三,城市是一种集合体。非农业人口、资本、生产工具等"人化"要素高度集中于城市,使城市成为一种结构复杂的"容器"。从本质上看,城市是诸多"人化"要素有规律的集中。正如马克思和恩格斯在《德意志意识形态》中所言:"城市已经表明了人口、生产工具、资本、享受和需求的集中这个事实。"[①]"集中"表征城市内部各要素的基本组合形态,体现城市形成和发展的内在动因。由于内因是事物发展的根本原因并决定事物的性质,因而从"集中"的角度更有利于把握城市的本质内涵。正如2015年中央城市工作会议指出的,城市是我国各类要素资源和经济社会活动最集中的地方。[②]

概括而言,城市是非农经济要素和非农社会要素的集合体。其中,非农经济要素是指维系非农业经济部门生产、交换、分配、消费的资本、技术、劳动力、土地、劳动工具、生产关系等的总和;非农社会要素是指从事非农业生产的社会成员,同农业非直接关联的政治、地缘、业缘等社会关系以及相关制度机制、社会活动等的总和。值得指出的是,这些要素之间并非有严格的边界,而是相互影响、相互渗透的。比如,集中于城市的农业转移人口,既可以作为非农经济要素中的劳动力,又可以作为非农社会要素中的一般社会成员。又如,集中于城市的文化资源,既可以作为非农经济要素中的劳动对象,又可以作为非农社会要素中社会文化活动的组成部分。因此,要在实践中实事求是地把握非农经济要素和非农社会要素。在特定的非农社会历史条件下,若某一具体要素主要在经济领域或社会领域中的某个领域起作用,那么就应重点将该要素作为相应领域的要素加以把握。

非农经济要素和非农社会要素各有特点、分布广泛。它们偶然地、零散地集聚,并不必然形成城市。只有这些要素规模集聚,才能为城市的形成创造条件。从这个意义上看,城市实质上是非农经济要素和非农社会要素规模集聚的产物。就中国而言,主要依据行政职能界定城市、依据人口集聚程度界定城市大小,因而也应主要据此来把握中国城市的规模问题。同"城市"相近的概念是"城镇"。"城镇"是城市和小城镇的总称,是经国务院批准设市建制的城市

[①] 中共中央马克思恩格斯列宁斯大林著作编译局:《马克思恩格斯选集(第1卷)》,人民出版社,2012年,第184页。

[②] 《中央城市工作会议在北京举行》,《人民日报》,2015年12月23日,第1版。

市区和经批准设立的建制镇的镇区①。

(二) 城市化与城镇化的内涵

1858年,马克思在《政治经济学批判(1857—1858年手稿)》中论及了"现代的[历史]是乡村城市化"②,关注到城市发展过程中的基本课题——"城市化"问题。此后,关于"城市化"问题的研究成果逐渐增多。"城市化"既是一个理论问题,又是一个实践问题。在学术史上,城市化的研究者们试图从理论上回答"什么是城市化?""城市化有什么规律?""城市化对人们有什么影响?"等问题。从实践上看,城市化是各国必须关注的现实问题。原始社会末期,"用石墙、城楼、雉堞围绕着石造或砖造房屋的城市"③出现,承担着人口居住、军事防御、宗教活动和货物贸易等功能。在奴隶社会和封建社会,城市缓慢地发展,并与农村联系紧密,存在"城市乡村化"。15世纪到19世纪,英国进行了长达300多年的"圈地运动",推动了资本主义发展和城市化步伐。1851年,英国的城市化率达到54%。④ 19世纪以来,世界城市化进程不断加快。截至2011年,世界城市化率达51%,其中,发达国家城市化率高达75%。⑤ 对各国而言,城市化不仅意味着必须顺应城市发展的总趋势,还意味着必须正视和回应城市发展过程中面临的各种问题。

要分析"城市化"问题,首先应该把握城市化的概念。与城市的概念一样,城市化的概念至今尚无统一的阐释。1867年,西班牙的 A. Serda 在《城市化基本理论》中使用了 urbanization(城市化)的概念,描述了乡村向城市的演变。此后,关于城市化,还有的研究认为其全部意义是"人口集中过程",有的研究认为其是"城市在社会发展中作用日渐增大的历史过程",有的研究认为其含义包括城市人口比重和绝对数增加、城市生活方式扩展。⑥ 从总体上看,一些研究从城市人口集中的角度界定狭义的城市化,一些研究则从人口集

---

① 孔凡文,许世卫:《中国城镇化发展速度与质量问题研究》,东北大学出版社,2006年,第10页。
② 中共中央马克思恩格斯列宁斯大林著作编译局:《马克思恩格斯选集(第2卷)》,人民出版社,2012年,第733页。
③ 中共中央马克思恩格斯列宁斯大林著作编译局:《马克思恩格斯选集(第4卷)》,人民出版社,2012年,第179页。
④ 新玉言:《国外城镇化——比较研究与经验启示》,国家行政学院出版社,2013年,第58页。
⑤ 国家统计局:《中国人口》,中国统计出版社,2011年,第6页。
⑥ 顾朝林,吴莉娅:《中国城市化问题研究综述(Ⅰ)》,《城市与区域规划研究》,2008年第2期,第104~147页。

中国特色新型城镇化进程中的城市文化发展研究
——理念、框架与路径

中、地域转化、产业转型、生活方式变革等角度界定广义的城市化。综合来看，本书基于对城市概念的理解，认为城市化是非农经济要素和非农社会要素规模集聚于城市的过程。在国外，研究者多使用urban（城市）概念研究urbanization（城市化或都市化）问题；在国内，研究者则多使用"城镇"概念研究城镇化问题。从这个意义上看，城镇化是城市化概念的扩大，是非农经济和社会要素规模集聚于城镇的过程。

（三）中国特色新型城镇化的内涵

在党的十八大上，党和国家基于中国城镇化的特点和现状，提出了"坚持走中国特色新型城镇化道路"的科学命题，明确了新时代中国城镇化的新任务。从内涵来看，中国特色新型城镇化是同中国国情相适应，符合中国特色社会主义发展需要，实现非农经济要素、非农社会要素合理集聚和城镇经济高效增长、社会和谐发展等积极效果的城镇化。它是对传统城镇化模式[①]的扬弃，继承了传统城镇化模式的优势，克服了传统城镇化模式的弊端，开启了崭新的城镇化进程。

第一，中国特色新型城镇化在要素集聚方面，超越了非均衡的传统城镇化。一般而言，在经济和社会要素中，除特定的技术、劳动工具等要素在空间上和产业间的流动性较弱以外，其他要素均在空间上和产业间具备一定的流动性。在市场经济条件下，市场机制会依据效率原则竞争性地配置资源，促使资源流向效率较高的空间和产业部门。[②] 所以，流动性较强的经济和社会要素往往流向效率较高的空间和产业部门。

在传统城镇化过程中，流动性较强的经济和社会要素存在从农村向城镇、从经济发展水平较低城镇向经济发展水平较高城镇流动的偏向，从而影响城乡、城镇间的均衡发展。首先，城镇对经济和社会要素的集聚，会抽取和挤占农业、农村发展的资源。城镇作为产业、人口、文化等集聚的中心，会对大量稀缺性的经济和社会要素产生集聚效应，这些要素涌向城镇，既能促进城镇的经济和社会要素富集，又对农村产生负外部效应[③]，使得农村的经济和社会要素外流，导致农业、农村发展的经济、社会动力不足和城乡的非均衡发展，固

[①] 值得指出的是，这里的"传统城镇化模式"是指社会主义市场经济条件下以往的城镇化模式。
[②] 洪银兴：《关于市场决定资源配置和更好发挥政府作用的理论说明》，《经济理论与经济管理》，2014年第10期，第5~13页。
[③] 曹萍：《新型工业化、新型城市化与城乡统筹发展》，《当代经济研究》，2004年第6期，第58~60页。

第一章　中国特色新型城镇化与城市文化发展的基本界定

化城乡二元结构。其次，经济发展水平较高城镇对经济和社会要素的集聚，会抽取和挤占经济发展水平较低城镇发展的资源。从城镇化发展的一般进程来看，在出现大规模逆城镇化以前，城镇的经济发展水平越高，其对经济和社会要素的吸附能力往往越强，从而会集聚更多经济和社会要素流向这些城镇。所以，经济发展水平较高城镇特别是大城市便于集聚和占有更多的经济和社会要素，这会在一定程度上削弱小城镇集聚这些要素的能力，导致城市化和农村城镇化的非均衡发展。从区域来看，经济发展水平较高区域的城镇便于集聚和占有更多的经济和社会要素，会在一定程度上削弱经济发展水平较低区域的城镇集聚这些要素的能力，导致区域城镇化的非均衡发展。从总体上看，要素集聚方面的问题是传统城镇化的基本问题，这些问题具体作用在经济和社会方面，则会制约城镇化进程中的经济和社会发展。较传统城镇化而言，中国特色新型城镇化更加强调"促进城乡要素平等交换和公共资源均衡配置"、推动大中小城市和小城镇协调发展、中东西部城市协调发展以优化城镇化格局等[①]，有利于较好解决传统城镇化过程中各类要素集聚非均衡的问题，助力城镇化进程中经济社会更好地发展。

第二，中国特色新型城镇化在经济发展方面，超越了低质量的传统城镇化。在马克思和恩格斯看来，近代城镇本质上是资本积累的空间，是为了满足资本积累和扩张需求的空间集合体。[②] 在市场经济条件下，资本因追求利润而不断积累和扩张，会促使城镇经济要素集聚的规模不断扩大。这样，在加速城镇化的同时，还会造成城镇的盲目扩张。

在传统城镇化过程中，城镇的盲目扩张会催生低质量的城镇化。首先，经济要素的低效配置导致城镇经济发展方式低阶锁定。盲目扩大对资本、劳动力等经济要素的集聚，会导致这些经济要素出现盈余，而城镇内部无法消化这些过剩的经济要素，从而产生资本过度积累危机。这种危机如果在短时间内得不到解决，就会促使城镇开辟新的容纳资本的空间，实现资本的空间转移。对此，最直接的方式就是扩大城镇的土地规模，将扩张的土地作为资本的新容器。这样，在实现资本转移的同时，势必会吸引更多的经济要素盲目地集聚城镇，进而使城镇陷入新的资本过度积累危机。如此往复，将会导致传统城镇化产生对土地扩张的依赖性。这在一定程度上还会削弱城镇在经济要素高效配置

---

① 中共中央文献研究室：《十八大以来重要文献选编（上）》，中央文献出版社，2014 年，第 889~890 页。
② 谢菲：《马克思恩格斯城市思想及其现代演变探析》，《马克思主义研究》，2012 年第 9 期，第 32~40 页。

中国特色新型城镇化进程中的城市文化发展研究
——理念、框架与路径

基础上实现内涵式发展的动力,从而抑制城镇内在的创造活力。其次,片面追求经济效益制约城镇的可持续发展。资本的逐利性及其积累和扩张的盲目性,会促使企业为节约不变资本投入而加剧对生态和人居环境的污染与破坏。在社会主义市场经济体制尚不完备的条件下,一些企业会利用环保体制的不足,以牺牲城镇环境为代价盲目追求资本利润。受节能技术限制,一些企业会过度消耗资源。同时,以往政府在主导城镇化的过程中片面追求 GDP 增长,忽视协调人口增长、资源节约、环境保护的关系,会加剧资源低效利用、能源高消耗、环境严重污染等问题[1],削弱了城镇的可持续发展能力。此外,传统城镇化还存在对土地的利用缺乏效率[2]、依赖廉价劳动力供给,以及人口职业转换先于地域转换、对非农劳动力的吸纳能力不强等问题,进一步抑制了城镇经济发展。较传统城镇化而言,中国特色新型城镇化强调"提高城镇建设用地利用效率""提高城镇建设用地集约化程度""绿色生产、绿色消费成为城市经济生活的主流""把现在低效用地用好""建立健全农业转移人口市民化机制""形成生产、生活、生态空间的合理结构"等[3],有利于较好解决传统城镇化在经济发展方面存在的问题,促进城镇经济的高效增长。

第三,中国特色新型城镇化在社会发展方面,超越了不和谐的传统城镇化。城镇化的基本表征是农业转移人口向城镇流动,由此会造成农村社会成员的减少和城镇社会成员的增多,从而冲击农村和城镇社会的原有秩序。同时,城镇化进程中社会成员的财产变迁会加剧社会分化,加大社会整合的难度和风险。

在传统城镇化过程中,社会的变迁导致城乡社会的不和谐发展。首先,农村人口的外流加剧传统的地缘、乡缘甚至亲缘关系的解体,外流人口在返乡时传播的城镇生活方式、文化观念等则进一步解构着农村社会原有的生活秩序、文化传统,导致农村社会发展乏力。其次,农业转移人口在城镇集聚规模的扩大,会冲击城镇已有的社会秩序,在充实城镇劳动力的同时挤占本地人的就业机会和生活空间,在促进城镇文化多样发展的同时加剧社会内部的观念冲突,加大了城镇社会整合的难度。再次,城镇化面临公共服务供给上的容量约束和

---

[1] 吴江,王斌,申丽娟:《中国新型城镇化进程中的地方政府行为研究》,《中国行政管理》,2009 年第 3 期,第 88~91 页。
[2] 国务院发展研究中心,世界银行:《中国:推进高效、包容、可持续的城镇化》,中国发展出版社,2014 年,第 10 页。
[3] 中共中央文献研究室:《十八大以来重要文献选编(上)》,中央文献出版社,2014 年,第 595~597、890 页。

财政约束,在教育、医疗、养老、保障性住房等方面不能有效满足农业转移人口市民化的需求,因而政府通过户籍制度等方式来限制农业转移人口的流动,比如设置技术、投资门槛或落户指标,使农业转移人口难以较好地实现市民化。同时,部分农业转移人口到城镇仅为享受城镇的公共服务而非获得劳动力市场的机会,导致"福利移民"现象出现,这一现象会进一步加大城镇公共服务的供给压力,并因城镇公共服务增加而降低现有城镇居民享有服务的质量,加剧社会矛盾。最后,伴随城镇化的快速发展,收入和财富分配上的不平等逐渐扩大。城镇中农业转移人口与城镇原有居民在收入上的不平等现象仍然存在,前者往往因缺乏相应的技能与教育背景,总体上难以获得报酬较城镇原有居民高的工作。并且,主要由于房产的差异,城镇居民中的财富不平等问题仍在加剧。中国资本集中程度高,对于城镇中位收入家庭,房产是其主要财产(相关数据显示,城镇人均财富中房产净值的比重为67.6%[1])。[2] 这些问题导致城镇内部二元结构的形成,加剧城镇原有居民与外来人口、城市棚户区和城中村与现代新城区的二元对立,并深化城镇社会内部的矛盾。较传统城镇化而言,中国特色新型城镇化强调促进城乡一体发展、"有序推进农业转移人口市民化""努力解决好城镇贫困家庭和农业转移人口的居住问题"[3],避免一些率先实现城市化的国家出现过的剥夺工人、两极分化、社会矛盾突出等问题,有利于较好地解决传统城镇化在社会发展中的问题,促进城镇社会的和谐发展。

二、中国特色新型城镇化的"中国特色"

"中国特色新型城镇化"是党和国家基于当代中国城镇化发展实践所提出的重要战略命题,是同中国特色社会主义发展相适应的城镇化。与其他国家的城镇化相比,中国特色新型城镇化体现出鲜明"中国特色"。这些"中国特色"有助于更好地回应中国城镇化过程中所面临的现实问题,凸显中国共产党领导中国人民推进城镇化发展实践的经验,体现马克思主义真理同中国城镇化发展实际相结合的理论和实践成果,成为中国未来推进城镇化的核心关注点。

---

[1] 经济日报社中国经济趋势研究院:《中国家庭财富调查报告(2016)发布——家庭财富房产为主 理性投资占据主流》,《经济日报》,2016年4月29日,第14版。
[2] 国务院发展研究中心,世界银行:《中国:推进高效、包容、可持续的城镇化》,中国发展出版社,2014年,第16~17页。
[3] 中共中央文献研究室:《十八大以来重要文献选编(上)》,中央文献出版社,2014年,第613~614页。

中国特色新型城镇化进程中的城市文化发展研究
——理念、框架与路径

（一）中国特色新型城镇化道路是中国特色社会主义道路的组成部分

中国特色新型城镇化道路是中国特色社会主义道路的组成部分，体现中国特色社会主义道路的内在规定性。

第一，中国特色新型城镇化道路是一条社会主义性质的发展道路。在资本主义国家，城市化建立在生产资料私有制的基础上，着力于实现资本在城市的增值，蕴含了对农业转移人口的剥削逻辑，加剧了社会的不平等，固化了城乡二元结构和城市内部的二元结构，催生了贫民窟、失业大军等诸多问题，激化了城市的内部矛盾；并且，在资本的驱使下，资本家以牺牲环境为代价追逐高额资本利润，加剧了环境污染、垃圾围城等生态环境问题，激化了人与自然的矛盾。在苏联和东欧社会主义国家，城市化建立在社会主义计划经济体制之下，为实现短期经济计划目标而存在固化城乡二元结构和大量环境污染等问题，一定程度上制约了城市的可持续发展。相较而言，中国特色社会主义城镇化道路是中国共产党领导中国人民开辟的实践之路。它牢固坚持四项基本原则，建立在以社会主义公有制为主体、多种所有制经济共同发展的基础上，将满足人民群众需要作为推进城镇化的核心关照，以促进城镇化水平和质量稳步提升、城市生活和谐宜人为发展目标[①]，内蕴最终实现共同富裕的社会主义本质要求，强调遵循自然规律改造、利用和保护生态环境，追求社会公平正义和人与自然的和谐，是推进城镇发展的必由之路。

第二，中国特色新型城镇化道路是一条坚持和发展马克思主义的道路。在资本主义国家，马克思主义被多数执政党作为边缘理论排斥，因此，它们不会系统地运用马克思主义解决城市化的问题。事实上，这些国家的城市化往往蕴含着资本野蛮扩张的内在逻辑，与马克思主义所倡导的消灭剥削、实现人的全面发展等要求背道而驰。苏联和东欧社会主义国家往往僵化地运用马克思主义，将城市发展的任务置于高度集中的社会主义计划经济体制之下，使城市和农村长期分割发展，实质上违背了马克思主义关于逐步消除城乡差异与对立的思想。相较而言，中国特色新型城镇化道路是对马克思主义的坚持和发展。它坚持以人民为中心，从人民的立场出发，致力于让城市建设者共享城市文明成

[①] 中共中央文献研究室：《十八大以来重要文献选编（上）》，中央文献出版社，2014年，第890页。

果，避免损害人民群众权益的现象，提高人民的生活水平质量。[①] 它基于马克思主义关于人的自由全面发展的理论，致力于满足包含农业转移人口在内的城市居民的发展需求；基于马克思主义关于社会主义本质的理论，大力促进城乡生产力的发展和社会矛盾的消除，为实现城乡和区域之间的共同富裕创造实践条件；基于马克思主义关于城乡关系的理论，做到理论与实践相结合，运用整体性的方法，系统解决城镇化过程中的农业转移人口市民化不完全、城镇内部出现二元结构、城乡和区域发展不平衡等问题。它既坚持了马克思主义的基本立场、观点和方法，又为中国特色社会主义实践创新拓展了新的领域和创造了新的条件，有利于推进马克思主义在同中国城镇化实际相结合的过程中实现新发展。

第三，中国特色新型城镇化道路是一条实事求是的中国实践道路。从人类社会发展的历程来看，一个国家、一个民族的城镇化，必须同这个国家、民族的具体实际相结合。一般而言，城镇化是本国社会生产力发展到一定阶段的产物，同本国具体国情相适应。因此，一个国家、一个民族的城镇化经验可以借鉴，但决不能照搬，否则就会产生许多不可逆转的城镇化问题。比如，一些拉美国家盲目推行新自由主义的住房政策，导致住房私有化、公房产权化的现象大量出现，难以发挥公租房体系的应有功能，加剧了城市化过程中的贫民窟问题。[②] 一些东欧社会主义国家盲目效仿苏联的城市化模式，牺牲农业发展，超速工业化制约第三产业发展[③]，加剧了城乡矛盾，制约了城市化的健康发展。与此不同，中国特色新型城镇化道路是立足中国国情的实践之路。《国家新型城镇化规划（2014—2020年）》指出，我国当前的城镇化状况决定了我国必须从社会主义初级阶段这个最大实际出发，遵循城镇化发展规律，走中国特色新型城镇化道路。[④] 中国特色新型城镇化道路是对改革开放以来城镇化进程中大量存在的农业转移人口难以完全地实现市民化、人口的城镇化落后于"土地城镇化"、自然文化遗产及历史文化遗产保护不够、城市管理服务水平不高和"城市病"日益突出、体制机制不健全等问题的积极回应，是通过优化城镇化路径推进中国特色社会主义实践发展的必然选择。

---

① 中共中央文献研究室：《十八大以来重要文献选编（上）》，中央文献出版社，2014年，第610页。
② 郑秉文：《贫民窟：拉丁美洲城市化进程中的一个沉痛教训》，《国家行政学院学报》，2014年第5期，第115~122页。
③ 高珮义：《试论社会主义国家的城市化》，《当代经济科学》，1990年第6期，第38~44页。
④ 《国家新型城镇化规划（2014—2020年）》，人民出版社，2014年，第15页。

中国特色新型城镇化进程中的城市文化发展研究
——理念、框架与路径

(二) 中国特色新型城镇化是以人为核心的城镇化

中国特色新型城镇化实质上是以人为核心的城镇化，强调"以人为本"。[①]"以人为本"体现现代化的本质要求，因为"现代化的本质是人的现代化"[②]。它作为中国特色新型城镇化的基本原则，内蕴人的城镇化的基本要义，强调在中国城镇化进程中贯彻马克思主义群众史观、党的群众路线和中国化马克思主义的"以人为本"论，并促进人的全面发展。当然，这里的"人"并非抽象的人，而是现实的、具体的人。习近平指出："推进以人为核心的城镇化，提高城镇人口素质和居民生活质量，把促进有能力在城镇稳定就业和生活的常住人口有序实现市民化作为首要任务。"[③]这表明，以人为核心的城镇化有鲜明的、具体的内容指向性。第一，坚持以人民为中心的发展思想，着力于解决大量农业转移人口常住城镇但处于"半市民化""两栖"状态以及在子女教育、医疗、社会保障、住房等方面被城镇排斥在外等问题，有序推进农业转移人口市民化，稳步有效地推进城镇基本公共服务覆盖全体的常住人口，避免类似以往资本主义城市化对人民群众生产和生活带来威胁的问题。第二，结合社会主义现代化的总体要求，以促进城镇人口的全面发展为着力点，改善城镇的教育、医疗和生态等人居环境，提升城镇人口的思想政治素质、科学文化素质和参与城镇建设发展的素质，提高城镇居民的物质生活和精神生活质量，建设中国特色的现代化城镇，避免类似以往资本主义城市化制约人民群众全面发展的问题。第三，贯彻共享发展理念，既促进包含农业转移人口在内的全体城镇人口全面、渐进共享城镇发展成果，又发挥人民群众的首创精神，"充分发扬民主，广泛汇聚民智，最大激发民力"[④]，形成全体城镇人口共同参与城镇建设的良好局面，避免类似以往资本主义城市化蔑视人民群众作为城市发展根本动力的问题。

[①] 中共中央文献研究室：《十八大以来重要文献选编（上）》，中央文献出版社，2014年，第609页。
[②] 中共中央文献研究室：《十八大以来重要文献选编（上）》，中央文献出版社，2014年，第594页。
[③] 中共中央文献研究室：《十八大以来重要文献选编（上）》，中央文献出版社，2014年，第592页。
[④] 习近平：《在省部级主要领导干部学习贯彻党的十八届五中全会精神专题研讨班上的讲话》，人民出版社，2016年，第27页。

（三）中国特色新型城镇化是以市场驱动为主和更好发挥政府作用的城镇化

从动力上看，中国特色新型城镇化需要以市场驱动为主，同时更好发挥政府作用。

第一，中国特色新型城镇化是以市场驱动为主的城镇化。市场经济是商品生产的发达形式或高级形式，而价值规律是一切商品生产的基本经济规律。在市场经济条件下，价值规律能够促使资源得以高效配置。[①] 社会必要劳动时间决定商品价值，商品必须按照以价值为基础的价格进行交换，这是价值规律的基本要义。充分发挥价值规律的作用，有利于在城镇化进程中促进非农经济要素的有效配置。首先，各市场主体拥有独立的、受法律保护的经济地位，在价值规律影响下具有追求自身经济利益的自觉性，能够积极参与非农经济要素的配置过程。其次，价值规律激发单个市场主体尽力通过改善技术、管理等方式降低生产商品的个别劳动时间，以节约生产、流通等环节的成本和提高本单位的劳动生产率。这样，在促进社会劳动生产率提升的同时，也会促使资本、技术、劳动力特别是高新技术、高技能和高素质人才等稀缺性的非农经济要素集聚城镇，为城镇化发展提供更为丰富的物质基础和人才保障。最后，价值规律会加剧市场主体竞争，促使经济资源在不同生产、流通等部门实现重新分配，提高市场中资源的配置效率。这样，在促进市场主体优胜劣汰的同时，也会促进城镇新兴产业的发展，有利于有效利用经济资源，为城镇化发展提供更新、更强的动力支撑。

改革开放以来，社会主义市场经济体制在逐步完善，但确保市场高效配置资源的市场规则、市场价格和市场竞争等方面还存在缺陷。对此，党的十八届三中全会提出："必须积极稳妥从广度和深度上推进市场化改革，大幅度减少政府对资源的直接配置，推动资源配置依据市场规则、市场价格、市场竞争实现效益最大化和效率最优化。"[②] 在全面深化改革的进程中，主要从市场规则、市场价格、市场竞争等方面完善现代市场体系。这成为优化市场配置资源的基本举措，也成为推进中国特色新型城镇化的必然选择。首先，建立公平、开放、透明的市场规则，确保各类市场主体依法平等进入负面清单以外领域，便

[①] 邱海平：《使市场在资源配置中起决定性作用和更好发挥政府作用——中国特色社会主义经济学的新发展》，《理论学刊》，2015年第9期，第47~60页。

[②] 中共中央文献研究室：《十八大以来重要文献选编（上）》，中央文献出版社，2014年，第513~514页。

利工商注册方式，统一市场监管标准和机制以维护市场的公平性原则，打破国内贸易流通方面的地方保护主义、市场分割现象、不合法的垄断和不正当竞争，能够进一步清除阻碍全国统一市场和公平竞争的制度机制，为各类市场主体平等参与非农经济要素的配置提供制度保障。其次，对主要由市场决定价格的机制不断进行完善，稳妥地、有序地、有效地推进诸多领域的价格改革，完善农产品价格形成机制，既能够在社会主义市场经济条件下进一步发挥好价值规律优化资源配置的功能，促进各类非农经济要素向城镇高效集聚，又能够进一步破除工农业产品价格的"剪刀差"，在城镇化过程中维护好、保障好农民的权益，有利于更好地消解城乡二元结构。再次，运用市场机制建立城乡统一的建设用地市场，保障农民合法的土地权益，赋予农民个人和集体市场主体地位，实行集体经营性建设用地与国有土地同等入市、同权同价，能够在市场机制下依法盘活农村土地资源，有利于进一步合理合法地为城镇化提供土地支持。最后，完善金融市场体系，深化科技体制改革，能够为城镇化提供更为充足的资金、技术和人才支撑。从总体上看，中国特色新型城镇化在市场驱动下，有利于优化资源配置，调动各类市场主体的积极性和创造性，释放经济活力，更好地实现非农经济要素在城镇的有效集聚。

第二，中国特色新型城镇化是更好发挥政府作用的城镇化。在市场经济条件下，市场并非万能，价格对社会经济资源的调节往往存在一定的滞后性，容易导致单个的市场主体出现决策失误，从而造成经济资源的浪费。同时，由于单个的市场主体缺乏对社会需求总量的准确认知，因此也容易导致社会供给与需求不平衡，加剧生产过剩或不足，进而冲击经济的稳定发展。为了弥补市场在资源配置过程中的这些低效状况，实行市场经济的国家一般会承认在一定程度上发挥政府在资源配置中的积极作用。在资本主义市场经济条件下，发挥政府作用，重在对"市场失灵"的问题进行"弥补"。相较而言，在社会主义市场经济条件下，更好发挥政府作用，不仅有利于较好回应"市场失灵"的问题，进一步优化资源在城镇的配置，还有利于维护社会主义经济秩序和巩固社会主义经济基础，为实现社会主义现代化和人民幸福而服务，助力以人为核心的城镇化发展。

改革开放以来，政府在资源配置中发挥着重要作用，但在部分领域也存在权力过大、管得过死等问题，使得政府与市场在资源配置中的矛盾加深、政府配置资源效果不佳，成为社会主义市场经济健康发展和城镇化高效推进的障碍。对此，党的十八届三中全会提出："必须切实转变政府职能，深化行政体制改革，创新行政管理方式，增强政府公信力和执行力，建设法治政府和服务型政府。"① 在全面深化改革的进程中，切实转变政府职能，成为提高资源配置效率的重要举措，也成为推进中国特色新型城镇化的必要选择。首先，健全宏观调控体系，以国家发展战略和规划为导向，以财税政策为主要手段，有利于确保经济的持续、稳定、健康发展。其中，"国家发展战略和规划"根本上必须符合社会主义的基本原则，服务人民，致力于最终实现共同富裕。因此，健全的宏观调控体系有利于确保贯彻以人民为中心的发展理念，为人的城镇化提供政策支撑，充分彰显社会主义制度的优越性。其次，全面履行政府职能，从行政管理、政府职能调整、中央和地方关系等方面解决政府职能不清、权限不明的问题，既能够进一步确保市场机制更好地调节经济活动，充分发挥市场作用，又能够进一步克服市场在社会公益事业、环境保护等领域配置资源过于逐利，从而导致相关领域问题突出的弊端，进而为城镇化提供公平的市场和社会环境。最后，优化政府组织结构，有利于进一步提高政府在优化资源配置工作中的执行力和效率，为城镇化提供更为有效的政策、项目和资金等供给。从总体上看，中国特色新型城镇化更好发挥政府作用，不仅能够优化政府与市场的关系，进一步促进非农经济要素的高效配置，同时也能够确保城镇化的社会主义方向，切实维护和发展好人民的利益，弥补市场机制重集聚经济要素、轻集聚社会要素的问题，进一步促进非农社会要素的合理配置。

（四）中国特色新型城镇化是协调发展的城镇化

中国特色新型城镇化强调与工业化、信息化、农业现代化的同步发展，是协调发展的城镇化。

第一，中国特色新型城镇化是同新型工业化良性互动的城镇化。传统工业化面临低端发展陷阱，受到科技水平、资源消耗、环境污染、土地供给、产能过剩、产业升级压力大等约束。② 对此，党的十六大正式提出："坚持以信息化带动工业化，以工业化促进信息化，走出一条科技含量高、经济效益好、资源消耗低、环境污染少、人力资源优势得到充分发挥的新型工业化路子。"③ 2012年，党的十八大提出走"中国特色新型工业化道路"，明确了新时期新型工业化的发展方向。中国特色新型工业化旨在推进工业发展特别是制造业升

---

① 中共中央文献研究室：《十八大以来重要文献选编（上）》，中央文献出版社，2014年，第519~520页。
② 魏建：《四化同步与城镇化质量的提高》，《学术月刊》，2013年第5期，第90~96页。
③ 中共中央文献研究室：《十六大以来重要文献选编（上）》，中央文献出版社，2005年，第16页。

中国特色新型城镇化进程中的城市文化发展研究
——理念、框架与路径

级、农业与工业相互依赖、服务业与工业协同、正向社会效益突出的工业化[①]，其重要任务是在消除城乡二元结构的基础上实现非农产业的可持续、现代化发展。在此过程中，中国特色新型工业化需要有效的资本、技术、土地和劳动力供给，这也为其与中国特色新型城镇化实现良性互动提供了空间。因为中国特色新型城镇化是有效集聚这些非农经济要素的过程，具备打破城乡二元结构、吸纳非农劳动力的能力，为中国特色新型工业化提供所需的经济资源和消费市场；同时，中国特色新型工业化的推进，能够提高中国特色新型城镇化过程中集聚的资源特别是经济资源的利用效率，助力中国特色新型城镇化发展质量的提升。

第二，中国特色新型城镇化是同信息化深度融合的城镇化。信息化的重要任务是支撑产业升级，同时助力城镇化和农业现代化。发展中国家在信息化上具有后发优势，不仅能够在借鉴西方国家先进技术的基础上快速推进信息化，并且很有可能在某些领域实现跨越式发展乃至"弯道超车"。但是，就中国而言，信息化所需的技术含量高、涉及领域广，同时还面临西方国家设置的诸多技术壁垒、本国信息技术人才流失等问题，给信息化带来严峻挑战。对此，党和国家在1995年就提出逐步建立现代化的信息网络，加快国民经济信息化的进程。[②] 2012年，党的十八大提出走"中国特色新型信息化道路"，明确了新时期信息化建设的方向。中国特色新型信息化重在依托现代信息技术特别是互联网技术，加强信息基础设施建设，发展网络经济，推进网络空间治理，为工农业发展和富民惠民提供信息技术支持。此外，这也为中国特色新型信息化同中国特色新型城镇化的深度融合提供了空间，中国特色新型城镇化可以运用现代信息技术建设智慧城镇，促进城市规划管控、社区管理、医疗、社保、养老、交通、安防等信息化建设，推进电子商务、电子政务的发展，并建构和利用城镇大数据平台，增强对城镇经济形势、舆情动态、市民需求等的分析和预判能力，提升城镇综合治理能力。

第三，中国特色新型城镇化是同农业现代化相互协调的城镇化。农业现代化是社会现代化的基本标志，是城镇化的基础和保障。在社会主义建设时期，中国在农业现代化方面取得了举世瞩目的成就，成功解决了中国人口的"吃饭问题"，为社会主义现代化奠定了坚实的物质基础。改革开放以后，党和国家逐渐改变以往"农业支持工业，农村支持城市"的发展战略，提出和推行"工

---

① 唐浩：《中国特色新型工业化的新认识》，《中国工业经济》，2014年第6期，第5~17页。
② 中共中央文献研究室：《十四大以来重要文献选编（中）》，人民出版社，1997年，第1349页。

业反哺农业、城市支持农村"的方针,进一步促进了农业现代化的发展。但目前,中国农业现代化滞后于工业化、城镇化,面临农业基础薄弱、城乡居民收入差距较大[1]、土地分散经营、粮食安全与农产品存在较高的市场波动、农业机械化水平较低、生态环保问题[2]、资源高消耗、优质劳动力流向城镇和工业等问题。2012 年,党的十八大提出走"中国特色新型农业现代化道路",明确了新时期农业现代化的发展方向。中国特色新型农业现代化要突出抓好加快建设"现代农业产业体系、现代农业生产体系、现代农业经营体系"这 3 个重点,以及加快推进农业结构调整,加强农业基础设施和技术装备建设,加快培育新型农业经营主体[3],让农业成为充满希望的朝阳产业。在此过程中,需要中国特色新型农业现代化同中国特色新型城镇化相互协调。一方面,中国特色新型农业现代化通过提高农业生产率和土地利用率、维护粮食安全、挤出剩余劳动力,能够为中国特色新型城镇化提供食品、人口等支持,确保城镇经济社会的发展。另一方面,中国特色新型城镇化则通过避免过度吸纳优质农业劳动力和为农业发展提供市场、资本、技术等支撑,能够助力中国特色新型农业现代化,并通过平衡市民与农民的利益关系、推进农业转移人口职业与地域同步转换和促进农民现代化,打破城乡二元体制下土地规模经营难以推行、传统生产方式难以改变的格局,从而更好地解决"三农"问题。

2015 年,中央城市工作会议提出要"形成城乡发展一体化的新格局",城镇化必须与农业现代化同步发展,城市工作必须与农村、农业、农民工作一起推动。[4] 因此,中国特色新型城镇化同农业现代化相互协调,构成城乡发展一体化的基本切入点。同时,中国特色新型城镇化通过推进户籍管理制度改革、不断消除农业转移人口市民化的门槛,推进农村新型社区建设并在建设管理和运行体制上与城镇接轨[5],"以城带乡",助力于改变城乡二元结构和缩小城乡之间的发展差距,从而进一步推进城乡发展一体化。从这个意义上看,中国特色新型城镇化实质上是城乡发展一体的城镇化。

此外,中国特色新型城镇化在协调发展方面还存在一些"中国特色"。首

---

[1] 新玉言:《以人为本的城镇化问题分析:〈国家新型城镇化规划(2014—2020 年)〉解读》,新华出版社,2015 年,第 92 页。
[2] 魏建:《四化同步与城镇化质量的提高》,《学术月刊》,2013 年第 5 期,第 90~96 页。
[3] 《习近平李克强张德江刘云山分别参加全国人大会议一些代表团审议》,《人民日报》,2015 年 3 月 10 日,第 1 版。
[4] 《中央城市工作会议在北京举行》,《人民日报》,2015 年 12 月 23 日,第 1 版。
[5] 王伟光,魏后凯,张军:《新型城镇化与城乡发展一体化》,中国工人出版社,2014 年,第 52 页。

中国特色新型城镇化进程中的城市文化发展研究
——理念、框架与路径

先,它强调优化城镇规模结构,增强中心城市辐射带动功能,加快发展中小城市,有重点地发展小城镇,促进大中小城市和小城镇协调发展,发挥大城市的比较优势,解决中小城市对产业集聚和人口集聚的不足以及小城镇数量大、规模小、功能弱等问题,从而推进城市化与农村城镇化的协调发展。其次,它强调"优化城镇化布局和形态",通过"提升东部地区城市群""培育发展中西部地区城市群",构建完善跨区域城市发展的协调机制,以城市群为主要平台,推动跨区域城市间产业分工、基础设施、环境治理等协调联动,发挥各区域的资源优势,缩小区域城镇化水平的差异,从而使区域的城镇化得到协调发展,有利于打破区域城镇化发展不平衡的格局。最后,它融入绿色发展理念,通过加快绿色城市建设,构建"绿色的生产方式""绿色的生活方式"和"绿色的消费模式"[1],集中解决城镇化进程中所带来的环境污染、资源浪费、生态用地不足等问题,从而促进人与自然关系的协调发展。

(五)中国特色新型城镇化是注重社会效益的城镇化

长期以来,中国城镇化在快速发展过程中面临许多突出的社会问题:部分农业转移人口及其随迁家属难以享受城镇基本公共服务、农村留守问题日益凸显、城镇公共安全事件时发、城镇污染和垃圾处理能力不足、农业转移人口集聚区人居环境较差、自然文化遗产及历史文化遗产保护不力、城乡建设缺乏特色等。这些问题严重制约了城镇社会的和谐发展,并成为进一步推进城镇化的阻力。

中国特色新型城镇化坚持"以人为本,公平共享"原则,致力于使全体城镇居民共享城镇现代化建设的成果;坚持"四化同步,统筹城乡"原则,促进城乡之间进行要素的平等交换和公共资源的均衡配置,致力于构建以工促农、以城带乡、工农互惠、城乡一体的新型工农、城乡关系;坚持"生态文明,绿色低碳"原则,致力于推动形成绿色低碳的生产生活方式和城市建设运营模式;坚持"文化传承,彰显特色"原则,致力于留住城市"乡愁",构建符合实际、各具特色的城镇化发展模式。[2] 这些原则和措施,集中体现了中国特色新型城镇化对社会效益的注重。从本质上看,注重社会效益,是中国特色新型城镇化遵循中国特色社会主义发展要求、实现以人为核心的城镇化的必然选

---

[1] 《国家新型城镇化规划(2014—2020年)》,人民出版社,2014年,第30~35、54页。
[2] 中共中央文献研究室:《十八大以来重要文献选编(上)》,中央文献出版社,2014年,第888~889页。

择，内蕴政府在中国共产党领导下贯彻全心全意为人民服务宗旨的实践导向，体现城镇化过程中协调好人与人、人与城镇社会关系的必然要求。

第二节 马克思主义视域下城市文化发展的学理阐释

做好城市工作以解决城市问题，是马克思主义的重要关注点。按照马克思主义观点，做好任何事情都必须要适应和尊重规律，同样，要做好城市工作也必须把握城市发展规律。① 城市发展涉及诸多方面，其中城市文化发展是城市发展的重要组成部分。"文化是城市的灵魂"②，城市文化发展实质上是城市的铸魂工程，是做好城市工作的必然选择。本节从马克思主义理论视域出发剖析城市文化的内涵，在探讨城市文化的生成与特点基础上阐释城市文化发展，以期深化对城市文化发展的规律把握。

一、城市文化的内涵

文化是人的本质力量的对象化存在，与自在自然和人的生物本能不同，是蕴含特定意义的物质、规范和观念的总和。从构成要素和表现方式上看，文化是内容与形式的统一。马克思主义认为，内容是构成事物的一切要素的总和，形式是把内容诸要素统一起来的结构或表现内容的方式。③ 因此，文化内容是指构成文化一切要素的总和。文化生成于人的实践之中。人的实践具有目的性，其目的反映人的特定需要。实践的这一目的性特点为文化预设了"合目的性"的内在意义。这些意义蕴含于文化内容之中，构成文化内容的核心成分，表征文化满足人的相应需要的内在属性。而文化形式是指把文化内容的各要素统一起来的结构或表现文化内容的方式，包括物质形式、规范形式和观念形式。其中，物质形式包括建筑、雕塑、生产工具等，规范形式包括社会制度、风俗习惯、道德规范等，观念形式包括地方精神、哲学、艺术等。马克思主义认为，任何事物的内容和形式都是统一的，内容决定形式，是事物存在的基础；形式反作用于内容。④ 文化以其特有的内容容纳特定意义，并以其特有的

---

① 《全面贯彻党的十八届五中全会精神 落实发展理念推进经济结构性改革》，《人民日报》，2015年11月11日，第1版。
② 中共中央文献研究室：《十八大以来重要文献选编（上）》，中央文献出版社，2014年，第603页。
③ 本书编写组：《马克思主义基本原理概论》，高等教育出版社，2015年，第38页。
④ 本书编写组：《马克思主义基本原理概论》，高等教育出版社，2015年，第38页。

中国特色新型城镇化进程中的城市文化发展研究
——理念、框架与路径

形式内化意义诉求。[1] 文化的内容与形式是统一的，其中文化内容更为根本。因此，在研究文化问题时，既要把握文化形式，注重其对文化内容的表现方式和具体作用，更要把握文化内容，注重其蕴含的特定意义。

城市文化是"城市"与"文化"的复合，于是也承载了它们的特质。在学术史上，不同学科从不同视角理解和诠释了城市文化。城市地理学强调，城市历史文化基础是城市建设和规划发展的重要条件和依据，是形成城市文化特色的基础。[2] 城市经济学认为，城市文化是一种蕴含高附加值的产业资源，城市文化资源增值主要通过刺激消费欲望、促进购买的间接渠道实现。[3] 城市社会学认为，城市文化是城市社会成员创造的为城市社会成员共有的物质财富和精神财富的总和[4]；或者是城市所应具有的精神风貌以及城市人所应具有的精神理念和价值观念以及心理特征。[5]《新语词大词典》对城市文化的定义是：一种有信息社会特点、能体现人类文明生活的主体形式和人类自身价值观最高水平的区域性文化。[6] 从相关研究可以梳理出研究者们对城市文化理解的一些共识：一是城市文化有别于农村文化，既具有文化的一般特点，又体现城市的基本特色；二是城市文化既具有物质形式，又具有精神形式；三是城市文化为城市社会中的居民所消费。综合来看，城市文化是在城市中形成并由城市居民消费的文化。城市文化的内涵具有以下两个方面的意蕴：一方面，城市文化在城市中形成，既可以是一种生成于城市内部的文化，也可以是外部传入城市的文化，因而其个体生产者既可以是城市居民，也可以是外来移民。另一方面，城市文化的消费主体是城市居民，不仅包括城市原有居民，还包括在城市居住的外来移民。

城市文化是内容与形式的统一。从内容上看，城市文化内容是构成城市文化一切要素的总和，其蕴含的一定意义表征其满足城市居民特定需要的内在属性。从形式上看，城市文化存在物质、规范和观念形式，从不同方面承载城市文化内容。物质形式的城市文化包括城市规划布局、城市历史建筑、城市街道、市政广场、城市雕塑、城市工厂、城市产业园区、城市纪念徽章等；规范

---

[1] 李丽：《文化困境及其超越》，人民出版社，2013年，第6页。
[2] 朱翔：《城市地理学》，湖南教育出版社，2003年，第66页。
[3] 田根胜，卢晓晴：《一种新的蕴涵高附加值的产业资源——城市文化的经济学解读》，《理论探讨》，2006年第3期，第92~95页。
[4] 向德平：《城市社会学》，武汉大学出版社，2002年，第183页。
[5] 潘允康：《城市社会学新论：城市人与区位的结合与互动》，天津社会科学院出版社，2004年，第169页。
[6] 韩明安：《新语词大词典》，黑龙江人民出版社，1991年，第51页。

形式的城市文化包括城市公共管理制度、城市节日节庆习俗、城市公共道德规范、城市企业规章制度、城市社区治理规约等；观念形式的城市文化包括城市精神、城市哲学、城市艺术、城市音乐、城市电影、城市文学、城市价值观等。从总体上看，城市文化是内容与形式的统一。其中，城市文化内容决定城市文化形式，城市文化形式反作用于城市文化内容，两者在相互结合中集中呈现城市文化。

二、城市文化的生成

城市文化的生成可以从共时态和历时态两个角度进行考察。从共时态来看，城市文化有其内生过程，并在此过程中受外来文化影响。

第一，城市文化生成的现实基础是客观物质条件。任何一种城市文化都是城市文化生产的产品。在城市文化生产过程中，其生产者必须依赖一定的生产资料。从根本上看，城市文化的生产资料是客观物质性的。从生产不同形式的城市文化来看，生产物质形式的城市文化，需要一定物质性的原材料，如中国传统城市中历史建筑的建造要依赖木材、砖瓦等物质材料；生产规范形式、观念形式的城市文化，也需要依赖一定的物质条件，如城市节日、节庆习俗的形成和发展要依赖一些规则、仪式、行为等，而这些规则、仪式、行为实质上是城市居民物质生活状况的反映；创造城市艺术，则既要依赖一些既有的艺术知识基础，也要依赖创造艺术产品所需的物质资料（如绘画需要画板、作曲需要曲谱等）。需要注意的是，即使是既有的艺术知识也必定来源于城市居民现实的物质生活。[①] 诚然，存在相对"自由"的城市文化生产，比如一位诗人吟出一首诗或一位作曲家唱出一首曲，表面上虽未直接依赖任何物质资料，但是，相对"自由"的城市文化生产者必定依赖一定的文化知识、创作灵感，而这些知识和灵感实质上是城市居民物质生活状况的反映。正如法国的皮凯蒂所描述的，在工业资本主义迅猛发展的欧洲，大量工人涌入城市贫民窟，新的城市悲剧发生着，这些悲剧会反映在描绘城市社会的文学作品中。如《萌芽》（Zola，1885）、《雾都孤儿》（Dickens，1838）、《悲惨世界》（Hugo，1862）等文学作

[①] 虽然俄国文艺理论家车尔尼雪夫斯基指出，艺术来源于生活，但远远的高于生活。他强调艺术对现实生活的超越性，但毕竟艺术要来源于生活才能超越生活。从这个意义上看，"来源于生活"是艺术创造的起点。正如2014年10月习近平在文艺工作座谈会上指出："文艺深深融入人民生活，事业和生活，顺境和逆境，梦想和期望，爱和恨，存在和死亡，人类生活的一切方面，都可以在文艺作品中找到启迪。"[参见中共中央文献研究室：《十八大以来重要文献选编（中）》，中央文献出版社，2016年，第123页。]

中国特色新型城镇化进程中的城市文化发展研究
——理念、框架与路径

品，它们并不是来源于作者们的想象力，而是来源于现实的生活。[①]

第二，城市文化生成的依托力量是现实社会劳动。马克思认为，在依赖一定客观物质条件的基础上，社会劳动是"财富和文化的源泉"。在城市中，伴随劳动的社会性的发展，城市文化才发展起来。在马克思看来，孤立的劳动（假定它的物质条件是具备的）即使能创造使用价值，也不能创造文化。[②] 城市文化具有社会性，是城市中现实社会劳动的产物。城市中现实社会劳动与"孤立的劳动""个人劳动"相对，是城市范围内由现实的文化生产者开展的社会化劳动。在马克思看来，劳动是人类生存发展的永恒的自然条件，其过程是制造使用价值的有目的的活动，是为了人类的需要而对自然物的占有，是人和自然之间的物质变换的一般条件，为人类生活的一切社会形式共有。[③] 在城市中，现实的文化生产者依赖一定的物质生产资料、既有知识等条件，通过社会劳动将城市居民的需要转化为一定文化内容和形式，并使这些文化内容和形式具备相应的使用价值，从而生产出相应的城市文化。

第三，城市文化生成的根本制约因素是城市社会生产关系。当今，许多相关研究主要从城市文化的样态、功能、消费等方面解释城市文化，虽然呈现出城市文化的外在轮廓，但并未直接体现城市文化"从何而来""会向何处去"等根本问题。事实上，城市文化生产决定着城市文化的样态、功能、消费等，而社会生产关系制约城市文化生产的目的与方向。正如马克思所言：人们按照自己的物质生产率（生产方式）建立相应的社会关系，正是这些人又按照自己的社会关系创造了相应的原理、观念和范畴[④]，而生产关系总合起来就构成所谓社会关系。[⑤] 社会生产关系概念在城市领域展开，就是城市社会生产关系，即城市居民在城市内部的生产过程中形成的客观的、不以人的意志为转移的经济关系。从这个意义上看，城市文化实质上是在城市社会生产关系影响下生成并与其相适应的文化。在城市社会生产关系中，生产资料所有制关系是最基本的，决定城市文化生产资料的配置和城市文化生产者的社会劳动，从根本上制

[①] 皮凯蒂：《21世纪资本论》，巴曙松译，中信出版社，2014年，第8页。

[②] 中共中央马克思恩格斯列宁斯大林著作编译局：《马克思恩格斯选集（第3卷）》，人民出版社，2012年，第359页。

[③] 中共中央马克思恩格斯列宁斯大林著作编译局：《马克思恩格斯文集（第5卷）》，人民出版社，2009年，第215页。

[④] 中共中央马克思恩格斯列宁斯大林著作编译局：《马克思恩格斯选集（第1卷）》，人民出版社，2012年，第222页。

[⑤] 中共中央马克思恩格斯列宁斯大林著作编译局：《马克思恩格斯选集（第1卷）》，人民出版社，2012年，第340页。

约城市文化生成。城市文化生产资料的所有者决定城市文化生产的目的和方向,进而制约城市文化产品的分配、交换和消费。

马克思主义认为,社会关系分成物质的社会关系和思想的社会关系。① 其中,物质的社会关系是不以人的意志和意识为转移而形成的,是人维持生存的活动的(结果)形式,是与物质生活活动直接相联系的经济关系即生产关系。② 思想的社会关系是物质的社会关系的上层建筑③,包括"法律的和政治的上层建筑"和"观念的上层建筑(意识形态)"。《〈政治经济学批判〉序言》指出:"生产关系的总和构成社会的经济结构,即有法律的和政治的上层建筑竖立其上并有一定的社会意识形式与之相适应的现实基础。"④ 因此,思想的社会关系由社会生产关系决定,并反映社会生产关系状况。从这个意义上看,城市社会生产关系决定城市内部思想的社会关系,两者对城市文化的生成有一定影响。

其一,城市社会生产关系直接影响城市文化生成。从早期开始,当仅有少量人类居住在城市之时,城市就是积聚人类艺术、宗教、文化、商业、技术的地点。⑤ 伴随城市的建立和发展,商品生产在城市内部逐渐兴盛起来。一些城市文化产品如城市商业电影、旅游纪念品、传统饮食等,属于在消费上存在排他性和竞争性的私人产品,拥有使用价值和价值,可以作为商品在城市市场上流通。市场对这些城市文化产品的需求,成为生产相应城市文化产品的导向标。因此,城市文化生产资料的所有者在利益驱动下,会为城市文化生产者提供生产资料,组织他们生产符合市场需求的城市文化产品。同时,在城市文化生产过程中,城市文化生产资料的所有者与城市文化生产者会产生互动,生产出富含生产单位特色的城市文化。这种城市文化既体现生产单位的生产经营特色,又体现城市文化生产资料的所有者与城市文化生产者在生产单位中的地位和作用。比如,在资本主义社会中,这种城市文化既体现出逐利、竞争等意义,又体现无产阶级与资产阶级的对立关系。

其二,城市内部思想的社会关系影响城市文化生成。城市内部思想的社会

---

① 罗国杰:《伦理学名词解释》,人民出版社,1984年,第16页。
② 罗国杰:《伦理学名词解释》,人民出版社,1984年,第16页。
③ 中共中央马克思恩格斯列宁斯大林著作编译局:《列宁选集(第1卷)》,人民出版社,2012年,第47页。
④ 中共中央马克思恩格斯列宁斯大林著作编译局:《马克思恩格斯选集(第4卷)》,人民出版社,2012年,第922页。
⑤ 乔尔·科特金:《全球城市史(典藏版)》,王旭等译,社会科学文献出版社,2014年,第2~3页。

中国特色新型城镇化进程中的城市文化发展研究
—— 理念、框架与路径

关系体现城市统治者与普通城市居民的关系。维系这种关系的，有规范性的中介，如城市治安管理制度、城市社区治理制度等；有观念性的中介，如城市精神、城市艺术等。这些中介共同构成城市统治者维系其政治、思想统治的制度工具和思想工具，实质上就是存在特定内容与形式的城市文化。为了巩固自身的政治和思想统治，城市统治者会有目的地组织生产这些中介，即生产相应的城市文化产品。就城市文化产品而言，其是一种特殊的社会劳动产品，因为它不仅包括私人产品，还包括在消费上无竞争性和排他性的公共产品如市政广场、城市雕塑、博物馆等，以及在消费上存在一定竞争性和排他性的准公共产品如文艺展演、历史建筑、公共健身设施等。作为公共产品和准公共产品的城市文化产品由于不容易排除他人"搭便车"，因而往往难以成为市场主体自发的生产对象。对此，城市管理者会在一定程度上弥补这种"缺位"，以向城市居民提供一定公共文化服务的形式，主导生产、分配体现他们意志和利益的城市文化产品，从而加强对城市的政治和思想统治。从城市文化生产过程来看，作为城市文化生产资料所有者的城市统治者会与城市文化生产者产生互动。与此相对，在阶级社会中，一些对城市统治者不满的城市居民或群体（作为被统治阶级）则会生产一种背离城市统治者诉求的城市文化，用以表达自身诉求，挑战城市统治者的政治和思想统治。总的来看，城市统治者对城市文化产品的生产及其面临的挑战，实质上是城市社会生产关系在城市政治、思想领域的延伸。

其三，城市中的社会群体通过持久的社会交往行为，会产生具有本群体特色的规约、习惯、审美偏好和价值取向等，进而催生出相应的群体城市文化产品。城市中的一些居民作为"自由艺术家""自由诗人"等，会自发地生产城市文化产品。从根本上看，生产这些城市文化产品需要依赖客观物质条件，因而必然受到城市社会生产关系的制约。总之，城市社会生产关系是城市文化生成的根本制约因素；城市内部思想的社会关系和城市居民自发的城市文化生产行为制约着城市文化生成，但根本上受到城市社会生产关系制约。

其四，城市文化受外来文化影响。事实上，城市集聚的非农要素不仅包含一些附带文化成分的物质要素，比如农业转移人口将一些传统生活用具带到城市并较长时间地保存；还直接包含一些文化成分，比如在城际经济、文化交往中传入外地甚至境外的文化。它们进入城市以后，会同城市文化产生互动，为城市文化带来新的内容与形式。并且，外来文化在与城市文化在互动过程中，会逐渐本土化，其一些文化成分最终会成为城市文化的组成部分。

从历时态来看，一定时期的城市文化会在城市历史发展的过程中沉淀下来，逐渐成为城市历史文化。城市历史文化会沉淀在城市历史发展的过程中，潜移默化地形塑着城市的文化基因，形成对城市居民文化身份的建构性。一般而言，一定时期的城市文化在文明程度上较先前的城市历史文化先进。因此，把握这一时期的城市文化，有助于理清城市历史文化的残片和因素，特别是原来只是征兆的东西，发展到具有充分意义的文化因素，为现实的城市文化生产提供经验参考或教训警示。同时，一定时期的城市文化能够为未来的城市文化提供物质遗存和历史记忆，成为未来城市文化发展的基础和镜鉴。马克思指出："低等动物身上表露的高等动物的征兆，只有在高等动物本身已被认识之后才能理解。"[1] 但毋庸置疑的是，提前把握这些"征兆"将有利于拨开未来的迷雾、增强对未来发展的预见性。因此，把握这一时期的城市文化，有利于较好地理解城市文化生成的内在规律性，从而更好地规划和推进未来的城市文化生产。

三、城市文化的发展

城市文化不是静止不变的，而是会不断发展变化。恩格斯指出："世界不是既成事物的集合体，而是过程的集合体。"[2] 城市文化发展，是旧的城市文化消亡、新的城市文化生成的过程。它是一个动态过程，涉及多种文化成分的碰撞与新的城市文化生成。一方面，新的城市文化是对旧的城市文化的扬弃而非全盘否定。其实现过程是城市文化传承，即在城市历史文化与城市现代文化的碰撞中解决"如何传承城市历史文化"的问题。另一方面，新的城市文化需要在原有城市文化的基础上增添新的内容和形式。其实现过程有两种：一是城市文化创新，即创造新的城市文化内容和形式，解决"如何创新现代城市文化"的问题；二是外来文化融合，即用外来文化元素充实城市文化的内容和形式，在城市文化与外来文化的碰撞中解决"如何合理融合外来文化"的问题。

同时，城市文化发展与城市居民发展密切相关。城市文化实质上是城市实践领域"人化"与"化人"的统一。一方面，城市文化在一定社会历史条件下由现实社会劳动生产。并且，城市居民在消费城市文化过程中既满足个体需要，因为在消费中产品直接变成个人需要的对象和奴仆，供个人享受而满足个

---

[1] 中共中央马克思恩格斯列宁斯大林著作编译局：《马克思恩格斯文集（第8卷）》，人民出版社，2009年，第29页。

[2] 中共中央马克思恩格斯列宁斯大林著作编译局：《马克思恩格斯文集（第4卷）》，人民出版社，2009年，第298页。

中国特色新型城镇化进程中的城市文化发展研究
——理念、框架与路径

人需要①;又为城市文化生产提出对象,把它作为内心的图像、作为需要、作为动力和目的提出来。② 另一方面,城市文化在被城市居民消费的过程中会影响城市居民的思想和行为,乃至赋予他们相应的特质。正如马克思所言:"艺术对象创造出懂得艺术和具有审美能力的大众,——任何其他产品也都是这样。"③

从城市文化发展的角度来看,城市文化在影响其消费主体——城市居民发展的过程中集中体现其发展的根本效果。人的发展可以分为四个基本方面:一是人的需要的发展,体现为对人基本生存需要的满足及其新的、更高层次的需要的不断形成和满足;二是人的能力的发展,体现为人能够更为深入、广泛、精确地认识世界和更为有力、顺利、有效地改造世界,不断提高自身的思想素质和实践水平,直至在共产主义社会全面地发展包括"思维的能力"在内的"自己的一切能力"④;三是人的社会关系的发展⑤,体现为人的社会关系的不断丰富,且它更加有利于人的生存繁衍和能力发展;四是人的个性的发展,体现为人的知识、性格、兴趣、爱好等个性元素在一定程度上摆脱异己的力量支配而自主、自觉地形成和发展,直至在共产主义社会占有自己全面的本质⑥,实现自由全面发展。⑦ 其中,人的需要的发展是基础,因为人的需要是他们的本性⑧,任何人如果不同时为了自己的某种需要和为了这种需要的器官而做事,他就什么也不能做。⑨ 马克思和恩格斯指出:"在现实世界中,个人有许

---

① 中共中央马克思恩格斯列宁斯大林著作编译局:《马克思恩格斯文集(第8卷)》,人民出版社,2009年,第13页。
② 中共中央马克思恩格斯列宁斯大林著作编译局:《马克思恩格斯文集(第8卷)》,人民出版社,2009年,第15页。
③ 中共中央马克思恩格斯列宁斯大林著作编译局:《马克思恩格斯文集(第8卷)》,人民出版社,2009年,第16页。
④ 中共中央马克思恩格斯列宁斯大林著作编译局:《马克思恩格斯全集(第3卷)》,人民出版社,1960年,第330页。
⑤ 马克思在《关于费尔巴哈的提纲》中指出:"人的本质不是单个人所固有的抽象物,在其现实性上,它是一切社会关系的总和。"[参见中共中央马克思恩格斯列宁斯大林著作编译局:《马克思恩格斯选集(第1卷)》,人民出版社,2012年,第139页。]因此,人的社会关系的发展从本质层面体现人的社会属性及其发展要求。
⑥ 中共中央马克思恩格斯列宁斯大林著作编译局:《马克思恩格斯文集(第1卷)》,人民出版社,2009年,第189页。
⑦ 王孝哲:《马克思主义人学概论》,安徽大学出版社,2009年,第208页。
⑧ 中共中央马克思恩格斯列宁斯大林著作编译局:《马克思恩格斯选集(第3卷)》,人民出版社,2012年,第28页。
⑨ 中共中央马克思恩格斯列宁斯大林著作编译局:《马克思恩格斯全集(第3卷)》,人民出版社,1960年,第286页。

多需要。"① 人的需要具有多样性，包括物质需要和精神需要。因此，人要实现发展，就必须以有效满足物质需要和精神需要为前提。当物质需要和精神需要为追求蕴含特定意义的物质、规范或观念对象时，它们便构成了文化需要。

在城市中，不断发展的城市文化为城市居民满足文化需要提供文化内容和形式，制约他们文化需要的范围和数量。马克思就指出："工人必须有时间满足精神需要和社会需要，这些需要的范围和数量由一般的文化状况决定。"② 一般而言，人们在满足维系基本生存的物质需要之后，便会产生新的需要，包括新的物质需要和精神需要。③ 现实生活中，城市居民在形成和满足一定的文化需要后，会运用城市文化建构个体的文化身份，确认"自己是谁"并"理解和标记自己"，让自己的"意义诉求"与该城市文化的"意义内涵"实现对接和契合，以及让该城市文化的形式在物质、精神层面满足自己的具体需要，从而使自己在思想上明确"什么城市文化（一般是与该城市文化同质的文化）是自己需要的而应加以获取""什么城市文化是自己不需要的而应加以拒斥"，形成新的文化需要，进而产生获取或拒斥相应城市文化的行为倾向及实践。当城市居民获取了特定城市文化后，可以依托其提升自己认知、鉴别、欣赏城市文化的思维能力和创造、消费、传播城市文化的实践能力，明确和遵循一定的社会习惯及规范，参与更多更好的文化活动，涵养个人知识、性格、兴趣、爱好并展现和张扬个性，实现个人发展。在此过程中，城市居民对文化需要的满足是他们实现个人发展的前提；而随后他们对个体文化身份的建构则是实现个人发展的关键，直接制约他们新的文化需要形成和满足，从而制约他们能力、社会关系和个性的发展。

值得指出的是，城镇化进程中的城市文化发展，是伴随各种非农经济和社会要素"由外部向城市集聚"和"由城市向外部扩散"展开的，因而其不仅会在城市内部涉及城市文化传承、城市文化创新、外来文化融合及城市居民发展，还会在城乡范围内涉及城乡文化的发展关系，即在城市文化与农村文化的碰撞中解决"城乡文化如何协调发展"的问题。这些方面也应成为城镇化进程中城市文化发展的基本关注点。

---

① 中共中央马克思恩格斯列宁斯大林著作编译局：《马克思恩格斯全集（第3卷）》，人民出版社，1960年，第326页。
② 中共中央马克思恩格斯列宁斯大林著作编译局：《马克思恩格斯文集（第5卷）》，人民出版社，2009年，第269页。
③ 骆郁廷：《精神动力论》，武汉大学出版社，2003年，第86页。

第二章　中国特色新型城镇化与城市文化发展的相互关系分析

列宁指出："要真正地认识事物，就必须把握住、研究清楚它的一切方面、一切联系和'中介'。"[①] 在列宁看来，这在现实中虽难以做到，但无疑对事物的本身及其相关联系进行"全面性"的认识是必要的。基于此，本书在界定中国特色新型城镇化和城市文化发展的基础上，从历史层面回顾城镇化背景下新中国城市文化发展的历程及其阶段特点，进而厘清中国特色新型城镇化与城市文化发展的相互关系，揭示中国特色新型城镇化进程中城市文化发展的重要性和可能性，并在此基础上进一步深化相关问题研究。

第一节　城镇化背景下新中国城市文化发展的历程回顾

新中国成立以来，城镇化进程逐步推进。1949—2018 年，中国的城镇化率上升了约 49 个百分点[②]，中国的城镇化也走出了一条适合本国国情的道路。当然，这条道路并非坦途。总的来看，可以按城镇化的发展规模和方式，将新中国的城镇化划分为四个时期：一是 1949—1978 年，中国"先推进城镇化、后抑制城镇化"，使城镇化呈现"曲折发展"的特点；二是 1978—2002 年，中国"重小城镇发展、控制城市发展"，使城镇化呈现"有所控制"的特点；三是 2002—2012 年，中国"协调推进大中小城市和小城镇发展"，使城镇化呈现"协调发展"的特点；四是 2012 年至今，中国"推进中国特色新型城镇化"，使城镇化立足中国特色社会主义发展要求实现发展理念、方式等的新型化，进

[①] 中共中央马克思恩格斯列宁斯大林著作编译局：《列宁选集（第 4 卷）》，人民出版社，2012 年，第 419 页。

[②] 国家统计局国民经济综合统计司：《新中国六十年统计资料汇编》，中国统计出版社，2010 年，第 6 页。国家统计局：《中华人民共和国 2018 年国民经济和社会发展统计公报》，《人民日报》，2019 年 3 月 1 日，第 10 版。

而呈现"特色新型"的特点。在此背景下,城市文化发展也经历了相应四个时期,并在每个时期呈现出不同特点。

一、"曲折发展的城镇化"背景下的城市文化发展(1949—1978年)

1949—1978年,中国进行了"曲折发展的城镇化"。在近代中国,城市经济社会发生了巨大变化,工商业城市逐步发展。但是,受西方资本主义国家的军事侵略、经济掠夺、政治压迫、文化冲击以及国内旧统治阶级的反动统治,中国城镇化进程十分缓慢。到1949年,中国城镇化率仅为10.6%[1],低于当时世界城镇化的平均水平约17.4个百分点。新中国成立初期,国家推行城镇向农村开放、城镇重大建设项目拉动农村人口进城的八字方针。伴随重工业的快速发展和东北、中西部工业城市群的建立,城镇化进程快速推进。1955年,国家先后颁布《国务院关于市镇建制的决定》《关于城乡划分标准的决定》等法规文件,推进了城镇化的进程。到1957年底,全国共设有建制市177个,城镇化率上升为15.4%。1949—1957年,中国城镇化率从10.6%上升到15.4%。[2] 但是,在城镇人口迅速增加的同时,优先发展重工业的国民经济发展定位使得城市产业失衡,从而导致轻工业和服务业发展滞后,城镇难以吸纳更多的城市人口。为此,政府从政策层面严控城镇数量和限制城乡人口流动。1957年底,国家开始限制农村人口外流。1961年,党和国家在总结"大跃进"教训的基础上,提出了"调整、巩固、充实、提高"的方针,动员更多城镇劳动力回流农村,限制农村人口向城镇转移。1966年,党和国家推进知识青年和干部下乡政策,使城镇化基本停滞。1960—1978年,中国城镇化率基本保持在17%左右。[3]

这一时期,伴随新兴城市特别是工业城市的发展和城市居民的增多,城镇化进程稳步推进,城市文化也实现了改造和更新,逐步确立马克思主义的指导地位并抛弃旧社会落后文化残余,城市历史文化遗产得到一定保护,城市中逐渐形成服务社会主义工业化的文化氛围,城市文化发展取得了诸多成就。这些成就是党领导人民在社会主义革命和建设的伟大探索中取得的,开创了新中国城市文化发展的新纪元。与此同时,在城镇化特别是城市规模扩张的过程中,城市文化发展也出现曲折。具体而言,这一时期的城市文化发展呈现出以下三

---

[1] 国家统计局:《中国统计年鉴2018》,中国统计出版社,2018年,第31页。
[2] 戴均良:《中国城市发展史》,黑龙江人民出版社,1992年,第387页。
[3] 国家统计局:《中国统计年鉴2018》,中国统计出版社,2018年,第31页。

个特点：一是城市历史文化遗产既有保护又有损害，二是形成服务于社会主义工业化的城市文化，三是注重发挥好城市原有文化设施的作用。

二、"有所控制的城镇化"背景下的城市文化发展（1978—2002年）

1978—2002年，中国进行了"有所控制的城镇化"。伴随改革开放的推进，中国逐步放松城乡人口流动的限制。并且，伴随城镇经济的转型发展和社会保障、教育、医疗等领域改革的推进，许多城镇特别是中小城镇发展迅速。1978年，面对人口生育进入高峰、回城知识青年就业压力加大、城镇基础设施建设滞后等城镇发展问题，国家制定了"控制大城市规模、多搞小城镇"的城镇发展方针。同年，党的十一届三中全会确定将党的工作重点转移到经济建设上来，为推进城镇化创造了有利条件。此后，国家于1980年批转《全国城市规划工作会议纪要》，提出"控制大城市规模，合理发展中等城市，积极发展小城市"的城镇发展方针；于1990年实施《城市规划法》，在该法中强调"严控大城市规模、合理发展中小城市"；于1993年提出"以开发区和大城市建设为主"，"充分利用和改造现有小城镇，建设新的小城镇"的城镇发展方向。20世纪90年代中期以后，中国城镇化得到迅速发展。[①] 2000年，国家提出要有重点地发展小城镇，积极发展中小城市，防止盲目扩大城市规模[②]，促进了城镇特别是小城镇的快速发展。1979—2002年，中国城镇化率从19.0%跃升到39.1%。[③]

这一时期，伴随对"文化大革命"的反思以及改革开放的推进，城市文化得到新发展。一方面，城市文化坚持以马克思主义为指导，融入解放思想、实事求是、为民服务、艰苦奋斗等优秀传统，坚持了城市文化发展的社会主义方向。另一方面，城市文化不仅弥补了前一时期的一些不足，还在城市历史文化遗产保护中注重发挥其经济价值，在逐步推进城市对外开放的过程中注重合理借鉴外来文化，以小城镇为纽带促进城乡文化协调发展，取得了新的文化成果。具体而言，这一时期的城市文化发展呈现出以下三个特点：一是兼顾城市历史文化遗产的保护与开发，二是在推进城市对外开放的过程中合理借鉴外来文化，三是以小城镇为纽带促进城乡文化的协调发展。

[①] 国务院发展研究中心，世界银行：《中国：推进高效、包容、可持续的城镇化》，中国发展出版社，2014年，第80~84页。
[②] 范恒山，陶良虎：《中国城市化进程》，人民出版社，2009年，第111页。
[③] 国家统计局：《中国统计年鉴2018》，中国统计出版社，2018年，第31页。

三、"协调发展的城镇化"背景下的城市文化发展（2002—2012年）

2002—2012年，中国进行了"协调发展的城镇化"进程。伴随中国经济和中小城镇的快速发展，对大中小城市和小城镇发展进行协调，促进城镇化的协调发展，成为党和国家的战略选择。2002年，党的十六大强调"农村富余劳动力向非农产业和城镇转移"是现代化和工业化趋势的要求，提出"走中国特色的城镇化道路"，坚持大中小城市和小城镇协调发展[①]；2007年，党的十七大进一步强调"走中国特色城镇化道路"的重要性，提出"按照统筹城乡、布局合理、节约土地、功能完善、以大带小的原则，促进大中小城市和小城镇协调发展"[②]。2003—2012年，中国城镇化率从40.5%跃升到52.6%。[③]

这一时期，城市文化坚持以马克思主义为指导，既积淀了前两个时期的优秀成果，又实现了更加合理的发展。2002年11月，党的十六大提出"走中国特色的城镇化道路"[④]，强调大中小城市和小城镇的协调发展，加快了推进城镇化的步伐。一方面，在不断推进的城市改造中，城市规模不断扩大，城市历史文化遗产的保护和开发得到相应加强。另一方面，在科学发展观指导下，城乡文化得到统筹发展。此外，伴随农民工大量涌入城市，城市居民的组成结构逐渐复杂化，城市文化发展需注重兼顾城市原有居民、农民工等城市居民的文化需要。具体而言，这一时期的城市文化发展呈现出以下两个特点：一是在城市改造中加强城市历史文化遗产的保护与开发，二是推进城乡文化的统筹发展。

四、"特色新型的城镇化"背景下的城市文化发展（2012年至今）

2012年以来，中国进行了"特色新型的城镇化"。2012年，党的十八大提出"坚持走中国特色新型工业化、信息化、城镇化、农业现代化道路"[⑤]，明确了坚持走"中国特色新型城镇化道路"的要求。2014年，中共中央和国务院印发的《国家新型城镇化规划（2014—2020年）》对"中国特色新型城镇

[①] 中共中央文献研究室：《十六大以来重要文献选编（上）》，中央文献出版社，2005年，第18页。
[②] 中共中央文献研究室：《十七大以来重要文献选编（上）》，中央文献出版社，2009年，第19页。
[③] 国家统计局：《中国统计年鉴2018》，中国统计出版社，2018年，第31页。
[④] 中共中央文献研究室：《十六大以来重要文献选编（上）》，中央文献出版社，2005年，第18页。
[⑤] 中共中央文献研究室：《十八大以来重要文献选编（上）》，中央文献出版社，2014年，第16页。

化"提出了具体要求。2015年，中央城市工作会议提出提高新型城镇化水平，走出一条中国特色城市发展道路。[①] 到2018年，中国城镇化率达到59.6%。[②]

2017年，国务院印发《全国国土规划纲要（2016—2030年）》，从"促进各类城镇协调发展""分类引导城镇化发展""优化城镇空间结构""促进城乡一体化发展"等方面[③]提出推进新型城镇化发展的具体要求。在新时代全面建成小康社会、实现社会主义现代化的征程中，推进中国特色新型城镇化，成为推进中国城镇化发展和中国特色城市发展的基本方向，是中国未来推进城镇化的必然选择。在此背景下，中国特色新型城镇化成为当代中国城镇化的必然选择，其进程中的城市文化发展逐步克服以往存在的"千城一面"、城乡文化发展不均衡等问题，兼顾发展的速度和质量，呈现出全面发展的局面。具体而言，2012年以来的城市文化发展呈现出以下三个特点：一是突出延续城市历史文脉，防止城市特色缺失；二是突出合理借鉴外来文化，防止城市媚洋求怪；三是推进城乡文化一体化发展。

第二节 城市文化发展对中国特色新型城镇化的作用

在当代中国，促进城市文化发展，发挥其承载文明成果、支撑经济发展、凝聚社会共识、充实市民生活的作用，有利于传承弘扬城市文明成果、促进城市经济高效增长和城市社会和谐发展，推进中国特色新型城镇化。

一、传承弘扬城市文明成果

与城镇化的一般过程相同，中国特色新型城镇化进程中会形成一系列物质、规范和观念形式的城市文明成果，使得城市不仅成为容纳经济和社会要素的空间，同时还成为留存历史记忆的场域。正如芒福德所言：在城市的中心可以找到"人类的每一种功能作用""人类相互交往中的每一种实验""每一项技术上的进展""规划建筑方面的每一种风格形式"。[④] 在物质层面，城市经济和

---

① 《中央城市工作会议在北京举行》，《人民日报》，2015年12月23日，第1版。
② 国家统计局：《中华人民共和国2018年国民经济和社会发展统计公报》，《人民日报》，2019年3月1日，第10版。
③ 《国务院印发〈全国国土规划纲要（2016—2030年）〉》，《人民日报》，2017年2月5日，第1版。
④ 刘易斯·芒福德：《城市发展史——起源、演变和前景》，宋俊岭，倪文彦译，中国建筑工业出版社，2005年，第573页。

社会的发展造就了诸多如城市建筑、现代街道、市政广场、城市雕塑、博物馆、艺术馆、文化馆、城市公园、城市交通系统、物质商品等物质成果。这些物质成果特别是建筑、街道、广场等逐步摒弃以往"求洋求异"的现象，而趋向切实满足城市可持续发展和城市居民生产生活的现实需要。在规范层面，城市中形成反对恶性经济竞争的市场规则、有序推进农业转移人口市民化的政策和制度、保障城市居民平等开展政治实践活动的制度机制、依法治市的制度机制、健康向上的市民公约与生活方式等规范成果。在观念层面，以社会主义核心价值观为指导，形成崇尚"人本""开放""竞争""包容"等优秀价值观念的观念成果。

美国哲学家艾默生指出：城市是靠记忆而存在的。[1] 中国特色新型城镇化进程中形成的物质、规范和观念形式的城市文明成果，代表着城市在特定时代的记忆，并沉浸入城市的肌体，成为塑造现代城市的内在实力。在人类社会历史的发展进程中，这些城市文明成果以城市文化为载体，并由城市文化记录中国特色新型城镇化塑造现代城市文明的"历史年轮"。美国建筑师沙里宁指出：让我看看你的城市，我就知道你的人民在文化上追求什么。[2] 促进城市文化发展，用城市景观、城市习俗、城市精神等展现城市文化形象，有助于向世人彰显城市的独特风格和城市居民的精神面貌，传承与弘扬城市文明成果。同时，文化成为城市社会生活的重要组成部分，是一个城市赖以生存和发展的重要智力资源和精神动力。[3] 通过推进城市文化发展，用独特的内容和形式给城市留下难以磨灭的文化烙印，增强城市居民对城市的归属感和对城市文明的自豪感，有助于引导城市居民积极投身中国特色新型城镇化建设，参与城市文明成果的生产、维护与传播。

二、促进城市经济高效增长

城市文化与社会经济结构联系密切，本质上受社会经济结构制约。同时，城市文化能够融入社会经济结构，并作为一种经济要素，建构一类经济形式——文化经济。从学术史来看，法兰克福学派较早地论述到文化工业和大众

---

[1] 刘易斯·芒福德：《城市发展史——起源、演变和前景》，宋俊岭，倪文彦译，中国建筑工业出版社，2005年，第75页。
[2] 方可：《当代北京旧城更新：调查·研究·探索》，中国建筑工业出版社，2000年，第126页。
[3] 单霁翔：《从"功能城市"走向"文化城市"》，天津大学出版社，2007年，第48页。

中国特色新型城镇化进程中的城市文化发展研究
——理念、框架与路径

文化对大众的负面影响,揭示出文化治理对资本主义制度再生产的作用。[①] 当今,各国的研究者们大多从文化产业的视角出发,探讨文化促进城市经济持续发展的问题。现在,世界各国越来越重视城市文化经济,发展城市文化创意产业、旅游产业等。在资本主义社会的城市,城市文化经济在资本的驱动下与消费主义思潮结合,人为地制造消费欲望,为商品化的城市文化打上资本主义意识形态的烙印。这些城市文化"入侵"社会成员的思想以后,便会弱化他们对社会主流意识形态的对立意识,将社会主流意识形态转化为个人精神需要,并使社会出现城市文化消费商品化的思想潮流,从而使城市文化成为促进城市经济增长和维护资本主义制度的工具。

在当代中国,城市文化蕴含中国特色社会主义文化的内在规定,要求城市文化发展以满足人民群众日益增长的文化需要为基础,寻求社会效益的最大化;同时以满足人民群众个性发展的文化需要为追求,寻求经济效益的最优化,从而促进城市经济高效增长。在中国特色新型城镇化进程中,伴随中国经济向服务业转型,城市的集聚效应对城市服务业的作用更为重要。[②] 一方面,能够为城市服务业提供更多的劳动力。另一方面,可以不断形成新的经济增长点。这些经济增长点着力于满足城市居民多样发展的、个性化的各种消费需要,能够为服务业提供广阔市场。与此同时,城市服务业的发展,又会对城市文化经济的繁荣起到带动作用,引导城市中具体的文化消费取向,增强对城市居民各种类型的文化产品特别是享受性文化产品的供给能力,刺激创新性强的城市文化创意产业发展,为城市经济发展注入强大动力。然而,在市场主导城市文化生产与消费的过程中,资本追逐利益的逻辑会显现出来,市场会倾向提供经济效益较高的城市文化消费品,从而加剧城市文化消费的商品化、功利化,进而滋生消费主义和享乐主义。鉴于此,政府坚持"以人为本"的原则,以社会主义核心价值观为引领,倡导以人民为中心的创作导向,发展先进文化,创新传统文化,扶持通俗文化,引导流行文化,改造落后文化,抵制有害文化[③],培育健康文化生态,优化城市文化经济业态,促进城市文化服务业和城市文化事业特别是城市公共文化服务的良性发展,让城市文化发展切实成为

[①] 吴理财:《文化治理的三张面孔》,《华中师范大学学报(人文社会科学版)》,2014年第1期,第58~68页。

[②] 国务院发展研究中心,世界银行:《中国:推进高效、包容、可持续的城镇化》,中国发展出版社,2014年,第7页。

[③] 《鼓励基层群众解放思想积极探索 推动改革顶层设计和基层探索互动》,《人民日报》,2014年12月3日,第1版。

城市经济高效增长的动力。

三、促进城市社会和谐发展

城市文化作为城市的内核,能够引领城市居民的思想和行为,成为城市增强凝聚力和自信心的力量源泉。首先,物质形式的城市文化能够为城市居民建构一种共同的生产和生活实践空间,促使他们在寻求合作的过程中更好地共享这种城市空间。其次,规范形式的城市文化会创设建构城市居民文化身份的共同制度氛围,对他们形成制度约束,引导城市居民的行为方式,构成维系城市正常运转的制度基础。最后,观念形式的城市文化以整个城市社会广泛认同的价值观为核心载体,在建构他们文化身份的同时使他们形成共同的城市文化意识和行为习惯。从总体上看,城市文化具有凝聚社会共识的功能,通过引导居民形成共同的文化诉求和行为准则,缓解城市内部阶层之间的矛盾与冲突,增强整个城市社会的凝聚力,强化城市居民之间的联系,进而维护城市社会的稳定与繁荣。[1]

从人类社会历史发展的角度来看,城镇化是由传统的农业社会向现代城市社会发展的自然历史过程。[2] 中国改革开放以来,在城镇化过程中,伴随城市社会的变迁和城市居民个人的生活方式、交往方式、消费方式等变化,城市居民的社会心理会受到巨大的影响、发生深刻的变化。与此同时,城市中经济收入水平差距的扩大会加剧社会断裂,表现为不同城市居民群体的城市文化诉求和文化消费的分化。鉴于此,政府坚持共享发展理念,培育包容性强的现代城市文化,注重从制度和行为上引导城市居民适应城市社会的变迁,通过完善确保农业转移人口完全市民化、维护城市社会公平正义的制度机制,确认和保障所有城市居民平等地拥有城市内的制度身份和文化身份;优化城市公共文化服务,提升不同城市居民群体特别是城市低收入群体的文化消费层次;完善城市社会治理,化解城市居民之间的矛盾与冲突[3],有助于凝聚城市居民共同建设城市空间、共同遵守城市社会管理制度、共同推进城市社会和谐发展的思想共识和行为共识。

从总体上看,城市文化发展在传承弘扬城市文明成果、促进城市经济高效

---

[1] 单霁翔:《从"功能城市"走向"文化城市"》,天津大学出版社,2007年,第43页。
[2] 沈云锁、陈先奎:《中国模式论》,人民出版社,2007年,第309页。
[3] 石冉、张学昌:《新型城镇化的文化治理:维度、框架与路径》,《农村经济》,2015年第11期,第69~73页。

增长和城市社会和谐发展的同时，有助于满足城市居民的文化需要，为他们的全面发展提供有利条件，推进以人为核心的中国特色新型城镇化。首先，在满足城市居民多元城市文化产品消费需要的同时，既崇尚自由、竞争、开放，又崇尚平等、和谐、共享，保障城市企业员工与企业所有者、经营者的合法利益，满足他们在合理的工作环境中获取合法报酬的物质需要和丰富工作经验、知识、技能的精神需要，有助于促进他们在实现企业发展目标的过程中推进个人发展。其次，以人民为中心，弘扬社会主义核心价值观，有助于保障城市居民的合法政治权利，满足他们平等参与社会治理的物质需要、培育和践行社会主义核心价值观的精神需要，自觉成为维护城市社会和谐发展的参与者。最后，发展契合城市居民现实需要的现代城市文化，推进城市公共文化服务均等化，维护不同阶层、文化程度、社会身份的城市居民的基本文化权利，满足他们消费城市文化产品的物质需要和日常审美、求知等的精神需要，有助于充实他们的日常生活，提升他们的文化品位和知识素养。这样，有助于促使城市居民有效地共享城市发展成果，为他们的全面发展提供文化动力。

第三节　中国特色新型城镇化对城市文化发展的作用

中国特色新型城镇化存在正向的集聚效应，能够为城市文化发展提供有利条件。集聚效应是城市的非农经济和社会要素由于在特定空间内规模集聚而产生的各种影响或效果。非农经济和社会要素中均蕴含有文化成分，这些文化成分在城市中结合构成城市文化的总体。因此，一些城市文化主要属于经济要素，而一些城市文化则主要属于社会要素。在特定社会历史条件下研究某一城市文化时，若该城市文化主要在经济或社会领域中的某一领域起作用，那么就应重点将该城市文化作为相应领域的要素加以把握。在中国特色新型城镇化进程中，各种非农经济和社会要素会高效集聚于城市，有利于促进城市文化资源集聚、推动城市文化特色发展、整合城市文化资源结构、优化城市文化扩散方式。

一、促进城市文化资源集聚

城镇化过程中，促使城市形成的市场力量首先来源于比较利益和生产的内

第二章　中国特色新型城镇化与城市文化发展的相互关系分析

部规模经济①，以至于即使地表是完全均一的，城镇仍然会产生。②首先，非农经济要素集聚于城市，有助于城市市场主体更加便利地利用共同的劳动力市场、商品销售市场和集中的资本、技术等经济资源而获得经济利益。其次，伴随产出规模的扩大，城市市场主体的长期平均成本会下降③，有助于城市市场主体获得更多收益。最后，大量市场主体规模集聚于城市，会产出大量消费品、提供大量就业岗位，有助于满足城市居民的多样化消费需求和就业需求。因此，在特定区域范围内会形成以城市为中心的"经济洼地"，产生"洼地效应"，促使邻近区域的经济要素向城市集聚；同时，在经济全球化背景下，特定区域以外（包括国外）的经济要素也会在城际经济交往中流向特定城市，而后带动相关政治活动、社会交往等社会活动，促使相关社会要素向城市集聚。在此过程中，这些经济和社会要素所附带的文化成分也会集聚于城市，以充实城市文化内容和形式的方式改变着城市文化的面貌。从来源上看，这些外来文化主要分为两类：一是农村文化资源，由邻近区域的农村向城市集聚；二是域外文化（包括国外文化）资源，由特定区域外向城市流动。

中国特色新型城镇化会优化非农经济和社会要素的集聚方式，促进城市文化资源高效集聚。首先，充分发挥市场在资源配置中的决定性作用，完善市场规则、价格形成机制、规范城乡统一市场等，有利于激发城市市场主体的经济活力，促进优质的非农经济要素集聚于城市；同时更好发挥政府作用，防止非农经济要素集聚城市过剩和过度抽取农村的经济资源，有利于规范城市市场，促进非农经济要素向城市高效集聚。其次，在与中国特色新型工业化协同推进的过程中优化城市产业结构，确保城市市场主体产出规模的合理化，尽可能避免产生因产能过剩而影响城市非农经济要素高效利用、进而削弱城市市场吸引力的问题；在与中国特色新型信息化协同推进的过程中，运用大数据平台增强对城市市场发展趋势的预见性，壮大城市网络经济，并促进非农经济要素通过虚拟平台即网络流向城市；在与中国特色新型农业现代化协同推进的过程中，以城带乡，挖掘和培育农村的优质经济资源，并促使这些资源在市场机制和政府调控共同作用下合理流向城市。最后，以人为核心和注重社会效益，提升城市对农业转移人口的接纳能力，增强城市就业、文化、社会保障等公共服务对农业转移人口的可及性，使存在巨大潜力的农业转移人口就业市场与消费市场

---

① 吕玉印：《城市发展的经济学分析》，上海三联书店，2000年，第14页。
② 奥古斯特·勒施：《经济空间秩序》，王守礼译，商务印书馆，1995年，第75页。
③ 王国平：《城市学总论》，人民出版社，2013年，第741页。

得到完善，从而强化城市对劳动力特别是优质劳动力的吸引力和消费市场活力。这样，有利于实现城市经济和社会更加良性地发展，进而促进富有特色、经济和社会价值较高的农村文化资源、域外文化资源向城市集聚，增强城市文化的多样性。

二、推动城市文化特色发展

城镇化过程中，诸多外来文化与城市文化相遇碰撞，在加剧两者冲突的同时，还加深了城市文化的生存危机；并且，城市社会关系会发生深刻变化，导致城市文化的根基发生裂变，从而迫使城市文化为实现赓续而必须有所改变。这种改变在实践上，主要通过促进城市文化发展以增强其对城市发展现状的适应性。在市场经济条件下，城市文化发展有两种具体的实践取向：其一，延续城市文化记忆，使城市居民能够用城市文化确认自身文化身份，不至于在城市的多元文化格局中迷失而被其他外来文化裹挟甚至殖民。为此，就需要结合当代城市的社会关系现状和城市居民的文化认知习惯，促进城市文化的内容更新，摒弃其落后于时代发展主流的成分；同时，促进城市文化的形式创新，使城市文化因凸现时代性而被城市居民现实地接受，进而开辟出一条推动城市文化特色发展的路径。其二，开发城市文化的经济价值，让城市文化在城市经济活动中彰显出新的生机与活力。一般而言，一种资源的使用价值使其存在成为必要，其特殊性与稀缺性则使其价值更加凸显。从这个意义上看，生产使用价值高和具有特殊性、稀缺性的城市文化产品，更有利于获得更多收益。鉴于此，许多城市市场主体往往倾向于借助城市历史文化元素以保持其生产的城市文化产品的特殊性与稀缺性。在城镇化过程中，大量非农经济要素集聚于城市，会促进城市生产分工的专业化，产生"分工效应"而使各种生产单位能够在城市享受专业化分工的利益，从而驱使这些生产单位追求专业化利益。受此影响，城市市场主体会充分挖掘城市文化的独特性，增强相关城市文化产品生产的专业化水平，进而客观上为城市文化特色发展起到推动作用。

中国特色新型城镇化将"以人为本，公平共享""文化传承，彰显特色"作为基本原则，为推进城市文化特色发展注入更强劲的导向力与驱动力。首先，通过留存城市文脉，增强城市居民的文化归属感。"以人为本"中的"人"作为现实的、具体的人，在运用物质资料维持生存能力和在政治实践中获得制度身份的基础上，还需要知道"我是谁""我需要和享有什么文化"，进而建构个人的文化身份。一方面，中国特色新型城镇化推进农业转移人口市民化的过程具有全面性，通过促进就业和改革户籍、住房、社会保障等制度，确保农业转移人口在城市能够生存并赋予他们制度身份；通过传承中国传统文化元素，让农业转移人口留住"乡愁"，不至于在异质于农村文化环境的城市中迷失。另一方面，中国特色新型城镇化促进人文城市建设，将城市建设成为"历史底蕴厚重、时代特色鲜明的人文魅力空间"，确保普通城市居民能够既知道"自己属于什么样的城市"，又能够把握城市文化在时代大潮中发展的脉搏，增强对城市原有文化的归属感。其次，促进城市文化经济持续、健康发展，发展特色城市文化。不断完善现代文化市场体系，引导城市市场主体对城市文化的特殊禀赋进行充分的挖掘，推进具有经济价值的城市文化如城市文化中的民俗技艺、历史建筑、传统节庆的特色开发，实现城市文化在内容和形式上的现代化转型，既能满足现代城市内部对相关城市文化产品的消费需求，提升相关城市文化产品的市场竞争力，促进城市文化经济的持续发展，又能从客观上延续和弘扬城市文化，实现经济效益与社会效益的双赢。同时，发挥政府对市场的监管作用，约束对城市历史文化元素的破坏性开发，从而弥补市场机制的弊端，在推进城市文化经济健康发展的过程中保持城市文化的特质。

三、整合城市文化资源结构

城镇化过程中，各种非农经济和社会要素的集聚方式和聚合程度会对城市集聚效果产生影响，进而影响城市文化资源的结构整合。首先，城市内部经济和社会部门的集聚状况会影响城市集聚质量，使城市文化资源结构体现出相应发展态势。一方面，以外向型经济为主导、社会开放程度较高的城市，往往会出现外来文化的规模集聚，有助于更多外来文化元素融入城市文化，促使城市文化的多元化发展。另一方面，以内向型经济为主导、社会开放程度较低的城市，往往会出现城市原有文化的强势发展，有助于城市文化的传承与赓续，促使城市文化的特色化发展。其次，城市内部的资源倾向流向经济效益更高、社会效益更好的部门，会促使相应非农经济和社会要素的再分配，驱动城市文化资源结构的变化。在城市文化经济中，经济效益较高的城市文化资源会被充分开发，使得这些文化资源在量和质上都得到一定程度的提升，并被广泛传播，从而获得更好的发展空间和机会；相较而言，经济效益较低的城市文化资源则会面临被市场淘汰进而消失的风险。在城市社会中，符合城市政权机构文化领导要求、对城市居民吸引力和感染力较强的城市文化资源往往处于优势地位，在城市中受到推崇；相较而言，违背城市政权机构利益、对城市居民吸引力和感染力较弱的城市文化资源则会被边缘化甚至消灭。最后，城市的集聚状态是动态的，促使城市文化资源结构不断发生变化。在城市文化经济中，由于越容易销售的东西,它们的唯一性和特殊性就越少①,所以市场本身会逐渐摧毁相关城市文化资源的特殊性,加剧它们的同质化,进而使它们的市场吸引力和经济效益下降,最终被其他具有特殊性与稀缺性的城市文化资源取代。在城市社会中,占主流地位的城市文化资源会因城市政权更迭、文化政策调整、城市居民的文化消费偏好转变等变化而发生改变。当一种强势的城市文化资源衰落时,另一种有经济竞争力、社会感召力的城市文化资源就会取代它的地位,使城市文化资源结构得到调整。

中国特色新型城镇化既不断融入现代元素,又延续城市历史文脉②,鼓励城市文化多样化发展,促进传统文化与现代文化、本土文化与外来文化交融,形成多元开放的现代城市文化③,有助于促进城市文化资源结构的优化。首先,优化城市发展模式,引导城市根据资源环境承载能力、要素禀赋和比较优势,培育和发展相应的城市经济体系,提升城市基本公共服务水平,增强城市经济和社会的可持续发展能力,既在改革开放中有助于促进城市文化的多元化发展,又在文化传承中有助于促进城市文化的特色化发展。其次,通过加强对城市的文化领导、繁荣城市文化经济和推进城市社会发展,促进符合人民群众期待、经济效益较高、社会效益较好的城市文化资源发展,不断满足人民群众生活、经济发展和社会和谐的现实文化需要。最后,加强主流城市文化阵地建设,弘扬社会主义核心价值观,巩固城市主流意识形态阵地,保持中国特色社会主义文化在城市文化领域的话语权和主导权,抑制违背人民群众利益的城市文化资源发展,通过政策项目保护经济效益较低但社会效益较好的城市文化资源,规范经济效益较高但社会效益较低的城市文化资源发展,净化城市文化生态。这样,促使城市文化资源结构与现代城市的发展要求相适应,彰显现代城市文化的时代性与包容性。

四、优化城市文化扩散方式

在以城市为中心的特定区域内,城市构成了该区域的增长极。这个增长极会产生扩散效应,通过产品、资金、信息、人才等要素的流动,把增长极的经济活动与创新成果传播到区域的广大的腹地中去。④ 城镇化过程中,城市的非

---

① 戴维·哈维:《叛逆的城市:从城市权利到城市革命》,叶齐茂,倪晓晖译,商务印书馆,2014年,第93页。
② 中共中央文献研究室:《十八大以来重要文献选编(上)》,中央文献出版社,2014年,第604页。
③ 《国家新型城镇化规划(2014—2020年)》,人民出版社,2014年,第58页。
④ 李忠尚:《软科学大辞典》,辽宁人民出版社,1989年,第549页。

农经济和社会要素具有流动性,既表现为邻近区域的这些要素向城市集聚,又表现为城市的这些要素向邻近区域扩散。在由"城市—农村"构成的区域空间结构中,城市的非农经济和社会要素会向农村扩散,使这些要素中蕴含的文化成分也不可避免地向农村扩散。此外,在经济全球化背景下,伴随城际、区域或国家之间非农经济和社会要素的流动,城市文化会流向更广阔的地域,从而实现城市文化的城际、区域际或国际扩散。

中国特色新型城镇注重推进城乡发展一体化,加大统筹城乡发展力度,增强农村发展活力,逐步缩小城乡差距,促进城镇化和新农村建设协调推进[①],有利于优化城市文化的扩散方式,着重防止城市文化单向地同化农村文化,促进城乡文化有序融合和协调发展。首先,城乡发展一体化要求城乡开放,实行城乡开放互通,促进经济和社会要素在城乡间自由、双向流动,有助于打破城乡文化交流的藩篱,使城市文化成分能够进入农村文化却又不至于同化农村文化,同时也使农村文化接纳城市文化成分却又保持自身特色。其次,城乡发展一体化要求城乡融合,具体推进城乡经济融合、城乡社会融合,通过构建城乡之间的资源产业链、工业产业链、服务业网络、社会组织交往网络、统一的户籍管理制度等,打破城乡二元对立的格局,实现城乡之间的经济互动和社会交流,有助于促进城乡文化要素的互动融合,不至于出现城市文化同化农村文化或者这两种文化相互隔绝的局面。再次,城乡发展一体化要求城乡一体,构建城乡一体的市场体系、政策体系和公共服务体系,将城市与农村构建成一个有机整体,抛弃以往"重城市、轻农村"的做法,将城乡的经济和社会发展放到同等重要的位置,有助于为城乡文化的协调发展创造公平的市场与政策条件,促进城市对农村文化资源进行有效的集聚,从而有利于实现城市文化发展;促进农村积极借鉴城市文化资源,从而有利于实现农村文化发展,使得城市文化能够向农村有效扩散。最后,城乡发展一体化要求城乡共享[②],通过市场资源与公共服务共享、发展机会与成果共享,逐步缩小城乡差距、工农差距,确保城乡居民能够平等享有发展的权利和机会,有利于增加城市居民对农村文化和农村居民对城市文化的接触机会,将城市文化扩散作为传播城市文明成果而非裹挟农村文化的方式。此外,促进大中小城市、区域间城市的协调发展,提升城市的国际化水平,有助于促进城市文化向城际、区域际或国际扩散,增强城市的文化影响力。

---

① 《国家新型城镇化规划(2014—2020年)》,人民出版社,2014年,第62页。
② 王伟光,魏后凯,张军:《新型城镇化与城乡发展一体化》,中国工人出版社,2014年,第36~37页。

第三章 中国特色新型城镇化进程中城市文化发展的问题审视

中国特色新型城镇化进程中，城市文化发展在取得显著成绩的同时，也面临着诸多问题。马克思指出："问题就是时代的口号。"[①] 实事求是地认识和解决时代发展中的问题，是马克思主义的基本研究态度。以问题为导向来认识和攻坚时代难题，剖析城市文化发展面临的问题及其成因，有利于趋利避害，在中国特色新型城镇化进程中，为推进城市文化发展提供具体的切入点、着力点和规避点。

第一节 中国特色新型城镇化进程中城市文化发展面临的问题

当今，中国特色新型城镇化进程中，城市文化发展面临的问题形成于中国的特殊国情之下，对城市及其居民产生深刻影响。鉴于此，本节主要基于对中国相关国情的认识与理解，分析城市文化发展面临的具体问题和它们对城市及其居民的影响，力图更好把握这些问题的危害性和发掘解决它们的切入点。

一、城市历史文化的传承乏力

城市历史文化是城市记忆的载体，记录着城市发展与城市居民生活变迁的轨迹。它既能为城市经济社会发展提供富有特色的文化资源，又能帮助城市居民回味城市历史，指引他们以史为鉴、更好地生活。因此，城市历史文化有必要得到传承。但是，在当前的城镇化进程中，城市历史文化却传承乏力。

---

① 中共中央马克思恩格斯列宁斯大林著作编译局：《马克思恩格斯全集（第40卷）》，人民出版社，1982年，第289页。

（一）城市历史文化遗产遭受损害

中国古代悠久的文明涵养了极其丰富的城市历史文化遗产，它们体现了城市深厚的文化底蕴，包括建筑、雕刻、碑塔等文化景观以及风俗习惯、交往规范、地域观念等。近代以来，城市在经济社会发展过程中形成了具有时代特色的文化成果，特别是新中国成立后在推进社会主义工业化的进程中形成了诸多城市工业文化遗存。这些文化成果成为重要的城市历史文化遗产。当今，尽管许多城市历史文化遗产得到了有效保护，但也有部分城市历史文化遗产遭受损害。

第一，城市历史文化遗产在旧城改造中遭受损害。伴随城镇化的推进，旧的城市格局难以适应城市发展的需要，因而许多城市都在进行大规模的旧城改造。旧城改造虽然有利于塑造城市新形象，提高城市品位，改善城市居民生活[1]，但在改变旧的城市格局过程中也会对城市历史文化遗产造成威胁。部分城市会在旧城改造中破坏或拆除城市历史文化遗产。比如，20世纪80年代以来，上海在旧城改造中拆除了约70%的石库门里弄。[2] 2010年7月，江苏镇江在棚户区改造项目中拆除了13座宋元粮仓遗址。[3] 2012年6月，河南商城启动的"南关旧城改造工程"，对南街民居文物建筑进行了整体拆除，导致这些省级文物保护单位全部被毁。2016年6月，黑龙江哈尔滨双城的刘亚楼旧居、东北民主联军前线指挥部旧址等七处不可移动的文物被拆除。[4] 为建设现代化的城市建筑，部分城市在旧城改造中对城市历史文化遗产造成不可逆的破坏。

第二，城市历史文化遗产在城市基础设施建设中遭受损害。城市基础设施服务于城市居民的生活需要。伴随城镇化的推进和城市居民生活需要的多样性发展，许多城市的基础设施建设快速推进。部分城市在完善城市基础设施建设的同时，对部分城市历史文化遗产也造成损害。比如，2010年，山东济南在市政工程施工中挖开黑虎泉北路和西路埋设管道，破坏了济南老城墙的墙基。[5] 2016年3月，江苏南京、徐州等城市由于城市基础设施建设的需要而

---

[1] 安树伟，张晋晋：《旧城改造与新区建设比较研究——基于政府视角》，《城市发展研究》，2011年第4期，第53~56页。
[2] 杨玉红：《超九成上海市民支持石库门申遗》，《新民晚报》，2015年10月12日，第A08版。
[3] 申琳：《镇江千年粮仓遭遇"强拆"》，《人民日报》，2010年7月12日，第12版。
[4] 《国家文物局曝光政府破坏文物案》，《京华时报》，2016年8月31日，第5版。
[5] 《考古发现遭遇城市建设"抢工期"》，《鞍山日报》，2011年3月18日，第A02版。

中国特色新型城镇化进程中的城市文化发展研究
——理念、框架与路径

"平移"文物建筑,如徐州因修建轨道将市级文物保护单位、民国建筑"同和裕银号旧址"移动到 240 米外,南京因建造地下停车库将天目路 32 号和北京西路 57 号的民国建筑"平移"。① 这些被改造的城市历史文化遗产,虽然在外观或功能上保持了原貌,但其在原来的地理位置上所承载的城市记忆则逐渐淡化甚至丧失。

第三,城市历史文化遗产在商业开发中遭受损害。房地产开发、旅游开发等城市商业开发项目有利于促进城市经济增长,但同时也会对城市历史文化遗产造成威胁。比如,2013 年 8 月,贵州独山引进的房地产开发企业在县级文物保护单位、清末民初的民居建筑"龙家民居"附近开发建设"中央城"房地产项目,造成"龙家民居"被拆毁,致使这一城市历史文化遗产整体灭失。② 2015 年 3 月,河南永城为建设大型住宅小区,破坏了永城市陶瓷厂工业文化遗址这一国内极为罕见且保存十分完好的工业文化遗址,导致该遗址上的大片建筑物被推倒③,对当地历史文化资源造成了不可逆转的损失。此外,河南郑州为建设"上街智能电器产业园",导致千年古村马固村的多处不可移动文物和其他诸多古建筑被拆毁。④ 通过商业开发,用现代的城市元素替代城市历史文化遗产,虽然可能在短期内创造一定的经济和社会效益,但从长期来看却会对这些城市历史文化遗产造成不可逆的破坏,割断相应的城市历史文脉。

第四,城市历史文化遗产保护缺位。许多城市历史文化遗产由于保护不力而遭受破坏或拆除。比如,2011—2015 年,河南郑州的东方红影剧院、"郑州绥靖公署礼堂"、南乾元街 75 号院、二七宾馆等 5 处优秀的近现代建筑被拆除。⑤ 2014 年 1 月,由于防火不力,云南省香格里拉"独克宗"古城的 343 栋房屋被烧毁,部分文物建筑受损。2015 年 1 月,由于防火不力,云南巍山古城拱辰楼这一省级文物保护单位被烧毁。2015 年 3 月,江苏南京拥有 220 年历史的颜料坊 49 号古建筑东两进被毁,部分墙体倒塌,残墙和墙基等被拆

---

① 《城市建设中文物屡被"平移",政协委员提议开展文化影响评估》,网易网,http://news.163.com/16/0309/10/BHN7771E00014AED.html。
② 《国家文物局曝光政府破坏文物案》,《京华时报》,2016 年 8 月 31 日,第 5 版。
③ 张坤、翟华伟:《全国一罕见工业文化遗址正惨遭破坏》,《京九晚报》,2015 年 3 月 30 日,第 5 版。
④ 《盘点拆迁中消逝的文物:郑州马固村 7 处文物 5 处被拆》,人民网,http://culture.people.com.cn/n/2015/0422/c22219-26883371.html。
⑤ 《保护着保护着还是有 5 处被拆了》,《河南商报》,2015 年 10 月 9 日,第 A04 版。

除。① 并且，有的城市历史文化遗产面临由于修缮不力而消失的威胁。比如，海南海口府城地区的一些古老建筑的常年未被修缮，以至于仅剩的残垣断壁也不堪入目。② 此外，部分城市还以"维修性拆除""保护性拆除"为名，违法拆毁城市历史文化遗产。

总之，城市历史文化遗产遭受损害会对城市及其居民的发展带来负面影响。一方面，城市历史文化遗产遭受损害，会破坏乃至摧毁城市历史文脉，使城市丧失历史基因，导致城市因缺乏一定的历史元素参照而出现发展道路迷失，以致为外来的强势文化同化城市原有文化提供空间，从而阻碍城市文化的良性发展。另一方面，城市历史文化遗产遭受损害，会消解城市居民应有的文化身份，使城市居民在建构和确认自身文化身份的过程中失去历史元素参照，导致他们出现历史文化记忆缺失，进而丧失应有的历史基因甚至出现文化迷茫，以致为外来的强势文化裹挟他们的思想提供空间。同时，损害城市历史文化遗产的事件多基于短期的经济或社会发展目的。换而言之，城市历史文化遗产遭受损害，往往伴随其替代品能够创造出较其更大的短期经济效益或社会效益。如此，十分容易形成"城市历史文化遗产无用""损害城市历史文化遗产合理"的假象，致使受这些假象迷惑的城市规划者和其他城市居民不愿自觉参与保护城市历史文化遗产的活动中，甚至成为它们的破坏者。并且，由于城市历史文化遗产保护缺位，易纵容乃至助长损害它们的社会现象，从而加大传承城市历史文化遗产的难度。

(二) 伪造城市历史文化遗产盛行

城市历史文化遗产是一种特色文化资源。许多城市历史文化遗产既可以作为商品，带来一定的经济效益，又可以作为服务城市居民现实需要的资源，带来一定的社会效益。在城镇化进程中，许多城市注重活化利用城市历史文化遗产，积极发挥其经济和社会价值。一些城市立足城市历史文脉，新建了部分仿古文化景观，复兴了本地民俗文化，既活化利用了它们，又弘扬和发展了城市历史文化。但是，部分城市片面追逐城市历史文化遗产所带来的经济效益，致力于伪造脱离城市历史文脉的"历史文化遗产"，制约了城市文化发展。

第一，兴建脱离城市历史文脉的仿古文化景观。在城市经济社会发展的历

---

① 《有多少古迹可以"重来"？过去一年消失的文化遗产》，中国日报网，http://world.chinadaily.com.cn/2015-06/13/content_20987004.htm。

② 赵汶：《拯救古建，别让"明珠"蒙尘》，《国际旅游岛商报》，2016年5月13日，第A05版。

中国特色新型城镇化进程中的城市文化发展研究
——理念、框架与路径

史进程中,城市历史文脉逐步形成,其存在特殊的内容和形式。尊重和维护城市历史文脉,是城市发展的必然要求,也是城市文化发展的重要遵循。但是,近年部分城市却脱离本城市甚至本区域的历史文脉,虚构"传统"文化元素,或者片面移植其他地域的古代文化元素,又或者将其他地域具有异质性的古代文化元素与城市文化生硬结合,兴建仿古文化景观。比如,江苏南京重建的华严岗门、长干门、标营门等"仿古"城门的名字均未曾在历史上出现,而成为形态庞大的"假古董"。[①] 山西大同、河南开封、湖南凤凰等地也提出重建城市。[②] 在现实中,越来越多的"明清老街""唐宫宋城"脱离城市历史文脉,充斥着虚假、功利的氛围。[③] 并且,有的城市在多个区域内修建的仿古文化景观还存在同质化倾向。比如,一些街镇拥有一定的历史文化禀赋,但在扩建、改建这些地方的过程中融入大量相似或相同的建筑、装饰风貌,兴建了一批同质化的仿古文化景观,从而削弱了这些地方的固有特色,造成"多古镇,同面貌"的问题。

同时,部分城市还"拆真文物,造假古董",拆毁城市历史文化遗产,建设模仿城市历史文化遗产风貌的仿古文化景观。在各地,陆续出现将传统的城市街道进行改造甚至拆除,并在它们基础上建设所谓的"汉街""特色民俗街""明清一条街"等现象,致使具有历史特色的街区逐渐"变味",进而沦为失去真实的意义内涵的"假古董"。[④] 大量城市中的古街、标志性历史建筑、民居等,在被重新修正后失去了原有的文化意蕴。比如,山东济南的老火车站建成于 1912 年,曾经是亚洲最大的火车站,长期作为济南的标志性建筑,在 1992 年因扩大站场而被拆除;然而,济南在 2012 年又提出要重建"原汁原味"的老火车站。伴随"仿古街热"的兴盛,许多城市致力于将拥有历史底蕴的老街改为纯粹的商业街、购物街,售卖大量外来的文化产品,并抹去同商业无关的文化元素,导致沿街建筑、商铺大同小异;仅象征性地留下几幢老屋,还要粉刷一新,或者"干脆翻盖,加大尺度,扩大店面"[⑤],逐渐抹去了这些老街的特有历史记忆。

第二,发展脱离城市历史文脉的民俗文化。民俗文化是人类社会独特的文

---

① 《假古建筑缘何流行》,《海南日报》,2015 年 3 月 8 日,第 12 版。
② 曾力莹,汪晓霞:《我们不需要假古董和伪文化》,《京华日报》,2012 年 9 月 7 日,第 A06 版。
③ 《中国城市假古街奇观》,新华网,http://news.xinhuanet.com/city/2012-02/13/c_122693984.htm。
④ 单霁翔:《从"功能城市"走向"文化城市"》,天津大学出版社,2007 年,第 159 页。
⑤ 冯骥才:《仿古街,请三思而后行》,《人民日报》,2015 年 11 月 20 日,第 24 版。

化现象，是广泛流传的各种风俗习惯的总称。① 在城市中，一个城市的民俗文化体现为该城市的居民共同参与的活动；也体现为一种秩序规范，约束着该城市的居民的思想与行为。从本质上看，一个城市的民俗文化也是该城市历史文脉的反映，体现着该城市的居民在城市历史发展进程中所形成的共同思想与行为特点。同时，一个城市的民俗文化能够为该城市的居民建构和确认文化身份提供思想材料和行为遵循。城市中的民俗文化对城市及其居民的发展具有重要促进作用。然而，部分城市主要在经济利益的驱使下，虚构"传统"民俗文化，或者片面移植其他地域的民俗文化，致使这些伪造的民俗文化脱离城市历史文脉，削弱甚至丧失对城市发展和城市居民发展的积极作用。并且，部分城市还为满足经济发展需要，争夺民俗文化资源。比如，山西高平、湖北随州、湖南炎陵与会同、陕西宝鸡、河南商丘等5省6地争夺"炎帝故里"的归属。② 有些地方为发挥民俗文化资源"优势"，不惜谬说史料，"创造"所谓的"历史文化遗产"。比如，有多达十几个城市宣布本地是牛郎织女传说的发源地。③ 此外，有的地方为商业开发需要，大肆弘扬庸俗的民俗文化，比如，谋划重建潘金莲故居、西门庆故乡等。如此，则会导致这些城市的历史文脉出现虚无化倾向。

总之，伪造城市历史文化遗产盛行会误导城市文化发展方向，并制约城市及其居民发展。一方面，伪造的城市历史文化遗产的兴起会挤占原有城市历史文化遗产的存在空间，加剧后者的衰落，导致城市历史文脉模糊化，使城市文化失去原有的特色。再者，伪造的城市历史文化遗产并不一定被消费者接受，从而并非必然能够满足相应的经济发展需要或服务城市居民的需要，进而产生经济风险、社会风险，甚至造成相关经济、文化资源的浪费。比如，在与城市文化相关的"故里经济"中，游客不认同故里景区而导致其门庭冷落、故里项目由于投资不足而中途夭折等实例较多④，凸显了伪造城市历史文化遗产的风险性。另一方面，伪造的城市历史文化遗产不仅会削弱城市居民确认固有文化身份的能力，还会形成一种功利性的城市文化发展取向，使城市居民淡化对城市历史文化遗产的尊重和保护，进而质疑自身文化身份的合理性，并被功利性的"假文化"裹挟，逐渐弱化甚至丧失对城市历史文化的判断能力、鉴别能力和传承能力。

---

① 柯玲：《中国民俗文化》，北京大学出版社，2011年，第1~2页。
② 《谁在为名人故里造假？》，中国网，http://sl.china.com.cn/2016/0129/6480.shtml。
③ 单霁翔：《从"功能城市"走向"文化城市"》，天津大学出版社，2007年，第230页。
④ 《谁在为名人故里造假？》，中国网，http://sl.china.com.cn/2016/0129/6480.shtml。

中国特色新型城镇化进程中的城市文化发展研究
——理念、框架与路径

(三) 城市历史文化遗产后继乏力

在城镇化进程中,城市历史文化遗产不仅面临在外部环境影响下被损害、伪造的问题,还面临来自自身的传承问题。一般而言,一个城市的历史文化遗产,是这个城市特定社会历史条件的产物。它们以城市特定社会历史条件为存在基石,并在此条件下发挥特定的功能。然而,伴随城市社会历史条件的变迁,许多城市历史文化遗产逐渐丧失其存在基石。鉴于此,有的城市历史文化遗产在新的城市社会历史条件下实现了功能转变,进而因其具有现实的实用性而能得以继续存在,甚至发扬光大;有的城市历史文化遗产则因缺乏现实的实用性而后继乏力,直至消失。

第一,城市民俗文化逐渐消失。伴随城市经济社会的现代化转型,许多城市民俗文化由于缺乏传承载体或传承者正在逐渐消失。比如,四川成都有"鱼市""竹器""打草鞋""代客冒饭"等六个经典民俗。其中,"鱼市"得益于锦江和解玉溪的水源,既包括南门大街、湖广馆街等地的鱼虾市场,也包括走街串巷卖鱼的活动;"竹器"是成都人生活的必需品,也催生出走街串巷带着竹子、篾条和工具维修竹器的匠人;"打草鞋"就是用谷草、麦草、秧草、席草等材料,编成草鞋这种价格便宜的脚的保护性外套;"代客冒饭"是老成都面馆中的一项便民措施,即面馆帮顾客将他们带的冷饭用面汤冒热而不收分文。[①]"鱼市"体现古代成都的饮食市场面貌;"竹器""打草鞋"体现出古代成都的生活习惯;"代客冒饭"则不仅体现古代成都的生活习俗,还集中体现古代成都居民对缺乏生计的城市贫民的人情味。当今,伴随肉食果蔬市场的规范,贩鱼虾不再需要走街串巷叫卖;城市居民用坏了价格便宜的竹器后往往选择将其扔掉;各类舒适感强的鞋子早已代替草鞋;大多城市居民已无须在面馆冒冷饭食用。如此,"鱼市""竹器""打草鞋""代客冒饭"等民俗中的多数内容已经消失。事实上,它们的消失是时代发展的结果,具有客观必然性,但它们体现的城市历史记忆特别是人们之间互助情谊的淡化,则十分可惜。

第二,城市历史故事传承乏力。一个城市的历史故事是特定历史时期内该城市经济社会发展面貌的反映,较为系统地承载着该城市的某种特殊历史记忆。在城市社会历史发展进程中,有的城市历史故事被镌刻在城市建筑空间中,或者记录在史料、地名、文艺作品等文化载体中。比如,北京老胡同承载

---

① 《老成都六大经典民俗》,新华网,http://www.sc.xinhuanet.com/content/2015-03/27/c_1114761335.htm。

着北京这座古都的生活故事，福州"三坊七巷"的老地名记录着晋唐以后福州悠久的城市历史故事。此外，多数城市历史故事由城市居民代代相传。但是，在城镇化进程中，城市历史文化遗产的损害，如拆除老建筑、改掉老地名、停演老戏剧、保护城市历史文献不力等，会使它们所承载的城市故事丧失载体，进而使这些城市故事逐渐被淡忘。同时，伴随旧城改造的推进和城市居民流动范围的扩大，许多了解城市故事的居民迁离原居住地，加之年轻的城市居民对城市故事缺乏必要兴趣，以及新迁入的外来移民与了解城市故事的居民沟通渠道不畅，致使许多城市故事面临失传的威胁。

总之，城市历史文化遗产后继乏力体现出城市文化发展的深层次焦虑。马克思主义认为，内因决定着事物的发展变化。城市历史文化遗产后继乏力，实质上体现出这些城市历史文化遗产自身的存在危机，反映出现代城市发展对城市文化的转型要求同城市文化保持原有特色需要之间的内在矛盾关系。虽然对于城市历史文化遗产面临的外部损害，可以在传承城市历史文化的过程中，通过公共政策、文物保护宣传等外部力量加以纠正和弥补；但是对于它们面临的来自自身的传承问题，则难以通过外部力量加以根本解决。因此，较城市历史文化遗产遭受损害、伪造城市历史文化遗产盛行，城市历史文化遗产后继乏力对城市及其居民发展的危害性更大，会从根本上阻断城市历史文脉的赓续和城市居民文化身份的建构与确认，成为制约城市文化健康发展的深层因素。

（四）城市历史文化的空间脉络迷失

在城市中，各式各样的城市历史文化遗产在一定空间内实现集聚，会形成城市历史文化的空间脉络。这种空间脉络承载着特定的意义内涵，主要从两个方面体现：一是不同城市历史文化遗产的特有组合形式，体现这种空间脉络的整体形态和表征的整体意义；二是单个城市历史文化遗产的个性特点，体现这种空间脉络的具体形态和表征的具体意义。在中国古代，城市历史文化的空间脉络在长时间内都较为清晰，不同城市历史文化遗产合理组合、单个城市历史文化遗产特点鲜明，它们承载的意义内涵明确。比如，盛唐时期的长安，拥有中轴对称的规划布局、完善的道路和里坊系统[①]，展现出当时中国都城的富庶与繁荣；城内严格的里坊制度体现保守性的封建秩序要求和城市居民生活规范，城内设置的藩坊则体现城市的开放包容性，使长安形成既内敛又包容的城

---

① 梁江，孙晖：《唐长安城市布局与坊里形态的新解》，《城市规划》，2003年第27卷第1期，第77~82页。

中国特色新型城镇化进程中的城市文化发展研究
—— 理念、框架与路径

市历史文化。但是，在当前的城镇化进程中，许多城市历史文化的空间脉络出现了迷失。

第一，从整体层面来看，城市历史文化与现代文化的空间分布不合理。在城镇化进程中，城市中往往会出现一些现代文化元素。这样，城市历史文化元素与现代文化元素如何合理组合，就成为城镇化必须回应的课题。在西方，许多国家注重从整体上保护城市风貌，限制或者禁止破坏各种城市历史文化遗产原有的组合形式。比如，在法国巴黎，为了保护老城区，城市通过建卫星城发展，而非扩大老城区。建设、维修、改建和拆除巴黎的城市景观遗产保护区内的任何建筑（包括树木），均需通过国家建筑规划师评估后才能批准。在意大利的罗马、佛罗伦萨、锡耶纳等历史名城，法律规定历史建筑物内部的使用权归属于购买者，建筑物外部结构属于政府，限制对建筑物的整体改造。[①] 综合来看，尽可能保存各种城市历史文化遗产原有的组合形式，维持城市历史文化的空间脉络的完整性，成为西方国家传承城市历史文化的共识。就中国而言，其城市历史文化与西方的虽然存在差异，但对于城市历史文化的传承，也可以积极借鉴西方的这些经验。然而在当代中国，部分城市城市历史文化与现代文化在空间分布上不尽合理，呈现城市历史文化景观点状分散、现代城市文化景观全面铺开、城市历史文化与现代文化复杂交错的空间组合形式，对传统街区的整体保护不足，以至于在城市中难以发现传统街区的空间位置，造成城市历史文化为现代文化附属品的错觉。相较而言，许多城市内部新建的仿古街区，由于商业繁荣，反而成为城市的"历史名片"。

第二，从个体层面来看，城市历史文化遗产周边新建的文化景观不合理。城市历史文化遗产的意义内涵往往不仅存在于其本体，还存在于其所处的环境。换而言之，城市历史文化遗产在城市社会历史变迁中已深深融入了其所处环境，它的本体及其周边环境共同承载着特殊的意义内涵。因此，维持城市历史文化遗产周边环境与其本体的协调性，成为传承城市历史文化遗产和延续城市历史文脉的必要选择。当今，在利益驱使下，许多城市历史文化遗产的本体虽然得到有效保护，但其周边环境早已面目全非。比如，四川省成都市中心的大慈寺始建于公元3世纪至4世纪，复建于清代，为市级文物保护单位，承载了追求清幽静谧的佛教文化。近年，大慈寺周边新建了仿古街区太古里，太古里周围则是现代高楼。如此，大慈寺被商业开发后的仿古建筑和现代高楼包围，其周边繁忙的景象与其本体内部的清幽景象形成鲜明对比。这样，大慈寺

---

① 刘植荣：《西方城市如何保持自己的独特面目》，《羊城晚报》，2012年12月29日，第B05版。

周边的商业文化景观虽然带来了经济效益,但不可避免地冲击着大慈寺的本体,破坏其清幽静谧的意义追求。并且,城市历史文化遗产周边新建的文化景观特别是仿古文化景观,会削弱城市历史文化遗产本体的可识别性。比如,如今的成都大慈寺处于现代高楼和仿古建筑的包围之下,会使人难以区分大慈寺这一历史建筑与周边的仿古建筑,甚至可能将大慈寺视为周边商业文化的附属品。

总之,城市历史文化的空间脉络迷失,会弱化它们的可识别性,制约城市及其居民发展。一方面,城市历史文化的空间脉络迷失会在一定程度上消解城市历史文化遗产所承载的意义,模糊乃至消解城市的历史标识,不仅使城市历史文脉的外在空间特征丧失,也使城市居民难以辨别城市的历史面貌。另一方面,城市历史文化的空间脉络迷失会弱化乃至丧失它们对城市居民应有的影响。任何一种城市文化,要被城市居民有效接受,首先须能被他们识别。换而言之,任何一种城市文化,只有具有可识别性,才可能真正对城市居民产生有效影响。凯文·林奇指出,人们在现代的城市中不至于完全地迷路,主要在于他们可以借助地图、路标、街名等工具,但一旦迷路,就会产生焦虑与恐惧。[①] 一种城市文化一旦丧失可识别性,就会使城市居民对它们产生迷茫,或者对它们产生排斥。当然,这种可识别性不仅要求城市文化可被感官感知,更要求城市文化能够为城市居民提供一种特定语境,使他们在把握城市文化与特定语境关系的过程中受到城市文化的深刻影响。比如,法国巴黎老城区的建筑均保持着传统风貌,各个建筑相互协调,但唯有蒙巴纳斯塔(蒙巴纳斯大厦)这一高210米的现代建筑伫立在老城区中。从建筑设计而言,蒙巴纳斯塔同其他城市的摩天大楼并没有太大区别。然而,它却被巴黎人视为城市的"创伤"[②],这是因为它的造型风格与周边的历史建筑不相称,破坏了巴黎的整体美感,非但难以使巴黎人将它同周边环境的历史记忆联系在一起,还会破坏周边城市历史文化遗产组合的整体性。综合来看,城市历史文化的空间脉络迷失,会导致城市历史文化遗产的组合形式变化和承载的意义丧失,进而使城市历史文化遗产难以被城市居民在特定历史语境下加以识别、理解和接受,削弱其对城市居民建构和确认文化身份的导引作用。

---

① 凯文·林奇:《城市意象》,方益萍,何晓军译,华夏出版社,2001年,第3页。
② 《巴黎不欢迎新式建筑 200米高三角塔被批丑陋》,人民网,http://sd.people.com.cn/n/2015/0104/c172824-23434321.html。

二、城市文化的同质化倾向

由于不同城市的历史条件、文化面貌等存在差异，因而不同城市及其居民发展的具体文化诉求也存在差异，进而导致不同城市中满足这些诉求的城市文化存在一定差异。事实上，正是不同城市文化的差异点，构成它们各自的特色。这种特色不仅体现城市的历史文脉，还体现城市的发展路向。但是，在当前的城镇化进程中，现代城市文化出现同质化倾向，导致它们的特色缺失，使城市呈现出"千城一面"的景象。

（一）新建城市文化景观的同质化倾向

许多城市在经济社会发展的进程中，热衷于新建体现时代特色的城市文化景观。这些城市文化景观中，有的融合传统与现代的文化元素，体现城市历史文化与现代城市文化的合理结合；有的突出信息技术和实用功能，体现城市现代化发展的潮流；有的则形态相似，或者奇形怪状，同城市历史文化和城市发展潮流格格不入。许多城市热衷于建设地标建筑，甚至直接克隆其他城市的建筑，打造出诸多"山寨版"的建筑，将文化创造变为文化抄袭。[1] 在建设地标建筑的热潮下，二线三线城市纷纷效仿一线大城市，如北京盖了国贸三期，全国各地就会效仿着盖很多类似的建筑。[2] 在城市中，许多建筑师相互抄袭，为了赶建筑工期常常东拼西凑、照抄照搬，导致大中小城市像"一母同胞"，形态雷同、火柴盒般的建筑遍布全国，以致各个城市几乎是清一色的高楼大厦和千篇一律的市政风貌。[3] 同时，许多城市热衷于在城市中心区新建大型广场，为相互攀比还将广场建设得越来越大。其中，许多广场以大面积的花岗岩石铺装地面，建造大型音乐喷泉、花坛等；有的广场还建造豪华的纪念长廊、巨型的城市雕塑等，形成"低头是铺装，平视见喷泉，仰头看雕塑，台阶加旗杆，中轴对称式，终点是政府"的"八股化设计"，造成千城一面、大同小异。

此外，城市中的一些社会单位为形成所谓的地标"特色"而建设奇形怪状的建筑。比如，河南伊川新建的北大门外形如同"裤腰带"，辽宁沈阳的方圆大厦外形如同古代的铜钱，上海的尚嘉中心外形如同靴子，浙江湖州一座呈环

---

[1] 郑时龄：《我们城市的建筑与文化向何处去？》，网易网，http://news.163.com/14/1227/10/AEFCOTV100014SEH.html。

[2] 王明贤：《"中国丑建筑"为何层出不穷？》，新浪网，http://star.news.sohu.com/20140619/n401040621.shtml。

[3] 王全书：《中国建筑要有文化自信》，《人民日报》，2015年4月21日，第23版。

形结构的酒店外形如同"马桶盖",江苏苏州的"东方之门"建筑外形如同"秋裤",北京燕郊一个度假村酒店外形为"福禄寿"三星像等。[①] 就这些"标志性建筑"而言,它们"外号"的名气甚至大过了本名,毫无历史和地域特色。它们看似外形不同,但均具有过于求新求异的内在意义,实质上是同质化的城市文化景观。并且,许多城市为"美化"城市而兴建城市雕塑,使城市中心广场、重要路段、重要街区等地涌现出一批又一批的汉白玉或不锈钢雕塑,并试图赋予它们"腾飞""富强"等意义。[②] 但是,其中的一些设计或怪异难懂,或存在缺陷,难以被普通市民接受,以至于成为城市的"文化垃圾",模糊或曲解了城市的文化品位,并造成相关资源的浪费。

(二) 城市文化活动的同质化倾向

一般而言,一个城市的文化活动应该体现该城市的历史文脉、社会经济状况等特点,这些特点构成该城市区别于其他城市的特殊性。然而,在市场经济条件下,越容易销售的商品越缺乏独特性。[③] 在城镇化进程中,商品化的城市文化活动的特殊性正在消失。比如,农历七月初七的"七夕节"是中国的传统节日,"七夕"体现人们对忠贞爱情的理想与诉求。然而,在各城市中,如今的"七夕节"却变成了"购物狂欢节""玫瑰主题节""巧克力主题节"等商业性的文化活动,弱化了本地的相关风俗特色,而强化了在"七夕"名义掩盖下的商业化营销模式,使这一传统节日成为同质化的"商业狂欢"。此外,许多城市的会展风格、旅游纪念品等十分雷同。事实上,在市场经济条件下,城市文化活动拥有某些同质性无可厚非,但如果用同质的文化活动冲击甚至替代特色的文化活动,就十分值得深思,因为后者会削弱城市文化特色。

总之,城市文化的同质化倾向会使它们在丧失特色的过程中失去持续发展的内在动力。一方面,城市文化的同质化倾向,会使城市文化来失去特色基因,导致城市文化发展缺乏具有时代性的特色历史素材,不利于城市历史文脉的更新和延续。另一方面,城市文化的同质化倾向,会使城市居民产生对城市文化的适应性问题。其一,城市居民难以通过同质性强的城市文化确认自身的文化身份,以至于弱化甚至丧失对所在城市及其文化的认同。如此,他们很容

---

① 《中国"雷人"建筑为何层出不穷?》,中国文明网,http://www.wenming.cn/wmcj_pd/cjdt/201408/t20140819_2128616_1.shtml。
② 单霁翔:《从"功能城市"走向"文化城市"》,天津大学出版社,2007年,第229页。
③ 戴维·哈维:《叛逆的城市:从城市权利到城市革命》,叶齐茂、倪晓晖等译,商务印书馆,2014年,第94页。

易将养育自己的城市作为"他者",将自己作为该城市的"局外人",从而失去促进城市发展的责任意识和自觉性;与此同时,这也使他们在城市中自我边缘化,从而制约他们自身的发展。其二,城市居民特别是从小在城市中长大的居民,会因自身已拥有的城市记忆同城市文化不相容,而出现文化身份认同危机,产生对城市记忆和个人原有文化身份丧失的深层焦虑,使他们难以获得文化归属感。其三,城市居民长期被同质化的城市文化影响,会出现审美疲劳,制约他们文化欣赏能力和鉴别能力的提升。其四,城市居民在同质化的城市文化背景下,易被外来的、具有一定特色的文化吸引,乃至盲从这些文化,削弱他们传承和发展城市文化的自觉性。

三、城市文化的庸俗化倾向

在市场经济背景下,一些城市文化元素在内容上过于追求功利、虚荣,在形式上过于追求独特、怪异,不仅会对城市历史文化造成冲击,还会使现代城市文化出现庸俗化的发展倾向。城市文化的庸俗化倾向,主要体现为城市文化的功利化和粗鄙化倾向。

(一)城市文化的功利化倾向

城镇化在市场经济的大潮中突出人与人之间的利益关系和他们彼此间的利益最大化[1],赋予城市文化以"逐利"的意义。这种意义体现"利益最大化"的市场逻辑,可能导致城市文化的功利化发展。美国的建筑师伊利尔·沙里宁指出:城市混乱、恶化只是城市危机的表象,实质上是城市文化的衰退和功利主义的盛行。[2] 城镇化进程中,部分城市在城市规划、文化景观建设、文化经济发展等方面,或是追求经济利益的最大化,对城市文化进行过度的商业开发,破坏城市文化特色;或是追求政绩考核"最优",在城市文化建设上大搞"形象工程""面子工程",浪费城市的经济、文化资源,从而导致城市文化发展的混乱,不仅会造成城市文化的特色缺失,还催生出"重经济效益与实用功能、轻社会效益与精神内涵"的功利性文化。比如,许多城市企业过于崇尚服务于经济活动需要的"竞争""效率"等精神,却忽视对员工个人人文素质提

---

[1] 胡策:《城镇化进程中的文化同质化与高等教育关联性分析应对》,《学海》,2015 年第 6 期,第 102~106 页。
[2] 蔡瑞林、陈万明:《城镇化进程中文化的断裂与传承》,《中州学刊》,2014 年第 1 期,第 111~116 页。

升、家庭责任履行等需要的关注，导致他们个人发展的片面化。再比如，城市广告中，多商业广告，少公益广告。其中，商业广告重实用功能宣传、轻精神内涵阐释；并且，多数商业广告设计风格多样，而许多公益广告则设计风格陈旧，以至于公益广告在商业广告的"包围"中显得与周围环境极不相称，进而削弱了公益广告的吸引力和影响力。有的城市斥资修建郭靖、黄蓉雕像，以发展城市文化为名盲目地进行旅游开发，实质上不过是功利性的"文化秀""娱乐狂欢"，难以彰显城市应有的文化内涵。[1] 事实上，在市场经济条件下，城市文化追求"利益"无可厚非；但过于追求"功利"而忽视其社会效益，并塑造功利性的社会文化氛围和制约城市居民全面发展，就十分值得警惕和反思。

（二）城市文化的粗鄙化倾向

在城市中，部分城市文化过度求怪求异，出现了粗鄙化倾向。"土豪"式的审美[2]，以及大量内容庸俗甚至低俗的文艺节目、文化活动、报纸杂志、电影音乐等，在利益的驱动下争夺市场，致使粗鄙的城市文化充斥城市。比如，一些城市媒体在制作文艺节目的过程中，为过度追求高收视率、点击率等，导致崇尚"明星效应"、奢侈风气和缺乏深刻意义内涵的低档节目泛滥；一些"网红"在商业机制下利用网上直播平台散布低俗信息，使不伦不类的文化垃圾潜移默化地影响着城市居民的思想。并且，一些城市文化活动也被粗鄙化，如"五一黄金周""十一黄金周"等假期被当作"麻将黄金周""醉酒黄金周"；端午节、中秋节等传统节日的习俗与寓意逐渐被城市居民淡忘，而被当作"粽子节""月饼节"等，并催生出高价粽子、高价月饼等奢侈化的文化产品。城市中的一些酒吧、KTV、洗浴中心等场所，为追求利益常常迎合某些消费者的低俗需要[3]，提供低俗服务。此外，许多城市文化景观也存在粗鄙化倾向。比如，城市中出现"唉哟我烤"等同低俗现象谐音的店名，试图通过怪异的店名吸引消费者，从而催生出崇尚低级趣味的低俗文化氛围。

总之，城市文化的庸俗化倾向，会使它们对城市及其居民发展带来极其负面的影响。一方面，城市文化的庸俗化倾向，使负面的文化元素充斥城市，恶化城市社会风气，加剧城市及其文化的畸形发展。另一方面，城市文化的庸俗化倾向，会对城市居民的思想产生负面影响，使他们特别是青年和儿童因缺乏

---

[1] 张剑：《烂俗的雕像是一场功利的文化秀》，《中国文化报》，2012年8月3日，第2版。
[2] 《城市中充满土豪式审美浅薄炫富庸俗》，《内蒙古日报》，2014年1月8日，第31版。
[3] 单霁翔：《从"功能城市"走向"文化城市"》，天津大学出版社，2007年，第233页。

中国特色新型城镇化进程中的城市文化发展研究
——理念、框架与路径

文化鉴别力而沉迷于功利乃至低俗的文化氛围，产生盲目的崇富、炫富心理和低俗的文化趣味，严重影响他们身心的健康发展。同时，城市文化的庸俗化倾向，还会助长相关的犯罪行为，危及城市经济社会的稳定发展。

四、外来文化的无序融合

在城市文化发展中，外来文化主要由传入城市的国外文化和城市移民文化构成。在当前的城镇化进程中，外来文化融合面临诸多问题，主要体现为国外文化元素无序融合和城市移民文化的边缘化。

（一）国外文化元素无序融合

在改革开放及城镇化进程中，中国城市对外交流的频率越来越高、领域越来越广、成果也越来越丰富。一方面，城市吸收大量国外优秀的文明成果，推进了城市的现代化进程。另一方面，许多国外文化元素特别是西方文化元素涌入城市，并作为外来文化，影响着城市文化发展。

第一，西方文化元素侵蚀城市历史文脉。在中国近代，西方国家凭借船坚炮利打开中国大门，通过侵略战争、原料掠夺、商品输出、资本输出和文化输出等方式，对中国进行军事侵略、经济掠夺和文化渗透，使中国社会堕入半殖民地半封建社会的深渊。当时，许多西方文化元素充斥着中国的城市。比如，上海外滩的外国租借区就有大量哥特式、巴洛克式的欧式建筑。此外，西式的酒吧、百货商店、西方名人雕塑等文化景观以及西式的交际活动、服装、食品等各种形式的西方文化元素也在城市中大量存在。这些西方文化元素既为中国人认识世界、接触工业文明成果提供了条件，同时又内含着西方国家侵略中国的印记。在此背景下，原有的城市历史文脉会受到西方文化的侵蚀。一方面，西方文化元素同中国城市历史文化元素相融合，催生出中西合璧的文化成果。比如，1925—1950年间，加拿大传教士兼建筑师苏继贤担任华西协和大学的建筑总工程师，主持修建了融合中西建筑风格的华西协和大学钟楼、图书馆、牙医科大楼等建筑。[1] 另一方面，西方文化元素替代中国城市历史文化元素，使城市文化向着西化的方向发展。在中国近代社会历史的发展进程中，许多西方文化元素融入城市文化体系，成为新的城市历史文脉的组成部分。

新中国成立以后，党和政府领导纠正了城市文化的西化问题。改革开放以

---

[1] 马小兵：《恩光堂 巴伐利亚风格的德式教堂》，《成都晚报》，2015年2月3日，第8版。

来，随着中西经济交流的范围扩大，许多西方文化元素涌入中国城市。特别是伴随对外开放的深入，各城市中充斥着越来越多的"洋建筑""洋活动"。当今，西方文化元素作为一种外来文化，已经嵌入各种形式的城市文化之中。从物质形式的城市文化来看，城市建筑、雕塑、街道、广场、社区以及各种城市文化旅游产品等充斥大量西方文化元素。比如，许多城市在建城市广场时，必会建造西式的雕塑、喷泉；部分城市热衷于为新建街道起"洋名字"，将城市住宅小区命名为"曼哈顿""威尼斯""玛斯兰德"等；模仿白宫、凡尔赛宫等的西式城市建筑层出不穷；城市雕塑少了中国历史人物，多了仿西方人物；部分城市商场会在圣诞节期间装饰圣诞树、圣诞老人玩具等西方文化元素，而在春节期间装饰灯笼、中国结、剪纸等传统文化元素的商场则相对较少。从规范形式的城市文化来看，城市中充斥着大量西方文化活动。比如，西方的圣诞节、情人节等被许多城市居民特别是其中的青年人推崇。从观念形式的城市文化来看，西方电影、音乐、电视剧等在城市中大量存在。比如，许多城市居民热衷于看好莱坞大片、英剧美剧，听西方流行音乐。此外，一些西方文化元素还以多种形式涌入城市。比如，许多城市修建的游乐场模仿迪士尼乐园的建筑设计、娱乐设施和活动项目；城市中随处可见的"麦当劳""肯德基""必胜客"等餐厅，呈现出西方快餐文化，使一些城市居民热衷于食用西式快餐，一种追求便捷、内涵简单的西方观念在他们中盛行。

西方文化元素进入城市后，会侵蚀城市历史文脉和影响城市居民的思想和行为。一方面，西方文化元素会弱化城市文化特色，挤占城市历史文化遗产的存在空间，争夺城市历史文化的传承者和消费者，破坏城市历史文化的空间脉络，抑制城市历史文化的传承与发展。并且，当代西方文化元素与遗留在城市历史文脉中的西方近代文化元素虽然都有西方特点，但其存在和传播的客观历史条件都具有显著差异，从而导致这两类文化元素并不相容。另一方面，西方文化元素会冲击城市居民固有的文化认同，使他们在"实用性强的西方文化元素"与"看似过时的城市历史文化元素"之间难以选择。一些城市居民选择了前者，用其建构自身的文化身份，使自己成为所谓掌握西方文化的"潮人""达人"。但是，他们所处的家庭、工作环境不可避免地会存在城市历史文化元素。对此，他们中的一些人会倾向表现出对这些城市历史文化元素的叛逆，乃至成为破坏者。并且，这些人通过朋友交往或组建家庭，将对西方文化的盲从和对城市历史文化的叛逆思想进行人际传播、代际传播，会进一步催生出"崇洋媚外"的城市居民群体。这种群体的成员，既不能成为城市历史文化的有效传承者和传播者，也不能完全融入他们所追求的西方文化环境（毕竟处于中国

中国特色新型城镇化进程中的城市文化发展研究
——理念、框架与路径

国内），因而在思想上会产生紧张感和焦虑感，在行为上会产生对城市历史文脉的敌对，甚至走上违法犯罪的道路，从而威胁城市历史文化传承和城市社会稳定，同时又使他们脱离应有的文化身份，成为西方文化的附庸，制约他们思想和行为的发展。

第二，西方腐朽文化腐蚀城市居民思想。西方国家大多为资本主义性质国家，西方文化在资本主义制度的影响下充斥着大量腐朽的文化元素。这些文化元素涌入中国城市后，不仅会破坏健康向上的城市文化氛围，还会腐蚀城市居民思想，使他们中的一些人成为西方资本主义腐朽文化的维护者和传播者，致使这些人走入个人发展的误区。

在当前的城镇化进程中，西方经济层面的腐朽文化对城市居民存在负面影响。比如，西方消费主义腐蚀城市居民思想。消费主义是当代西方资本主义国家的一种重要经济思潮，也是西方消费社会的主导意识形态。它产生于19世纪末20世纪初的美国，是一种以满足人们超出基本生存需要外的欲望为特征的消费模式、生活方式和价值观。① 西方城市化的推进，为消费主义的兴起提供了适宜的土壤，也为城市文化领域的消费主义盛行创造了条件。一方面，城市空间范围的扩大，为消费主义盛行提供了更广阔的空间。大量人口集聚城市，也为资本家推行消费主义提供了广阔市场。资本家注重迎合城市居民的欲望追求，促进相应城市文化产品的生产；注重依托大众媒介开展对城市文化产品的广告宣传，吸引和引领文化消费。在此过程中，有的资本家为实现利益最大化，生产不符合城市居民个人发展需要的城市文化产品，并依托自身控制的大众媒介手段来宣扬它们符合城市居民个人发展需要，制造"虚假文化需要"，从而催生"虚假文化消费"，使城市居民的文化消费行为受到异己力量的支配。并且，为在短期内获得最大的经济效益，资本家倾向生产成本低廉、生产和销售周期短的城市文化产品，往往会导致这些产品的内涵浅薄甚至庸俗、低俗。另一方面，城市生活方式为消费主义的盛行提供了温床。首先，城市的生活方式和节奏具有趋同性，导致城市居民的个性难以体现。他们要体现个性就需要采取"刺激别人惊异感"的形式，而有意识地增加文化消费便是其可选择的手段。其次，城市生活中重利益关系、轻情感交流，导致个人价值只能通过赚钱的多少来体现，而文化消费水平的高低便是其可选择的手段。最后，城市居民

---

① 张文伟：《美国"消费主义"兴起的背景分析》，《广西师范大学学报（哲学社会科学版）》，2008年第1期，第104～109页。

的兴趣、消费观趋同,容易相互影响,因而有利于推广相同的文化消费模式。[1] 在西方城市化进程中,城市文化领域的消费主义既刺激着城市文化经济的发展,又渗透到城市居民生活中,对他们产生深刻影响。

在中国城镇化进程中,西方城市文化领域的消费主义进入中国城市,主要体现在以下方面:其一,市场主体依托大众媒体和互联网等传播载体,通过商业广告、时尚杂志、商业电影、流行电视剧等形式,在城市中宣扬"城市文化潮流"。这些"潮流"的涉及面极其广泛,大到城市建筑风格、城市文化设施风格,小到服装、发型、办公用品、生活用品以及日常生活方式、社会交往方式等。这些"潮流"一定程度上契合了部分城市居民特别是青年人文化鉴别能力不高、文化品位从众的特点,使得这些"潮流"被他们推崇。其二,市场主体为提高其文化产品的销售收益,倾向生产迎合城市居民文化消费能力和偏好的城市文化产品。有的市场主体为吸引和取悦消费者,不惜生产和销售内涵浅薄甚至庸俗、低俗的城市文化产品。其三,城市居民倾向将文化消费作为彰显其个性、体现个人价值的手段,催生出一些文化消费潮流。比如,美国苹果公司生产的iPhone手机、MacBook电脑、iPad平板电脑被称为"苹果三件套",既具有实用功能,又体现苹果公司赋予的特定理念,受到许多城市居民的推崇,以至于他们将拥有"苹果三件套"特别是iPhone手机作为显示个人文化品位与消费能力的标志。美国苹果公司则会不定期推出新款产品,通过广告来刺激城市居民的消费。如此,导致近年城市中出现消费苹果公司产品的"苹果热"现象,以至于部分城市居民在新款产品上市的前几天就在苹果专卖店外排队等候,客观上也使"苹果热"现象持续升温。

西方城市文化领域的消费主义是资本主义制度的产物,虽然会在一定程度上促进城市文化经济发展和满足城市居民的某些文化消费需要,但依旧会腐蚀城市居民的思想。一方面,西方城市文化领域的消费主义,会为城市居民塑造虚假的欲望,使他们在消费相关城市文化产品(实质上是消费这些欲望)的过程中,失去对个人发展需要及其满足状况的辨识,以至于被这些欲望裹挟。事实上,这些欲望是经济利益驱动下城市文化生产的产物,蕴含着大量的功利性成分,并且内蕴的意义内涵往往不够深刻。如此,会导致城市居民在消费相关城市文化产品的过程中失去自我,并用功利、浅薄的文化元素建构和确认个人的文化身份,以至于将"追求利益"作为生活的最高目标、将浅薄乃至庸俗低

---

[1] 张文伟:《美国"消费主义"兴起的背景分析》,《广西师范大学学报(哲学社会科学版)》,2008年第1期,第104~109页。

中国特色新型城镇化进程中的城市文化发展研究
—— 理念、框架与路径

俗的意义作为文化消费对象，逐渐丧失远大的人生追求，从而制约他们的个人发展。另一方面，西方城市文化领域的消费主义，会使城市居民的个性丧失，难以依据自身实际实现个人价值。在城市中，看似具有"个性"的城市文化产品，实质上多是规模化文化生产的产物。这些城市文化产品在内容和形式上均具有极强的同质性，它们一旦被城市居民消费，非但不能彰显城市居民的个性，还会导致他们的思想和行为趋同化，使他们失去个性。比如，许多城市居民热衷使用的 iPhone 手机已经成为"街机"，以至于他们在人多的街上，无法判断听到的手机铃声是否从自己的 iPhone 手机发出，也就无法用 iPhone 手机彰显个性。并且，个性丧失的城市居民在文化消费方面往往存在较强的从众倾向，这会使他们的文化消费行为脱离自身的个人发展需要，制约个人价值实现，助长城市文化领域的消费主义，造成恶性循环。

此外，在中国城镇化进程中，西方国家的拜金主义、享乐主义等腐朽文化进入中国城市，对城市居民思想产生着负面影响。从拜金主义来看，它将获取金钱作为人生的最高理想和最大乐趣，会使一些文化单位为追求经济利益而生产低俗、媚俗的文化产品，使低俗文化充斥城市文化市场；同时，会使城市居民被金钱裹挟，甚至为获得金钱不择手段乃至走上违法犯罪的道路。比如，某些电视台举办电视相亲节目、明星真人秀等宣扬拜金的婚姻观、奢华的生活方式。此外，部分城市中的财富占有者通过炫豪车、办天价婚宴、网上炫富等行为，客观上宣扬了拜金主义。从享乐主义来看，它过度强调满足人的感官欲望，让人将享乐作为其本性、人生目标和价值追求，不仅会诱使一些城市居民贪图个人享受，追求吃喝玩乐，并损人利己、投机取巧，甚至还会走上违法犯罪的道路。[1] 比如，部分城市居民沉迷于酒吧、KTV 的"夜生活"而不能自拔，追求"过把瘾就行"，甚至"涉黄""涉毒"。在城镇化进程中，西方消费主义、拜金主义和享乐主义等腐朽文化往往相互渗透、相互作用，形成腐蚀城市居民思想的负面合力。

（二）城市移民文化的边缘化

在中国城镇化进程中，农业转移人口（包括农民工[2]、城郊失地农民等）、

---

[1] 罗国杰：《马克思主义价值观研究》，人民出版社，2013 年，第 252~256 页。
[2] 农民工是指户籍仍在农村，在本地从事非农产业或外出从业 6 个月及以上的劳动者。（国家统计局：《2017 年农民工监测调查报告》，国家统计局网，http://www.stats.gov.cn/tjsj/zxfb/201804/t20180427_1596389.html。）

高校和职业技术院校毕业生、城市间异地就业人员等成为城市移民。[1] 伴随城市移民向城市集聚，他们的原有文化会同城市的原有文化产生碰撞。在此过程中，城市移民文化应运而生。这种文化虽不是城市移民的原有文化，但却拥有他们原有文化的一些元素；既存在于城市中，又同城市原有居民的文化存在差异。总的来看，城市移民文化在城市文化总体中具有特殊性，从而在城市文化发展进程中呈现特殊的发展态势。

第一，城市移民文化的多样性与保守性。同城市原有文化相比，城市移民文化具有异质性。由于户籍、教育、医疗、社会保障等城市公共管理与服务制度的限制，以及缺乏同城市居民深层交往的经验，城市移民往往难以迅速融入城市原有居民群体，而会在一定时期内依据其来源地、职业等形成相对独立的城市移民群体。这些城市移民群体沿袭着其成员原有的文化元素，不可避免地同城市原有文化接触，在多样文化的碰撞中催生出在特色风貌、意义内涵、传承方式等方面异质于城市原有文化的城市移民文化。城市移民文化对城市移民的文化身份具有建构性，使他们能够确认和认同自身既处于城市文化环境中又未完全受这种环境支配的双重文化身份。在此过程中，城市移民还确认着自身同城市原有居民的差异，因为群体通过与其他群体的差异来建构其身份。[2] 如此，使得他们所持有的城市移民文化与城市原有文化能够维持着异质性。具体而言，这种异质性主要体现在文化构成和文化内容两方面。

一是城市移民文化构成的多样性。城市移民来源、职业构成的复杂性，决定了城市移民文化构成的多样性。其中，许多农民工来源于外地农村，他们的固有文化是建构于农耕社会和农业经济之上的传统农村文化，异质于城市及其所在地域的文化；城郊失地农民的固有文化虽为传统农村文化，但与城市原有文化存在共同的地域特点；高校和职业技术院校毕业生处于文化身份的建构期和价值观的定型期，他们的文化受到所在城市的城市原有文化影响较大，甚至趋同于城市原有文化；城市间异地就业人员的固有文化为本地域外的城市文化，虽然与当地城市原有文化同属城市文化，但却在历史文脉、特色风貌等方

---

[1] 城市移民中，农业转移人口所占比例最大；农业转移人口中，农民工所占比例最大。相关调查显示，2015年农民工总人数为2.9亿，占同年城镇常住人口总数的36%。（参见国家统计局：《2017年农民工监测调查报告》，国家统计局网，http://www.stats.gov.cn/tjsj/zxfb/201804/t20180427_1596389.html；国家统计局：《中华人民共和国2018年国民经济和社会发展统计公报》，《人民日报》，2019年3月1日，第10版。）

[2] 阿尔君·阿帕杜莱：《消散的现代性：全球化的文化维度》，刘冉译，上海三联书店，2012年，第19页。

中国特色新型城镇化进程中的城市文化发展研究
——理念、框架与路径

面存在差异。城市移民的固有文化融入城市移民文化中，使后者成为一个复杂的集合体，包含着诸多的差异性，并充满了解构、分化的力量[①]，以至于难以使城市移民在城市移民文化中找到完全统一的文化认同要件。当然，城市移民文化构成的多样性并不意味着其构成毫无共同点。事实上，城市移民文化虽源头宽泛，但却有一个共同的文化背景，即受到城市原有文化的影响。城市移民文化正是在城市原有文化的影响下，逐渐增强对城市原有文化的趋同性，不至于被城市排斥；同时又保持着自身的特质，以维持对城市移民文化身份的影响力。在此过程中，城市移民文化实质上成为一种特色城市文化，彰显出其独有的文化吸引力和文化聚合力。

二是城市移民文化内容的保守性。美国的社会学家萨特尔斯认为：特定的群体试图在局部区域建立控制、主导或排他的某种趋向[②]，从而形成该群体的地域性。城市原有居民和城市移民的群体行为具有地域性，这种地域性会促使城市原有居民和城市移民群体之间产生一定的社会距离。社会距离即人们对一定社会群体的距离感，其越小，人与人之间的亲近程度就越大；反之亦然。[③] 社会距离的主要影响因素是社会资本和同群效应。[④] 首先，社会资本是实际或者潜在的社会关系网络资源的集合体。城市移民拥有的社会资本越广泛、越同质于城市原有居民的社会资本，就越有助于他们消除群体间的偏见，缩小与城市原有居民的社会距离。其次，同群效应是群体中人际间存在的相互影响[⑤]，对城市原有居民与城市移民的社会距离的影响是双向的。如果城市原有居民的同群有更多人对城市移民持偏见，则会扩大他们间的社会距离；如果有更多人对城市移民友好，则会缩小他们间的社会距离。[⑥] 在城镇化进程中，多数城市

[①] 黄仲山：《当代城市移民文化变迁与文化共同体建构》，《中华文化论坛》，2015年第7卷第7期，第68~73页。

[②] R. Sack：Human Territoriality：A Theory，Annals of the Association of American Greographers，1983，73（1）：55-74.

[③] 诺克斯，麦卡锡：《城市化：城市地理学导论》，姜付仁，万金红，董磊华等译，电子工业出版社，2016年，第300页。

[④] 除社会资本和同群效应外，受教育状况、工作性质、在城市居住时间等均会对城市原有居民与城市移民的社会距离带来影响。但是，这些因素具有高度的个体差异。为探讨影响城市原有居民与城市移民的社会距离因素的一般状况，本书着重分析社会资本和同群效应，将其他因素作为控制变量。（参见王桂新，武俊奎：《城市农民工与本地居民社会距离影响因素分析——以上海为例》，《社会学研究》，2011年第2期，第28~47页。）

[⑤] 苏健涵：《大学生就业选择的"同群效应"探讨》，《福建论坛（人文社会科学版）》，2016年第3期，第175~177页。

[⑥] 王桂新，武俊奎：《城市农民工与本地居民社会距离影响因素分析——以上海为例》，《社会学研究》，2011年第2期，第28~47页。

第三章 中国特色新型城镇化进程中城市文化发展的问题审视

移民在城市里的社会资本有限，同时城市原有居民群体也会对城市移民存在一定偏见和歧视[1]，使他们之间保持较大的社会距离。比如，相关调查显示，关于"农业转移人口对自身身份的定位"，有71.1%的被调查农业转移人口认为自己不是完全的城市人，仅有28.9%的被调查农业转移人口认为自己是城市人。[2] 城市移民与城市原有居民群体间较大的社会距离，显现出他们之间的差异和矛盾，进而使城市移民对城市原有文化形成一定的排斥，因为不同群体之间的差别和矛盾易导致特定群体成员在心理和文化上的排他性。[3] 受此影响，城市移民文化的内容会呈现出保守性，具体表现为城市移民文化遭际城市原有文化时，难以积极融入城市原有文化内容。

第二，城市移民文化的边缘化发展。城市移民文化的多样性，使其可以依托城市移民群体内部的交往，在这一群体内部发展；城市移民文化的保守性，则使其对城市原有文化产生一定排斥。城市移民文化的这两个特点，构成其边缘化发展的内生动力。同时，城市对城市移民的包容性不足作为外部推力，会加剧城市移民文化的边缘化发展。比如，城市的一些社区公共文化设施以及博物馆、音乐馆等物质形式的城市文化，未向城市移民特别是农民工完全开放；城市户籍制度、教育制度、医疗制度、社会保障制度等规范形式的城市文化，未完全实现对城市移民的均等化服务；城市精神、城市音乐、城市广告等观念形式的城市文化，忽视城市移民的诉求。如此，难以缩短城市移民与城市原有居民之间的社会距离，从而使城市移民对城市原有文化产生更大的疏离感和无力感，进而使城市移民文化疏离城市原有文化而出现边缘化发展的态势。

在当前的城镇化进程中，城市移民文化的边缘化发展主要表现为三个方面：一是城市移民文化倾向保持城市移民原有的文化元素，但这些文化元素难以与城市原有文化相容，从而固化城市移民文化与城市原有文化的差异和疏离态势。二是处于强势地位的城市原有文化不断对城市移民文化形成冲击和渗透，逐渐模糊城市移民文化的原有特点及其可识别性。三是城市移民对城市移民文化的认同出现代际分化。新生代城市移民，如新生代农民工，对城市原有文化的认同程度往往高于第一代城市移民，从而阻断城市移民文化的代际传播与赓续路径。当然，城市移民文化作为一种外来文化，其边缘化发展直至消亡

---

[1] 张文宏，刘琳：《城市移民与本地居民的居住隔离及其对社会融合度评价的影响》，《江海学刊》，2015年第6期，第114~122页。

[2] 叶继红：《新城镇居民城市融入过程中的文化消费研究》，《北京社会科学》，2016年第11期，第95~102页。

[3] 林广：《移民与纽约城市发展研究》，华东师范大学出版社，2008年，第44页。

具有一定的历史必然性。换而言之，城市移民文化最终会在城市社会历史发展的进程中成为城市原有文化的一部分。然而，这是一个长期且复杂的过程，需要经历多代城市移民的生活方式和文化心理变迁才能实现。因此，在现实社会中，有必要保持城市移民文化的一定特殊性，不能完全放任城市移民文化的边缘化发展甚至让其消亡，否则将会对城市移民和城市发展造成负面影响。具体而言，会使城市移民既难以依托城市移民文化建构文化身份，又不能完全融入城市原有文化，从而陷入"两难"的境地。如此，会使城市移民因无法拥有必要的物质形式的文化消费品以及行为规范和精神皈依，而陷入深层次的思想焦虑，甚至降低或抛弃行为底线，沉迷于"黄""赌""毒"，使城市移民文化向庸俗甚至恶俗方向发展，增加相应违法犯罪现象，阻碍城市社会的良性发展。

五、城乡文化的发展不均衡

中国的城镇化是城乡现代化的过程，为城乡发展带来了契机。在此过程中，城乡文化面临不同的发展境遇。一方面，城市文化快速发展。另一方面，农村传统文化发展乏力。并且，城市文化给农村文化带来强大冲击。从这个意义上看，在城镇化进程中，城乡文化发展呈现出不均衡的态势，不利于它们的协调发展。

（一）农村传统文化发展乏力

农村传统文化产生于长久的传统农业文明之中。在中国现代化的进程中，伴随传统农业文明的解体，农村传统文化面临发展乏力的困境。

第一，农村传统文化遗产流失。农村传统文化遗产内容和形式多样，具有较高的社会价值、经济价值和美学价值。首先，农村传统文化遗产融合了历代农民与自然和谐互动的内在意蕴，体现了农民热爱自然、热爱生活的优良精神；并且成为凝结农民亲缘、乡缘、地缘归属感和凝聚农民社会生活共识的载体，体现了广大农民的精神寄托。对农民而言，无论他们身处何方、处于何种地位，始终会受到农村传统文化遗产的影响。其次，农村传统文化遗产作为地域的文化标识，具有地域特色，能够产生一定的经济效益，从而成为许多农村优化经济结构和促进经济增长的重要依托。最后，农村传统文化遗产体现古代乡村田园生活的样态。农舍、民俗、建筑、雕刻等农村传统文化遗产会给人以超然入境、浑然一体的文化艺术美感。① 鉴于此，传承农村传统文化遗产成为中国古代农村长期的思想和行为共识。然而，伴随农村经济社会发展，当今的农村传统文化遗产却存在流失的问题。

一是农村传统文化遗产遭受不可逆性损害。首先，城镇化过程中对农村传统文化遗产的损害。伴随城市空间的延伸，许多城市周边的农村逐步"撤村改居"。"撤村改居"加剧了这些农村的文化转型，它们的空间景观处于农村与城市景观交错布局、封闭性结构瓦解与开放性结构形成的空间构型中。② 在此过程中，这些农村原有的耕地逐步丧失，建构于耕作传统之上的农村传统文化遗产也日渐式微。其中，一些农村传统文化遗产在大拆大建的"撤村改居"浪潮中被破坏或遗弃。比如，2015年左右，河南新郑有关部门以"航空港区建设"为由，拆除了拥有500年历史的古村落，大量明清古建筑被拆毁或破坏，其中不乏省级和市级文物保护单位。③ 如此，在推土机的轰鸣声中，许多历史文化记忆荡然无存。其次，农村传统文化遗产得到破坏性的"保护"。一些农村在经济利益的驱动下，对古建筑盲目进行翻新，使许多真文物变成假文物，导致它们承载的文化内涵大打折扣甚至丧失。比如，近年，北京郊区某村在拥有1000多年历史的火神龙王庙遗址上建立了一座崭新的寺庙；北京郊区另一个村在翻新古壁画的过程中，竟将白灰涂在残存古壁画上，再请画师另作新画。④ 一些拥有历史文化资源的地区在"拆旧建新"背景下新建的各种粗糙的"古院落""古建筑"的建筑样式和风格虽仿旧式，但既缺乏历史感又缺乏现代感，成为不伦不类的"伪民居""人造文化"。再次，村民主动损害农村传统文化遗产。在"美丽乡村"建设的进程中，出现了建设新农村与保护古文物之间的矛盾。一些村民受自身素质局限，将老民居、古村落视为贫穷落后的象征，随意毁坏、拆除。⑤ 在获得"现代化"生活方式和发展所谓观光旅游的同时，导致农村传统文化遗产遭到损害，从而削弱了农村的文化魅力。最后，农村传统文化遗产面临被盗的危机。比如，2015年初，福建福安宋代古寺兴庆大殿

---

① 王华斌：《乡土文化传承：价值、约束因素及提升思路》，《理论探索》，2013年第2期，第12~14页。
② 张霁雪：《城乡结合部"撤村建居"型社区的文化转型与再生产》，《社会科学战线》，2014年第8期，第174~181页。
③ 《河南新郑为建保税区拆除500年古村落》，人民网，http://society.people.com.cn/n/2015/0204/c136657-26505606-1.html。
④ 宋佳音：《乡村古建"破坏式"维修何时休》，《京郊日报》，2014年6月19日，第3版。
⑤ 蒋肖斌：《别让"文化遗产"变成"文化遗憾"》，《中国青年报》，2015年11月20日，第12版。

中国特色新型城镇化进程中的城市文化发展研究
——理念、框架与路径

中的石佛被盗。[①] 2015 年 5 月,广东连州一个祠堂内的两件梨花木神台被盗。[②] 一些人利用农村文物保护力度不足的漏洞,盗取农村文物牟利。

二是农村传统文化活动式微。传统文化活动是农村重要的传统交往渠道,是凝聚农民共识和承载农村传统文化的行为载体。但当今,农村传统文化活动日渐式微。一方面,传统文化活动衰落。农民对传统节庆活动的认同度和参与度降低,传统节日期间的特色饮食、礼节等风俗淡化,特别是春节期间舞龙、舞狮、扭秧歌的规模逐渐减小,拜年、走亲访友的礼节不够;农民特别是青年农民对"宗族会"活动的参与度降低,不能有效发挥"宗族会"活动这一传统宗族活动在农村亲属特别是远亲交往中的桥梁作用,阻断了农民间重要的传统交往渠道。另一方面,传统文化活动变味。传统文化活动存在过度商品化的倾向,特别是春节期间农村的舞龙、舞狮活动重"要钱"、轻"祝福",增加了农民参与这些活动的成本,从而降低了农民参与这些活动的积极性;此外,还有一些农村任意移植其他地区的传统民俗文化活动,创造"伪民俗",使传统文化"有了新貌"却"丢了内涵"、农民"有了新的文化生活"却"丢了传统的文化习俗"。

三是农村优秀传统观念淡化。农村优秀传统观念是维系农村社会秩序的传统精神纽带,是农民深沉的精神寄托,集中体现为重情义、重家庭、重乡土的观念。然而现在传统观念文化逐渐淡化。首先,"重情义"观念淡化。亲朋邻里的日常交往减少,维系亲朋邻里关系时重利益、轻感情,亲朋邻里间互助互济之风淡化,割裂农村维系传统人际关系的纽带,导致农民间的亲和度和信任感降低以及农民的孤独感增强,不利于凝聚农民情感共识和互助化解人际矛盾。其次,"重家庭"观念淡化。一些农民对尚未丧失劳动能力的高龄家人缺乏物质支持和情感关爱,对留守子女、留守长辈等重物质支持、轻情感关爱,削弱传统的尊老爱幼之风,割裂维系亲缘关系的情感纽带,甚至使留守儿童和老人出现孤独、自卑、轻生等心理问题,不利于留守儿童健康成长和老人安享晚年,降低家庭幸福感。最后,"重乡土"观念淡化。一些农民对家乡和乡村文化的归属感淡漠,重离乡致富、轻返乡创业,对乡村传统文化的发展前景持悲观态度。

总之,农村传统文化遗产流失会对农村及其居民带来深刻影响。一方面,

[①] 《乡村传统文物频遭毒手 文物保护工作亟待加强》,人民网,http://fj.people.com.cn/n2/2016/0122/c234952-27605295.html。

[②] 段灿:《梨花木神台雨夜被盗》,《南方日报》,2015 年 7 月 3 日,第 ZD03 版。

农村传统文化遗产流失会改变农村原有的文化空间，在城市建设用地取代耕地、"高层密集、色彩划一、规模宏大"的大楼取代"独门院落、宽敞房屋、布局分散"的民居①、"现代生活方式、观念"取代"传统生活方式、观念"的过程中，使农村原有特色逐步丧失。另一方面，农村传统文化遗产流失在抹掉农村原有文化印记的同时，也会消解农民建构自身文化身份的能力，使他们在一定时期内出现文化焦虑、迷茫乃至信仰缺失，制约农村文化传承和社会和谐发展。

第二，发展农村传统文化的主体流失。近年，大量农村劳动力外流，使农村"空心化"。2017年，农村人口为57661万人②，农民工人数为28652万人。③ 2013—2017年，16～50岁的青壮年农民工占农民工总数的78.7%～84.8%（见表3-1）。在此背景下，农村劳动力特别是青壮年劳动力大量流入城镇，使得农村人口数量减少、劳动力缺乏，农村中普遍缺乏文化素质较高、懂技术、善经营的青壮年人，导致现代农业发展乏力，传承和发展农村文化的人才不足。比如，在陕西部分农村的调查显示，秦腔、面花制作技艺等传统文化遗产在农村传承乏力，喜爱和掌握这些农村传统文化遗产的人大多年已过60岁。④ 同时，伴随农村外出务工、求学、经商的人口增多，许多新生代农民逐渐失去对农村传统文化的接受和认同，导致农村传统文化缺乏内生动力，不能得到及时有效的传承和更新。⑤ 此外，由于一些农村传统文化遗产的特色不鲜明或商业开发难度大，难以被转化为经济效益或经济效益偏低，不能有效满足农民致富的需要，因而许多农民虽然认同传承农村传统文化的重要性，但却不愿为此投入更多的资金和精力。

---

① 张雾雪：《城乡结合部"撤村建居"型社区的文化转型与再生产》，《社会科学战线》，2014年第8期，第174～181页。
② 国家统计局：《中国统计年鉴（2018）》，中国统计出版社，2018年，第31页。
③ 国家统计局：《2017年农民工监测调查报告》，国家统计局网，http://www.stats.gov.cn/tjsj/zxfb/201804/t20180427_1596389.html。
④ 樊晓燕：《中国农村文化在城市化背景下面临的困境思考》，《西安交通大学学报（社会科学版）》，2016年第36卷第2期，第58～64页。
⑤ 胡丰顺，杨少波：《我国城市化进程中农村文化的变迁与重构》，《江西社会科学》，2012年第11期，第238～241页。

表 3-1　2013—2017 年农民工年龄结构

单位:%

	2013 年	2014 年	2015 年	2016 年	2017 年
16~50 岁	84.8	82.9	82.1	80.9	78.7
50 岁以上	15.2	17.1	17.9	19.1	21.3

数据来源：根据国家统计局《2017 年农民工监测调查报告》整理。

(二) 城市文化冲击农村文化

在城镇化进程中，现代工业文明与农业文明的碰撞，加剧了生发于现代工业文明的城市文化对农村文化的冲击。

第一，强势城市文化对农村文化的同化。现代化进程中，农村不可避免地受到边缘化。正如恩格斯所言："我们的小农，同过了时的生产方式的任何残余一样，在不可挽回地走向灭亡。"[1] 在中国的城乡关系中，城市以强势文化所固有的"殖民"本能对弱势文化的乡村实行资源"殖民性"的控制和占有，促使处于弱势地位的农村从属于城市。[2] 如此，农村文化不可避免地受到城市文化的深刻影响。城市文化在为农村文化带来现代文化元素的同时，也对农村文化起到一定的同化作用。

一是大量城市文化元素融入物质形式的农村文化。近年来，克隆城市建筑以建设农村建筑的案例较多。一些地方和个人片面认为农民住上高楼就意味农村和农民实现了现代化，因而不够重视对古井、古村道等农村传统的文化元素加以保护[3]，导致光鲜亮丽的农村新建建筑缺乏文化底蕴。比如，许多新建民居缺乏传统文化元素，它们的设计、装饰模仿城市文化风格，使"小洋楼"多、传统风格民居少，割裂农村历史文脉，甚至出现"千村一面"的现象。同时，"小洋楼"对农村生产生活的"不适应性"，还催生出"不洋不土"的农村文化景观。砖石结构的"小洋楼"旁边建起砖瓦结构的厨房、家禽家畜舍等附属建筑，不但缺乏美感，还使民居整体上缺乏"现代"的文化氛围、民居附属

---

[1] 中共中央马克思恩格斯列宁斯大林著作编译局：《马克思恩格斯选集（第 4 卷）》，人民出版社，2012 年，第 359 页。

[2] 吕昭河：《二元中国解构与建构的几点认识——基于城市"中心"与乡村"外围"关系的解释》，《吉林大学社会科学学报》，2007 年第 3 期，第 112~118 页。

[3] 杜宇：《村庄建设谨防克隆城市建筑》，《人民政协报》，2014 年 6 月 5 日，第 9 版。

建筑缺乏传统文化的韵味。① 并且,"小洋楼"夹杂在老建筑中,也破坏了农村的原有文化风貌。

二是规范和观念形式的城市文化冲击农村文化。一方面,城市生活方式和社会规范被移植到农村。伴随社会主义新农村建设的推进,农村的许多传统生活方式已很难适应时代发展要求,维系农村人际关系的规则逐渐脱离传统习俗和默契的影响,农村社会中的民俗风情、传统道德、礼仪规范等也在逐渐消失,取而代之的是城市文化中突出功利标准的人际关系和"理性化的交往方式"。② 另一方面,观念形式的城市文化进入农村。崇尚"开放""包容""平等"等的观念形式的城市文化进入农村,有利于消解农村传统文化中"封闭""保守"等不适应时代发展要求的文化成分,促进农村文化的现代化转型。这些观念形式的城市文化在很大程度上是由外出务工的农民工从城市带回农村的。在现实社会中,农民工在外出务工和生活期间,受到观念形式的城市文化影响。同时,由于部分农民工文化素质偏低和受农村传统观念影响,难以深刻领会和切实接受观念形式的城市文化,因而可能盲目地认同、歪曲地吸收这些文化。他们在返乡后,带回"变味"的观念形式的城市文化,并将它们融入生活交往、家庭教育等诸多方面,使观念形式的农村文化被城市文化甚至是畸形的城市文化裹挟乃至替代。此外,近年农村许多广告牌上的内容、宣传标语上的语言以及农民特别是青年农民的行为习惯等早已与城市的无异。

总之,强势城市文化对农村文化的同化具有必然性。在此过程中,处于弱势地位的农村文化被城市文化冲击乃至改造。同时,农村文化的特色受到消解,对农民的影响力逐渐弱化。受此影响,许多农民出现文化身份的迷失。一方面,他们会将对农村文化的质疑转变为对个人文化身份的质疑,以至于在思想上失去文化归属感和产生深层次的焦虑,在行为上对农村及其文化产生排斥。另一方面,他们盲目认同城市文化,甚至接受城市文化中不适合农村社会现实的成分或消极成分,以至于产生不切实际的思想和行为,制约个人健康发展。

第二,消极城市文化对农村文化的腐蚀。市场经济条件下,城乡的文化联系建立在一定的经济联系之上,也必然受到经济利益的驱动。事实上,城乡文化的交流碰撞是城乡经济交往领域的延伸。在此过程中,受逐利的市场逻辑所

---

① 一般而言,较好体现农村传统文化韵味的建筑多为正屋、卧室等,而非厨房、家禽家畜舍等附属建筑。
② 谢治菊:《转型期我国乡土文化的断裂与乡土教育的复兴》,《福建师范大学学报(哲学社会科学版)》,2012年第4期,第156~161页。

中国特色新型城镇化进程中的城市文化发展研究
——理念、框架与路径

裹挟的消极的城市文化会同农村文化接触,并对其产生腐蚀作用。

此外,城市文化空间还出现分化。城市文化空间是城市文化的空间载体,承载城市居民的文化诉求,体现城市居民的文化消费态势。列斐伏尔在《空间的生产》中最早提出"文化空间"的概念。[①] 2001年11月,联合国成员国大会通过决定,将"文化空间"定义为:一个可集中举行流行和传统文化活动的场所。[②] 2005年3月,国务院办公厅印发的《国家级非物质文化遗产代表作申报评定暂行办法》将"文化空间"定义为定期举行传统文化活动或集中展现传统文化表现形式的场所。[③] 总的来看,城市文化空间是城市文化的空间载体。它同城市居民密切相关,是城市居民认知、内化城市文化和参与城市文化活动的区域,体现他们的文化消费态势。

在当前的城镇化进程中,城市文化空间呈现分化,主要体现为城市居民文化消费的分化。一方面,经济收入水平较高、文化消费能力较强的城市居民群体[④],拥有对较高价格、较大范围和较优质量的城市文化空间的购买力,因而拥有的城市文化空间较大、质量较高。另一方面,经济收入水平较低、文化消费能力较弱的城市居民群体,特别是城市移民中的农民工,不具备那样的购买力,因而拥有的城市文化空间较小、质量较低。比如,城市高档小区内部及其周边有大量的优质文化服务设施,而"城中村"则十分缺乏这些设施。总的来看,城市文化空间的分化,直接体现城市居民群体的分化,不仅会割裂城市社会的整体性,激化城市居民内部的矛盾,从而影响城市社会的稳定发展;还会制约城市居民中弱势群体的发展。在城市中,经济收入水平较低、文化消费能

[①] 陈桂波:《非遗视野下的文化空间理论研究刍议》,《文化遗产》,2016年第4期,第81~86页。

[②] 乌丙安:《非物质文化遗产保护中文化圈理论的应用》,《江西社会科学》,2005年第1期,第102~106页。

[③] 《国务院办公厅关于加强我国非物质文化遗产保护工作的意见》,《中华人民共和国国务院公报》,2005年第14期,第12~14页。

[④] 从消费者的视角来看,文化消费能力主要受到他们的经济收入、文化素养和休闲时间等因素制约。固然,文化素养的高低和休闲时间的多少,能够在一定程度上制约人们文化消费的具体需要,从而制约人们文化消费能力。但是,在市场经济条件下,文化消费受经济能力制约,其总量和结构受消费者收入水平及其收入分配制约。(参见中华人民共和国文化部:《2013文化发展统计分析报告》,中国统计出版社,2013年,第45页。)经济收入的高低直接决定着人们对作为商品的文化的购买力,因而对文化消费能力的制约更为根本。换而言之,如果没有一定的经济收入,即使有文化消费需要,这种需要也难以得到充分满足。因此,本书探讨的文化消费能力的决定因素主要指的是经济收入。经济收入较高群体与经济收入较低群体相比较,前者的文化和娱乐消费支出额及其在消费总支出中的比例远高于后者,因而前者对作为商品的文化的购买力大大强于后者,也使前者的文化消费能力一般强于后者。

力较弱的城市居民群体，往往作为弱势群体，缺乏享有优质城市文化及其空间的能力，特别是对优质城市文化产品的购买和消费能力。如此，既会限制这一群体充分获取城市文化资源实现自身发展的机会和能力，还会导致他们产生对这种机会和能力不足的焦虑。对此，有的人选择充分利用党和政府提供的有利的经济社会条件，推进自我发展，努力成为经济收入较高、文化消费能力较强的城市居民群体成员；有的人则选择一味抱怨，或者选择消极沉沦，进而危及城市社会的稳定甚至走上违法犯罪的道路。

第二节　中国特色新型城镇化进程中城市文化发展问题的成因

伴随中国经济社会的深入发展，政治领域、经济领域和社会领域逐渐实现分离。[1] 在此背景下，政府、市场主体和社会主体在城市文化发展过程中发挥着各自的作用。首先，从政治领域来看，政府在贯彻党的精神和满足人民群众需要的基础上，履行城市文化发展的引导与监管、保护城市历史文化遗产、提供公共文化服务等职能。其次，从经济领域来看，市场主体主要通过进行城市文化商品生产、影响城市文化商品消费和开展其他城市开发活动，依托市场机制来影响城市文化发展。最后，从社会领域来看，城市社区、城市文化类社会组织和城市居民作为不同于政府与市场主体的社会主体，通过社会活动影响城市文化发展。总的来看，政府、市场主体和社会主体如果能发挥积极作用，将有利于促进城市文化发展；反之，它们行为的问题，则会对城市文化发展带来相应负面影响。

一、城市文化发展引导与监管不到位

在城镇化进程中，部分城市政府对城市文化发展的引导与监管不到位，为一些城市文化发展问题的滋生提供了空间。

（一）城市文化发展的引导不足

引导城市文化发展是政府的一项重要职能。马克思主义认为，一定时期占统治地位的文化是统治阶级利益的反映，服务于他们的统治需要。在城市中，

---

[1] 陈步伟：《中国特色社会主义实践的内生逻辑研究》，中共中央党校博士学位论文，2013年，第143页。

中国特色新型城镇化进程中的城市文化发展研究
——理念、框架与路径

政府通常会采取措施引导城市文化发展的方向，以确保城市文化能够体现统治阶级利益。新中国成立以来，中国共产党领导中国人民建立了人民民主专政的社会主义国家，人民成为国家的主人。在此背景下，政府坚持以人民为中心，在城市中引导社会主义文化发展，取得了诸多重要成果。但面对复杂的城镇化形势，一些城市政府在引导城市文化发展方面仍然存在不足。

第一，主流文化宣传重形式、轻内涵。党的十八大以来，全国各城市掀起了宣传中国梦、中国特色社会主义文化、社会主义核心价值观的热潮，相关的宣传标语、宣传画、广告牌、视频等遍布城市街道、商场、娱乐场所、交通工具及其站点等场所，形成了宣传社会主义主流文化的良好态势。然而，有的城市政府在此过程中却忽视对中国梦、社会主义核心价值观等内涵的阐释以及规范相关宣传载体的文字表述，导致宣传效能大打折扣。比如，有的城市的中国梦宣传画仅突出"中国梦"这三个字，既未阐释其内涵，也未阐释其同个人梦之间的关系，使一些文化程度较低的城市居民难以理解这些宣传画的要义。有的城市的建筑工地外墙上贴满了宣传社会主义核心价值观的标语和图画，但却将12个价值要求胡乱进行组合或仅宣传一两个价值要求，使城市居民难以准确、完整地辨别其逻辑关系和内在要求。

第二，缺乏对城市文化发展的整体研判和高效引导机制。一方面，对"当代城市经济发展与城市文化发展的关系""各种形式的城市文化在发展过程中的重点、难点和风险点"等缺乏整体预判，在追求GDP政绩观的影响下对城市文化发展问题的演变态势预估不足，导致一些城市政府仅成为城市文化发展问题的被动应对者，而难以积极主动地遏制一些城市文化发展问题的滋生和蔓延。另一方面，城市文化发展的引导作为一项系统工作，不仅需要党委宣传部门的宏观规划和领导，还需要政府中文化、教育、广播电视新闻出版、规划、住房与城乡建设、旅游、网络信息监管等部门的紧密合作。比如，引导保护城市历史文化遗产的工作，需要城市文化部门加强对相关文化遗产保护和施工单位的宣传、管理，需要城市规划和住房与城乡建设部门严格对相关施工单位的审批、监管，需要城市文化、教育部门加强对城市居民关于文化遗产保护的宣传、教育，还需要城市文化、网络信息监管等部门在网络上发布相关正面信息、应对相关负面信息。但是，目前尚且缺乏统一、高效的城市文化发展的引导机制；并且，由于工作职能的差异，政府中各相关部门往往各自为政，仅制定所辖领域的城市文化发展引导措施，使得各部门间在引导城市文化发展方面的协调性不足；当遇到各部门职权的交叉点时，有些部门往往相互推诿。如此，一些城市文化发展的引导工作便出现了盲区，从而削弱了政府主动作为、引导城市文化发展的能力。

（二）城市文化发展的监管不力

在城镇化进程中，发挥好政府对城市文化发展的监管职能，有利于抑制一些城市文化发展问题的滋生和蔓延。但是，部分城市政府重GDP、轻文化发展甚至以牺牲城市历史文化遗产（如强拆城市历史文化遗产、大规模改造城市历史文化遗产等）、默许以一些负面城市文化传播为代价追求GDP增长的行为，政府中的相关部门不作为或乱作为，导致一些城市的城市文化发展过程得不到有效监管，为一些别有用心之徒损害和伪造城市历史文化遗产、传播负面城市文化、破坏城市历史文化的空间脉络提供了可乘之机。

在具体工作中，首先，部分政府部门特别是文化部门在旧城改造、城市基础设施建设和商业开发中，对改变城市历史文化遗产面貌的行为审批缺位，未做好城市历史文化遗产的防火、防盗工作，未能及时干预和运用法律手段惩处损害城市历史文化遗产的行为。其次，部分政府部门特别是规划、住房与城乡建设、旅游等部门，在未细致研究城市文化特色的基础上，片面规划、审批或推进伪造城市历史文化遗产的项目。再次，部分政府部门特别是文化部门在非物质文化遗产的保护上不作为，放任城市民俗文化的消失和城市历史故事的失传。再其次，部分政府部门特别是规划、住房与城乡建设、文化部门，放松对城市文化景观风貌的规划，任由一些国内外企业或社会组织建设奇形怪状的城市文化景观和传播同质化、功利化甚至粗鄙化的城市文化。最后，部分政府部门特别是文化、网络信息监管部门，对充斥西方资本主义价值观、低俗乃至恶俗内容的网络负面信息监管不力，使这些信息肆意流向城乡居民，不仅加剧国外负面文化元素的无序融合和城市文化的庸俗化，还为消极城市文化腐蚀农村文化提供了空间。

此外，"文化政绩观"的偏差，也导致了诸多城市文化发展问题。第一，有的城市政府存在片面"求高、求大"的"文化政绩"观，盲目提出建设区域文化教育中心、文化旅游中心、文化创意中心等，盲目开展许多城市文化建设项目，对城市文化发展带来一定负面影响。首先，"透支"城市文化资源，导致许多城市历史文化遗产被过度开发。其次，为外来文化元素无序融合提供通道。当今，伴随城市原有居民和外来游客的文化消费需要日趋多样化、个性化，许多城市文化资源难以充分满足这些需要。为"弥补"这种不足，部分城市政府片面引进一些外来文化与城市文化无序融合。比如，允许在老城区大量开设KTV、酒吧等娱乐场所，使老城区在喧嚣中逐渐丧失宁静古老的意境。

最后，推进建设大量的"古代风味一条街"甚至"古城"以及文化创意产业园等，照搬照抄其他城市的建筑、雕塑等物质形式的城市文化和"城市文化节""城市旅游节"等规范形式的城市文化，加剧了伪造城市历史文化遗产之风和城市文化的同质化发展。第二，有的城市政府存在"重物质、轻精神""重形式、轻内容"的"文化政绩观"，持"文化搭台、经济唱戏"的思想，侧重于发展短期经济价值较高的城市文化，助长片面追求经济效益而带来的城市文化发展问题。第三，有的城市政府存在消极作为的"文化政绩"观，对城市文化发展的引导和监管不积极，单纯成为城市文化发展问题的"救火队"，疲于应对各种现实问题，而缺乏对这些问题的预见性，使这些问题得不到有效预防和干预。

二、城市历史文化遗产保护不足

近年来，由于城市历史文化遗产的保护存在不足，国家层面已经初步建立了文化遗产保护领域的法律法规体系。其中，同城市历史文化遗产保护直接相关的法律主要有《中华人民共和国文物保护法》和《中华人民共和国非物质文化遗产法》等；直接相关的行政法规有传统工艺美术保护条例、文物保护法实施条例、历史文化名城名镇名村保护条例、博物馆条例等。同时，地方层面也出台了一系列文化遗产的保护领域的地方性法规。比如，云南、广西等地出台了民族民间传统文化保护条例。在城镇化进程中，这些法律法规促进了城市历史文化遗产保护工作。但是，这些法律法规本身以及政府、市场主体等在贯彻落实它们的过程中仍存在一些问题，对城市文化发展造成一定负面影响。

（一）城市历史文化遗产保护的法律法规不完备

如今，关于城市历史文化遗产保护的法律法规体系以《中华人民共和国文物保护法》为主体，以各类行政法规、地方性法规和部门规章等规范性文件为辅，对文物保护的目的、原则、责任以及受保护文物的认定等进行了明确规定。中国还建立起了"单体文物—历史文化保护区—历史文化名城"的文化遗产保护体系，这对于增强城市历史文化遗产保护的整体性非常有利。但是，在采取国家立法与地方立法相结合保护文化遗产的过程中，国家层面的法律法规较为完善，地方层面的法律法规还不健全；单体文物保护的法律法规比较完善，但历史文化保护区以及历史文化名城保护的法律法规还不健全，导致城市历史文化遗产保护的相关法律法规协调性不足。

并且，城市历史文化遗产保护的法律法规涉及内容的深度广度还存在不足。第一,缺乏对文物概念的界定。虽然《中华人民共和国非物质文化遗产法》界定了"非物质文化遗产"的概念,有助于准确认定相应形式的城市历史文化遗产,但相关法律法规并未对"文物"的概念进行界定,多为列出文物保护的具体对象,如《中华人民共和国文物保护法》第二条列出五类受国家保护的文物。如此,对在法律框架下认定和保护新形态的文物就存在不利。比如,该法虽然规定"近代现代重要史迹、实物、代表性建筑"等可作为文物,但并未规定具体认定标准,以至于难以认定一些近代现代文化产品特别是融合多种异质文化特色的近代现代文化产品是否可作为文物加以保护。这样,就为一些地方伪造相关城市历史文化遗产、损害可作为文物的近代现代城市文化产品提供了可能。第二,相关责任有待进一步明晰。相关法律法规规定"将文物保护事业纳入本级国民经济和社会发展规划,所需经费列入本级财政预算"和"编制专门的历史文化名城和历史文化街区、村镇保护规划,并纳入城市总体规划"[①],但多未进一步明确相关责任和操作细则,也未形成与之配套且较为完善的考评体系,导致一些城市历史文化遗产的保护缺位。第三,保护不可移动文物的规定不完善。相关法律法规规定了文物保护单位保护的具体要求,但对未核定为文物保护单位的不可移动文物的保护的具体措施却相对缺乏。在文物保护与利用过程中,缺乏落实"不改变文物原状"原则的具体操作标准,对"损毁""改建""添建""拆除"不可移动文物的现象缺乏具体的认定标准。在此背景下,一些城市利用这些不足"打擦边球",甚至不顾这些规定,造成许多不可移动的城市历史文化遗产被损毁乃至消失,以及变相改建、添建脱离城市历史文脉的仿古文化景观。第四,利用文物的规范不健全。相关法律法规缺乏对文物工作"合理利用"方针的诠释,且文物开发利用的标准和要求难以适应城市公共文化服务发展的新形势新要求。第五,保护非物质文化遗产的规范不健全。2011年实施的《中华人民共和国非物质文化遗产法》处于发展阶段,国家与地方层面的相关法律规定存在缺位,为政府或市场主体发展脱离城市历史文脉的民俗文化提供了空间。此外,还存在文物安全制度不健全、法律间不衔接等问题。[②] 这些问题阻碍了城镇化进程中对城市历史文化遗产的有效保护和传承。

---

① 《中华人民共和国文物保护法》,《中华人民共和国全国人民代表大会常务委员会公报》,2015年第3期,第638~648页。
② 施剑:《近二十年中国文化遗产保护利用体制机制的问题、成因及对策探讨》,中国城市网,http://www.urbanchina.org/n/2015/0918/c371147~27603958.html。

（二）城市历史文化遗产保护的运行机制不完善

城市历史文化遗产保护的运行机制不完善，主要体现在以下方面：

第一，城市历史文化遗产保护的运行体系不够顺畅。相关法律法规规定了国务院文物行政部门、地方各级政府及其承担文物保护工作的相关部门在文化遗产保护方面的权责，不仅涉及各级政府及其领导的文化部门，还涉及住房与城乡建设、教育、国土资源和环境保护等部门。如此，就出现文化遗产保护工作多主体的局面，在相关法律法规体系不完备的情况下易出现权责不清、相互推诿、保护缺位等问题。具体而言，部分城市由于城市历史文化遗产的所有权、管理权和经营权的界限模糊，为实际掌握这些文化遗产的地方政府及其领导的有关部门，在旧城改造、新城建设等过程中无序使用、处置乃至破坏这些文化遗产提供了空间。此外，许多城市中的高校、国有企业拥有一定行政级别及相应的文化遗产保护权力，使政府及其领导的有关部门忽视或缺乏对相关城市校园文化遗产、工业文化遗存的保护规划，导致这些城市对城市历史文化遗产缺乏整体保护，为扰乱城市传统与现代文化空间分布和在城市历史文化遗产周边新建不合理的文化景观、进而导致城市历史文化的空间脉络迷失提供了空间。

第二，相关法律法规落实不到位。部分城市政府部门、市场主体等为片面追求短期政绩或经济效益，利用相关法律法规不完备或者惩处措施不严的漏洞，忽视甚至逾越相关法律法规推进旧城改造、城市基础设施建设、商业开发等，对城市历史文化遗产造成损害。具体而言，不顾《中华人民共和国文物保护法》第二十条规定的"建设工程选址，应当尽可能避开不可移动文物；因特殊情况不能避开的，对文物保护单位应当尽可能实施原址保护"[1]，在旧城改造中未经法律规定的相关部门批准就损坏、迁移或拆除城市历史文化遗产；不顾《历史文化名城名镇名村保护条例》第三十四条规定的"建设工程选址，应当尽可能避开历史建筑；因特殊情况不能避开的，应当尽可能实施原址保护"[2]，在新建和扩建基础设施和公共服务设施中直接迁移或拆除城市历史文化遗产；不顾《中华人民共和国文物保护法》第二十六条规定的"使用不可移动文物，必须遵守不改变文物原状的原则，负责保护建筑物及其附属文物的安

---

[1] 《中华人民共和国文物保护法》，《中华人民共和国全国人民代表大会常务委员会公报》，2015年第3期，第638~648页。

[2] 《历史文化名城名镇名村保护条例》，《中华人民共和国国务院公报》，2008年第15期，第27~33页。

全，不得损毁、改建、添建或者拆除不可移动文物"[①]，导致一些城市历史文化遗产被直接破坏。

此外，部分城市对城市历史文化遗产的存量普查、特色凝练不到位，缺乏关于仿古文化景观建设、民俗文化活动开展、城市历史文化的空间脉络与城市工业遗存保护等方面的统一规划和地方标准，仅重视对现有城市历史文化遗产特别是物质形式的城市历史文化遗产的单体保护，而忽视对新建城市文化景观、新开展民俗文化活动的必要监管，以至于对城市民俗文化逐渐消失、城市历史故事传承乏力的干预不足，并助长了伪造城市历史文化遗产之风和城市历史文化的空间脉络迷失。并且，部分市场主体、城市居民等保护城市历史文化遗产的意识淡薄，甚至有意损害、肆意伪造城市历史文化遗产，也加剧了城市文化的传承乏力。

三、城市公共文化服务不完善

党的十八大提出加强重大公共文化工程和文化项目建设，完善公共文化服务体系，提高服务效能[②]，为新时期公共文化服务体系的建设指明了方向。2014年3月，中共中央和国务院印发的《国家新型城镇化规划（2014—2020年）》提出在城镇化进程中建立健全现代公共文化服务体系。[③] 2014年以来，国家先后下发《关于进一步做好为农民工服务工作的意见》《关于加快构建现代公共文化服务体系的意见》等文件，通过了《中华人民共和国公共文化服务保障法》等法律法规，对城市领域内的公共文化服务体系建设提供了更加有利的政策支持。但是，目前一些城市的公共文化服务还存在不完善之处，在一定程度上助长了城市文化发展问题。

（一）城市公共文化设施建设存在偏差

城市公共文化设施既是服务城市居民的公共资源，又是一种城市文化。城市公共文化设施建设，既是一项便民举措，也是人文城市建设的重要内容。但在城镇化进程中，城市公共文化设施建设存在一些偏差。第一，偏重硬件建设，忽视内涵建设。将"人文城市"片面理解为由物质形式的现代城市文化所

[①] 《中华人民共和国文物保护法》，《中华人民共和国全国人民代表大会常务委员会公报》，2015年第3期，第638~648页。

[②] 中共中央文献研究室：《十八大以来重要文献选编（上）》，中央文献出版社，2014年，第26页。

[③] 《国家新型城镇化规划（2014—2020年）》，人民出版社，2014年，第58页。

中国特色新型城镇化进程中的城市文化发展研究
——理念、框架与路径

构筑的城市,把公共文化服务项目、资金投入博物馆、文化馆、艺术馆等场馆的建设上。并且,这些场馆的装饰存在豪华化倾向,展示的内容多历史上的帝王将相成就或西方文化成果,片面认为豪华环境、所谓的"高雅"文化能够提升城市居民文化品位,实质上并不能较好满足城市居民深刻理解特色历史文化的需要,甚至在一定程度上还会助长城市文化的功利化倾向。第二,盲目跟风,存在偏重短期利益的现象。不顾本地实际而盲目借鉴外地发展文化旅游的经验,追求短期的文化旅游溢出效益,大量举债建造"古街""古城"等,并鼓励和吸引相应社会投资,不仅导致许多公共文化设施的同质化,造成公共文化资源的浪费,还在社会上起到了负面的导向作用,使得许多市场主体热衷于文化抄袭,加剧了城市文化景观的同质化。第三,追求短期政绩,重观赏型城市文化建设。[①] 热衷于建设城市地标建筑、城市标志性广场和雕塑等,并在建设这些公共文化设施的过程中脱离本地特色,生硬照搬照抄其他城市乃至国外公共文化设施的面貌,既破坏城市历史文化的空间脉络,又浪费公共文化资源,甚至为西方文化元素侵蚀城市历史文脉提供了空间。第四,不合理地布局城市公共文化设施。有的政府部门同房地产开发商合作,侧重在相关房地产项目附近布局高质量的公共文化设施,导致这些公共文化设施对广大城市居民的服务能力有限。

(二)城市公共文化服务的同质化倾向

城市公共文化服务是政府的一项重要职能,具有鲜明的公共性。它本质上是全体城市居民公共享有的服务,以实现城市居民的基本文化权益为基本出发点,向城市居民提供无偿或廉价的文化服务。但在当前的城镇化进程中,城市公共文化服务存在同质化倾向,制约着城市文化的健康发展。第一,城市之间公共文化服务的同质化倾向。目前,国内缺乏完备的城市公共文化服务建设的标准和要求,有公信力的城市公共文化服务评价指标体系和评价方法尚待形成。在此背景下,许多城市往往寄希望于借鉴优秀经验,照搬其他城市的城市公共文化服务项目。其中,有的城市照搬经济效益较好的城市公共文化服务项目,大办各类"文化节""美食节"等,生硬移植外地的民俗文化,导致脱离城市历史文脉的民俗文化滋生和城市文化活动的同质化;有的城市将国外的城市公共文化服务形式视为榜样,倾向于提供所谓"西式、现代"的城市公共文

---

① 陈少峰,王帅:《城镇化进程中的城市文化建设》,《中国特色社会主义研究》,2014年第2期,第81~85页。

化服务,如展览馆、公共博物馆重展示西方文化成果、轻展示城市原有文化成果,为国外文化元素的无序融合提供了空间。第二,不同城市居民群体公共文化服务的同质化倾向。未细致研究城市居民群体的文化需要,缺乏推动实现基本公共文化服务均等化的具体标准和操作细则,提供的城市公共文化服务缺乏针对性,往往倾向提供同质性的公共文化服务。比如,多以城市原有居民的文化需要和认知习惯为中心,组织城市公益演唱会、戏曲曲艺表演、艺术展览等,而忽视引入城市移民文化元素,导致这些城市公共文化服务项目并不契合城市移民的文化需要和认知习惯,不被城市移民接受,仅成为城市原有居民独享的"文化盛宴"。如此,既制约了城市公共文化资源的有效利用,又加剧了城市移民文化的边缘化发展。

(三)城市公共文化服务的可及性不足

从理论上看,城市公共文化服务应该惠及全体城市居民。但是,在城镇化进程中,伴随城市移民进入城市,城市公共文化服务面临一些困难:一是受经济发展水平和政府财政状况的限制,政府不愿因城市文化福利过高而形成"福利洼地",从而承担大量城市移民涌入城市享受公共文化服务的压力;二是加大政府调查和把握城市移民群体文化需要的难度,导致城市公共文化服务对城市移民的可及性不足。这种不足集中表现为作为规范城市文化的城市公共管理制度,对城市移民的限制甚至排斥。在当前的城镇化进程中,虽然约束城市移民在城市定居特别是农民工市民化的各种制度瓶颈逐步被破除,但是各项城市公共管理制度对城市移民的接纳度仍然还有待加强。比如,许多城市特别是大城市偏向接纳高学历、高技术和有一定经济条件的城市移民,并通过设置技术门槛、投资门槛、收入门槛或社保缴纳门槛等限制文化程度和经济收入偏低的城市移民特别是农民工在城市定居,导致他们难以平等地享受城市公共文化服务。如此,不仅会降低城市移民对城市公共文化服务的满意度,增强他们对城市及其文化的疏离感,加剧城市移民文化的边缘化发展,同时还会制约城市移民消费高质量的城市公共文化服务,一定程度上加剧城市文化空间的分化。相关调查显示,就农民工对城市政府提供公共文化服务的满意度而言,选择"非常满意"和"满意"的人数仅为受调查者的17.5%,而选择"不满意"的人数则达到受调查者的22.2%(见图3-1)。这说明一些农民工对城市公共文化服务的满意度偏低,现有城市公共文化服务还未能很好满足许多农民工的文化需要,其可及性还有待进一步增强。此外,政府在为不同城市居民群体提供同质性的公共文化服务的同时,往往易忽视城市原有居民中贫困人口、残疾人、空巢老人等弱势群体的文化需要和认识习惯,导致这些弱势群体难以充分享受适用性强的城市公共文化服务,加剧城市文化空间的分化。

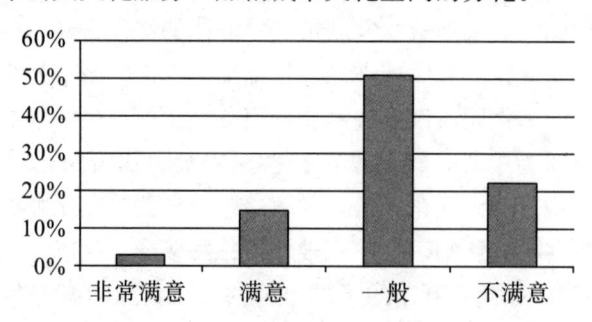

图 3-1　农民工对城市政府提供公共文化服务的满意度

数据来源:江刘伍,沈梅:《当代中国农民工公共文化服务现状及路径探究》,《艺术百家》,2015 年第 5 期。

(四) 城市居民文化诉求表达机制不畅

城市公共文化服务的实现是供给与需求共同作用的过程,需要作为主要供给者的政府与作为需求者的城市居民共同参与。但是,目前在城市公共文化服务过程中存在城市居民文化诉求表达机制不畅的问题,使得政府一味单向供给、城市居民则处于被动接受地位。一方面,从制度体系上看,党的十八届三中全会提出建立群众评价和反馈机制,推动文化惠民项目与群众文化需求有效对接[1],指明了新时期城市公共文化服务制度建设的重要方向。2015 年 1 月,中共中央办公厅、国务院办公厅印发的《关于加快构建现代公共文化服务体系的意见》提出创新基层公共文化管理机制,健全民意表达和监督机制,引导城市社区居民和村民参与公共文化服务项目规划、建设、管理和监督,维护群众的文化选择权、参与权和自主权[2],进一步明确了畅通城市居民文化诉求表达渠道、引导城市居民参与城市公共文化服务的要义。当今,虽然已有相关政策导向,但缺乏较为系统的、保障城市居民文化诉求表达的制度体系。另一方面,从表达渠道上看,城市居民可以通过人大代表、政协委员、社会组织、大众传媒、信访和行政诉讼等渠道表达文化诉求。但由于相关制度体系不完善、城市公共管理制度对城市移民的部分排斥和城市原有居民中的弱势群体利用这

---

[1] 中共中央文献研究室:《十八大以来重要文献选编(上)》,中央文献出版社,2014 年,第 534 页。

[2] 《中共中央办公厅、国务院办公厅印发〈关于加快构建现代公共文化服务体系的意见〉》,中华人民共和国中央人民政府网,http://www.gov.cn/xinwen/2015-01/14/content_2804250.htm。

些渠道表达文化诉求的素质、能力有限，以及一些政府工作人员不重视这些渠道所反映的群众文化诉求信息，使这些渠道不能有效满足城市居民特别是城市移民和城市原有居民中弱势群体表达文化诉求的要求。如此，导致政府提供的公共文化服务对城市居民缺乏足够的吸引力和适用性，造成公共文化资源的浪费，降低城市公共文化服务的效能。同时，还会助长部分城市政府在供给城市公共文化服务上的盲目性，加剧各种城市文化发展问题的滋生。

（五）城市公共文化服务的评价机制不完善

目前，部分城市政府在城市公共文化服务的评价过程中，重完成任务、轻效能评价，未能切实将城市公共文化服务效能作为考核评价领导班子和干部政绩的重要指标以及城市公共文化机构绩效考评的重要指标，且这些效能的高低难以切实作为确定相关预算、收入分配与领导干部奖惩的重要依据，导致一些政府工作人员特别是领导干部对城市公共文化服务重视不足。并且，许多城市缺乏城市公共文化服务的第三方评价机制，往往是政府"自己实施、自己评价"，导致一些城市的公共文化服务评价缺乏客观性。如此，会使城市公共文化服务效能难以得到保障，制约城市公共文化服务的良性发展，并为一些城市政府盲目建设城市公共文化设施、供给适用性不强的城市公共文化服务甚至相关领域的寻租腐败现象滋生提供了空间。

四、城市文化商品生产与消费不合理

在城市中，一些城市文化资源具有一定的经济价值，能够作为城市文化商品被生产和消费。马克思指出，生产决定消费，生产为消费提供材料、对象，给予消费以消费的规定性、消费的性质，使消费得以完成。[①] 城市文化商品生产对城市文化商品消费的对接和满足，促使城市文化商品生产与消费的相对均衡发展。同时，城市文化商品生产创造出一些新的城市文化内容与形式，并创造出新的城市文化商品消费需求。如此，会使城市文化创新活动影响城市文化商品的供求关系及其价格，从而使城市文化商品的内容、形式的创新和差异成为扩大市场份额、实现利润最大化的关键。[②] 总的来看，城市文化商品生产通

---

① 中共中央马克思恩格斯列宁斯大林著作编译局：《马克思恩格斯文集（第8卷）》，人民出版社，2009年，第16页。
② 邓安球：《文化产业发展理论研究——兼论湖南文化产业发展》，江西财经大学博士学位论文，2009年，第49页。

中国特色新型城镇化进程中的城市文化发展研究
——理念、框架与路径

过创造新的城市文化内容与形式,为城市文化发展提供新的文化资源;并且,通过影响城市文化消费的内容与形式,在城市中构建起相应的文化环境。城市文化商品消费则为城市文化商品生产提供市场需求,影响城市文化商品生产的方向。在城镇化进程中,合理的城市文化商品生产与消费,会使城市文化的内容和形式得到有效的创新,从而推进城市文化发展;相反,则会制约城市文化发展。

（一）城市文化商品的生产不合理

在当前的城镇化进程中,城市文化商品生产的不合理阻碍了城市文化发展。从市场机制来看,文化产业的产业性必然先天地导致文化产品的商品特性空前凸现,并且为了创造可观的经济效益而推行相当程度的规模生产,就必然依循大工业标准化、模式化的生产方式,追求大批量的投入和产出,这就导致了文化制作中大量复制、模仿、"赝品"和一次性消费商品。[①] 在城镇化进程中,一些市场主体在经济利益驱动下,大量生产内涵浅薄、同质性强的城市文化商品,并热衷于简单地、毫无鉴别地将各种国外文化元素特别是西方文化元素融入城市文化商品,加剧了城市文化的庸俗化、同质化倾向和国外文化元素的无序融合。与此同时,一些市场主体打着发展文化旅游、文化创意、文化休闲等产业的旗号,对城市文化资源进行有选择性的传承与开发,甚至伪造、破坏城市历史文化遗产,既导致短期经济价值偏低或无短期经济价值的城市文化资源流失,又为各种"伪文化、假文化"的滋生提供了温床。并且,这些负面的城市文化通过所谓"文化下乡"活动以及网络等方式传播到农村,冲击农村文化,并进一步导致农村文化的发展危机。

（二）城市文化商品的消费不合理

在社会利益格局的复杂背景下,城市文化商品消费呈现分化态势,促使城市文化空间分化和一些负面的城市文化滋生。伴随市场经济的发展,当前的社会利益格局日益复杂化。近年,中国的基尼系数持续偏高。数据显示,2003—2015 年,基尼系数持续保持在 0.473 以上;2009—2016 年,基尼系数虽从

---

① 金元浦:《文化市场与文化产业的当代发展》,《社会科学战线》,1995 年第 6 期,第 38~41 页。

0.49下降至0.465，但仍高于0.4的贫富差距警戒线（见图3-2）。① 并且，财产性收入的分布极为不均等，收入最高的1%的居民拥有的财产性收入很可观。② 可见，尽管中国社会的贫富差距有缩小的趋势，但仍处于较高的水平。在此背景下，城市居民的城市文化商品消费也呈现分化。

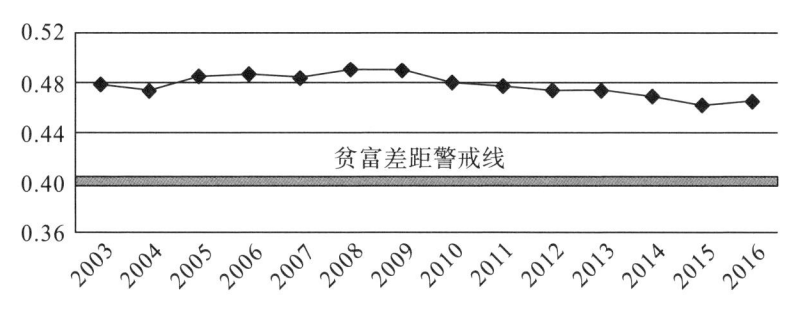

图3-2 2003—2016年全国居民收入基尼系数

一方面，经济收入水平较高、文化消费能力较强的城市居民拥有更多资金投入发展性和享受性消费。其中，一些人或者将奢华的城市文化商品作为高雅的标志，或者片面追求"纸醉金迷"的奢侈生活方式，接受、认同甚至宣扬拜金主义、享乐主义、消费主义等西方腐朽价值观，以至于热衷追求和消费奢华的城市文化商品。对此，市场主体在利益驱动下，使其生产的城市文化商品倾向于满足这些人的需要，为一些外表奢华、内涵肤浅的同质化、功利化、粗鄙化的城市文化产生以及西方腐朽文化融入城市提供了空间，加剧了城市文化的同质化、庸俗化和外来文化元素的无序融合。并且，由于经济收入较高、文化消费能力较强的城市居民群体，如政府官员、大企业所有者等，往往在城市社会交往中处于优势地位，对其他城市居民的行为起到示范作用，他们热衷于购买奢华城市文化商品，会在社会上产生推崇奢华城市文化商品的导向，从而加剧城市文化商品消费的奢侈化。

另一方面，经济收入水平较低、文化消费能力较弱的城市居民则更多倾向于生存性消费。其中，一些人为节约生活成本，自觉抑制文化需要，导致对城市文化商品特别是高质量的城市文化商品消费不足。如此，会加剧和固化城市文化空间分化。此外，城市文化商品消费还存在功利化乃至粗鄙化等问题。一

---

① 《2015中国经济成绩单四大看点：基尼系数"七连降"》，人民网，http://sc.people.com.cn/n2/2016/0119/c346366~27577103.html；《2016年全国城乡收入差距进一步缩小》，人民网，http://politics.people.com.cn/n1/2017/0120/c1001~29039208.html。

② 迟巍，蔡许许：《城市居民财产性收入与贫富差距的实证分析》，《数量经济技术经济研究》，2012年第2期，第100~112页。

些城市居民不基于个人发展需要而热衷于纯粹性、消遣性的娱乐性消费，甚至出现各种格调和档次庸俗低下的腐败、黄色、暴力、迷信等低俗化消费[①]，为这些腐朽文化渗透和腐蚀城市文化提供了空间，加剧城市文化的庸俗化。

五、社会主体参与城市文化发展不充分

在城镇化进程中，城市社区、城市文化类社会组织和城市居民，通过提供文化服务或开展文化参与实践，对城市文化发展起着促进作用。然而，城市社区的文化服务可及性不足、城市文化类社会组织发展不合理和城市居民文化参与不足，则会在一定程度上引发或加剧城市文化发展问题。

（一）城市社区的文化服务可及性不足

"社区"的概念由德国社会学家 Ferdinand Tonnies 提出，他认为社区是人与人之间的一种共同体。费孝通认为，社区是若干社会群体或社会组织聚集在某一地域里形成的一个在生活上相互联系的大集体。[②] 总的来看，社区是一定居民组成的共同体，体现社会上人与人、社会群体与社会群体或社会组织与社会组织的集聚程度，是一种特定社会关系的集合。城市社区，是"社区"概念在城市领域的展开。2000年11月，中共中央办公厅和国务院办公厅转发的《民政部关于在全国推进城市社区建设的意见》指出，社区是指聚居在一定地域范围内的人们所组成的社会生活共同体，城市社区一般是指经过社区体制改革后作了规模调整的居民委员会辖区。[③] 这从行政职能上对城市社区进行了界定。《国家新型城镇化规划（2014—2020年）》则提出强化社区自治和服务功能。[④] 城镇化进程中，城市社区在完善城市社会治理、利民惠民等方面具有重要作用。

城市社区作为服务城市居民的重要组织形式，承担供给文化服务的职能。首先，城市社区承担城市公共文化服务职能。在中国，城市社区的委员会在行政上受到作为政府派驻机构的街道办等的领导，成为政府相关政策的执行者。同时，城市社区作为连接政府与城市居民及相关组织的纽带，其委员会联系城

[①] 刘国皇：《生态文明理念视域下的文化消费审视》，《福建农林大学学报（哲学社会科学版）》，2012年第5期，第76~80页。
[②] 杨海涛：《城市社区网格化管理研究与展望》，吉林大学博士学位论文，2014年，第18页。
[③] 《中共中央办公厅、国务院办公厅关于转发〈民政部关于在全国推进城市社区建设的意见〉的通知》，《中国民政》，2001年第1期。
[④] 《国家新型城镇化规划（2014—2020年）》，人民出版社，2014年，第60页。

第三章　中国特色新型城镇化进程中城市文化发展的问题审视

市居民以及业主委员会、物业公司等，承担着对城市居民及相关组织的服务职能。一般而言，城市社区作为城市公共文化服务体系的一种单位，在政府影响下对城市居民及相关组织提供公共文化服务，延伸了政府提供公共文化服务的职能。其次，城市社区承担促进城市文化创新的职能。城市社区通过组织城市居民及相关组织进行交流互动，建设文化设施和开展各种文化活动，有助于生产出新的服务城市居民及相关组织需要的城市文化产品，实现文化创新，形成新的社区文化。最后，城市社区承担引导城市居民思想的职能。城市社区通过开展社区教育、社区文化活动等，将爱国主义教育基地、社区广场、社区公园、社区文化站等文化设施作为传播先进文化和现代城市精神的阵地，使它们成为城市居民凝聚共识、互相交流感情和丰富日常生活的载体[1]，并对城市居民的思想及相应行为进行引导。

在城镇化进程中，城市社区履行文化服务职能，成为促进城市文化发展的重要基层社会单位。然而，当前城市社区的文化服务可及性不足，导致了相应城市文化发展问题。第一，城市社区重行政化运作，对城市居民文化需要的回应不足。城市社区委员会开展的各种文化活动大多遵循街道办的要求进行组织，从而将这种主动的文化服务活动变成被动完成上级要求的事务工作，导致城市居民在参与这些活动的过程中处于被动状态，而文化服务活动的方案设计和运作过程对城市居民文化需要的回应也很有限。并且，由于缺乏城市居民切实参与的反馈和评价机制，社区服务的满意度难以成为继续优化相关文化服务活动的依据。这些问题导致城市社区提供的文化服务对城市居民的可及性不足，不能有效保障城市居民的基本文化生活[2]，并无力有效抑制城市文化空间分化的局面。第二，城市社区开展的文化创新不足，对城市文化创新的贡献力不足。城市社区的文化基础设施不尽完备、领导者创新意识不足、文化服务创新机制不健全等[3]，导致社区文化创新发展不足，对城市居民的吸引力和正向影响力有限，既不利于推进城市文化创新，还会在城市发展进程中逐步丧失文化阵地，为腐朽、落后的城市文化滋生、传播提供空间。第三，城市社区对城市移民的文化服务可及性不足，加剧城市移民文化的边缘化。中国传统的城市

---

[1] 陈颜：《论城市社区文化建设》，《西南民族大学学报（人文社会科学版）》，2005年第26卷第1期，第61~64页。

[2] 郑萍：《文化民生视野下的城市社区文化建设研究》，《城市发展研究》，2011年第11期，第115~118页。

[3] 邓艳：《对新时期我国城市社区文化创新研究的探析》，《学理论》，2013年第12期，第71~73页。

中国特色新型城镇化进程中的城市文化发展研究
——理念、框架与路径

社区的治理模式具有封闭性,社区地域界限和相关服务享受主体的资格具体而清晰,在"为城市原有居民服务"的思想影响下,将农民工等城市移民排斥在治理系统之外,不能均等地为城市移民提供文化服务。这不仅不利于对城市移民的思想施加正向而有力的影响,还会固化城市移民文化的边缘化格局,甚至催生出城市移民特有的文化圈如"农民工文化圈"[1],加剧城市移民对城市文化排斥感和对城市的疏离感,进而影响城市的稳定发展。

(二)城市文化类社会组织发展不合理

在现代社会,社会组织发育程度是社会成熟程度的重要标志。中国的社会组织主要包括"社会团体、民办非企业单位、基金会、社会中介组织以及城乡社区社会组织等"[2],其中以"社会团体、基金会和社会服务机构"为主体。[3] 当今,中国的社会组织发展迅速。2005—2017年,社会组织由319762个增加到761539个,增长238.2%。[4] 在城镇化进程中,城市社会组织发展势头良好,对城市发展起着重要作用。首先,城市社会组织可以弥补政府简政放权所带来的市场监管"真空",通过开展行业调查统计、标准制定、资质评定和诚信体系建设等以及开展行业监督和自律,协助政府和市场完善市场经济体制。其次,部分城市社会组织作为第三产业的组成部分,可以助力解决城市的就业问题,为城市集聚优质人才、信息等,促进城市经济增长。再次,城市社会组织可以为城市公共服务体系提供补充,拓宽服务范围,丰富服务内容,通过无偿或抵偿服务等形式弥补政府在公共服务方面的不足,降低政府行政成本。最后,城市社会组织作为一个社会主体,可以通过矛盾调处、精神慰藉、心理疏导等社会活动,反映城市社会利益诉求,调节城市社会矛盾[5],维护城市社会稳定发展。

在各类城市社会组织中,文化类社会组织具有独特的作用。首先,城市文化类社会组织遵循社会组织自我管理、自我发展、自我完善的要求,能够通过

---

[1] 方堃,冷向明:《包容性视角下公共文化服务均等化研究》,《江西社会科学》,2013年第1期,第177~181页。

[2]《中共中央办公厅印发〈关于加强社会组织党的建设工作的意见(试行)〉》,《人民日报》,2015年9月29日,第11版。

[3]《中共中央办公厅 国务院办公厅印发〈关于改革社会组织管理制度促进社会组织健康有序发展的意见〉》,《中华人民共和国国务院公报》,2016年第25期,第6~12页。

[4] 国家统计局:《中国统计年鉴(2018)》,中国统计出版社,2018年,第738页。

[5] 顾朝曦:《充分发挥社会组织在城市治理中的积极作用》,《中国社会组织》,2014年第11期,第8~11页。

创新社会服务方式或获取政府购买服务项目，取得一定的非经营性收入，既能提升自我发展的水平和质量，又能提供城市就业岗位，助力城市经济增长。其次，城市文化类社会组织能够通过举办各种文化活动，为城市居民提供无偿或低偿文化服务，既满足了城市居民日益增长、多样发展的文化需要，又缓解了政府在公共文化服务上的人员、资金压力，增强城市文化服务对城市居民特别是城市移民及其他弱势群体的可及性，助力城市公共文化服务质量和水平的提升。再次，城市文化类社会组织能够为城市居民自觉参与城市文化建设提供平台，用社会组织倡导的公益理念与志愿精神感召其参与者，让社会主流文化在他们参与公益活动或志愿服务的过程中潜移默化地影响、感召他们，对他们起到思想引领的作用。最后，城市文化类社会组织作为文化生产主体，通过减贫济困、安老抚幼、环境保护等社会公益活动，能够繁荣社会组织内部文化和公益性的社会文化，培育和传播奉献意识、集体意识等优秀意识，弘扬社会正能量。

在当前的城镇化进程中，城市文化类社会组织发展不合理，一定程度上不利于城市文化发展。第一，城市文化类社会组织与政府的关系问题。目前，政府是城市社会文化服务的主要供给者，掌握着对城市文化类社会组织的准入、审批和监管等权力。相较而言，许多城市文化类社会组织在法治框架下缺乏相对独立性，其文化服务的总体方向受到政府的影响较大。在此背景下，政府在城市历史文化遗产保护和城市公共文化服务等方面存在的问题，也会反映到城市文化类社会组织的行为上，从而难以很好地发挥它们在解决相关城市文化发展问题方面的作用。第二，城市文化类社会组织的运作策略过于偏向市场化。一些城市文化类社会组织以盈利和避税为目的，打着公益服务的旗号，变相开展经营性活动，甚至宣扬同质化、功利化、粗鄙化的城市文化，导致它们提供的公共文化产品"味道"不足乃至"变味"，不仅对城市居民特别是城市移民及其他弱势群体的文化服务能力有限，还加剧城市文化的同质化和庸俗化。第三，城市文化类社会组织的违法行为。一些城市文化类社会组织受到境外势力操控，通过"文化入社区""文化入工厂""文化下乡"等方式，以开展公益文化活动为名，在城乡传播西方消费主义等西方腐朽文化，推进国外文化元素的无序融合和消极城市文化对农村文化的腐蚀。此外，由于一些城市对城市文化类社会组织管理的缺位，以及城市居民小范围自发组织同城市文化类社会组织存在相似行为的"驴友会""茶友会"等现象难以监管，导致一些城市文化类社会组织存在的问题得不到有效纠正和一些城市居民的相关社会参与行为得不到有效引导，加剧城市文化发展问题。

(三) 城市居民文化参与不足

城市居民是促进城市文化发展的主体，通过文化参与（即通过消费文化产品，满足特定文化需要的过程），对城市文化发展起着重要作用。然而在城镇化进程中，传统社会关系的变迁会加剧城市居民深层次的文化焦虑或迷茫，导致一些城市居民文化参与不足，催生相关城市文化发展问题。

在中国传统社会中，基于亲缘乡缘的道德秩序作为维系社会关系的纽带，不仅约束着人们的日常行为，还深刻影响着人们的思想和行为，赋予他们的思想和行为以特定的意义。在此背景下，人们的文化生活具有一定封闭性，会更多地关心、认同和参与熟人圈中的文化活动，也更倾向向熟人表达文化诉求和倾诉个人情感。但在城镇化进程中，伴随城市开发的深入和人口流动的频繁，城市居民间的传统社会关系濒临或已然瓦解。一方面，城市原有居民从单位大院、大杂院等开放性强的生活区域搬进封闭式小区，使他们原有的熟人圈发生断裂，阻断了他们在新的生活区域内建构熟人圈，导致传统的亲缘地缘关系发生断裂，加剧他们社会关系的离散化状态，使许多城市居民陷于焦虑。另一方面，城市移民从临近农村或外地迁入城市，本已脱离原有的熟人圈，使传统社会关系对他们失去影响力和约束力。同时，面对城市中急剧变化和复杂化的社会关系，在难以适应的条件下，也易使他们产生深层次的文化焦虑。受此影响，许多城市居民倾向用各种社会距离来缓解传统社会关系变迁所带来的焦虑，进而弱化他们同陌生人参与公共文化活动的积极性。同时，城市生活的冷漠和生疏，会消解他们对新的生活环境的情感归属，从而在"互不相关的邻里"关系中失去参与公共文化活动的情感依托和行为动力。[①] 如此，便会削弱城市居民表达文化诉求的动力，使他们确认和建构个体文化身份的需要不能得到有效满足，造成城市公共文化资源的利用率不足，还会保持甚至拓宽城市原有居民之间、城市移民同城市原有居民之间的社会距离，进而加剧城市文化空间分化和城市移民文化的边缘化。

此外，部分城市居民文化素质不高、城市盲目开发建设、西方"和平演变"等，也会导致城市文化发展问题。

第一，受自身文化素质局限，部分城市居民的文化参与行为存在偏差。其中，一些人未能认识到城市历史文化的历史价值乃至经济价值，不能自觉传承

[①] 颜玉凡、叶南客：《城市社区居民公共文化服务弱参与场域的结构性因素》，《南京师大学报（社会科学版）》，2016年第2期，第57~66页。

和保护城市历史文化遗产,甚至成为这些文化遗产的破坏者;一些人为满足个人的文化消费需求而损害他人的利益,如于休息时间在城市居民集中居住区大声播放跳广场舞的音乐,使本来健康的城市文化活动成为扰民的"粗鄙"活动,导致相关城市文化的庸俗化发展。

第二,城市盲目开发建设[①],会诱发各种城市文化发展问题。部分政府"既当裁判员又当运动员"的角色定位导致城市开发活动脱离群众期待,出现盲目性。在此背景下,诸多城市文化发展问题不断滋生。首先,以城市开发为名,损害城市历史文化遗产。部分城市政府与房地产开发商、旅游开发商等紧密结合,在城市历史文化遗产的历史价值和经济价值中优先选择经济价值,让城市历史文化遗产保护为其过度开发让路,大张旗鼓地拆掉旧的"真城市历史文化遗产"、建造新的"假城市历史文化遗产",甚至打着"城市文化发展"的名义圈地开展房地产开发,对城市历史文化遗产传承与保护带来严重威胁。其次,在城市开发过程中,为迎合部分城市居民奢华、庸俗、媚外等消费需要,一些市场主体逾越道德或法律的底线,将大量充斥西方腐朽价值观的商品引进城市,在建筑风格、商品宣传等方面求新求异、求洋求怪,营造了畸形的城市市场氛围,引起城市文化的功利化、粗鄙化偏向,并为西方消费主义等腐蚀城市居民和负面城市文化腐蚀农村文化提供空间。再次,在城市开发过程中,忽视城市居民参与,导致城市居民的文化诉求不能得到有效满足。城市居民中的弱势群体,如被拆迁市民、城市移民,在城市开发过程中缺乏主体地位[②],使城市开发成为一些市场主体的逐利活动而缺乏对城市居民经济、文化等诉求的认知和有效满足。如此,不仅难以充分发挥城市居民对城市开发行为的监督作用,也难以充分满足城市居民特别是城市弱势群体的文化诉求,加剧城市移民文化的边缘化和城市文化空间的分化。最后,在城市开发过程中,大拆大建,导致城市原有的社会组织结构、社会网络和城市居民间的邻里关系被破坏,造成维系城市居民间传统秩序的社会关系逐步解体,从而带来一系列的犯罪、失

[①] 城市开发是指以土地利益和空间效益为指向的旧城改造、城市更新和土地开发活动。(参见陈映芳:《城市开发的正当性危机与合理性空间》,《社会学研究》,2008年第3期,第29~55页。)其主体涉及政府、市场主体、城市居民等。其中,政府是城市开发政策的制定者和实施者,其通过"危改"等获得土地,进而以地招商、吸引投资,开展大规模的城市开发。(参见施芸卿:《增长与道义:城市开发的双重逻辑——以B市C城区"开发带危改"阶段为例》,《社会学研究》,2014年第6期,第49~73页。)市场主体在经济利益驱动下,同政府开展合作,投入经济要素参与城市开发。城市居民则主要是城市开发过程的被动参与者。

[②] 施芸卿:《增长与道义:城市开发的双重逻辑——以B市C城区"开发带危改"阶段为例》,《社会学研究》,2014年第6期,第49~73页。

业、人情淡漠等社会问题[1]，削弱城市居民特别是城市原有居民共同传承城市历史文化和共同维护文化权益的积极性、自觉性，从而弱化推进城市文化发展的群众力量。

第三，西方"和平演变"作为国外因素，会对中国城市文化发展带来一定冲击。新中国自成立以后，就一直面临着西方"和平演变"的威胁。毛泽东指出：美帝国主义力图对社会主义国家推行"和平演变"政策，实行资本主义复辟，瓦解社会主义阵营。[2] 改革开放以后，伴随对外经济文化交往日益密切，中国面临西方"和平演变"的威胁越来越大。特别是在苏东剧变以后，西方国家将"和平演变"的主要矛头对准最大的社会主义国家——中国，试图"西化"和"分化"中国。在中国的城镇化进程中，西方"和平演变"对城市及其文化发展带来了极其严重的影响。

---

[1] 单霁翔：《从"功能城市"走向"文化城市"》，天津大学出版社，2007年，第157页。
[2] 毛泽东：《毛泽东文集（第8卷）》，人民出版社，1999年，第355页。

第四章　中国特色新型城镇化进程中城市文化发展的基本理念

理念决定方向，方向决定出路。中国特色新型城镇化进程中的城市文化发展是一个涉及面较广的、复杂的过程，其基本理念的选择需要结合相关理论论述、历史经验、现实问题和国外经验来进行综合考虑。基于此，本书依据中国特色新型城镇化对城市文化发展的内在要求，认为应坚持传承发展、创新发展、包容发展、协调发展、共享发展的理念。在传承发展中解决城市历史文化传承乏力问题，在创新发展中纠正城市文化同质化、庸俗化倾向等问题，在包容发展中解决外来文化融合问题，在协调发展中解决城乡文化发展不均衡问题，在共享发展中解决城市文化空间分化问题及城市居民发展的深层问题。

第一节　传承发展，延续城市历史文脉

城市是"时间的产儿"，它通过城市历史文脉承载城市记忆，记录城市与人的历史关系，特别是记录城市居民群体对城市和对自己"曾经采取过什么态度"。马克思强调，不能将城市与"它自己的智慧分开"[1]，否则就不可能变成城市。延续城市历史文脉，既可以帮助城市居民回味城市记忆，又可以指引城市居民以史为鉴，明确自己的文化身份，并基于此产生相应的文化需要和行为，促进城市及其居民发展。其中，城市历史文脉是在城市发展历程中遗留下来，表征城市及其居民风格、特点、气派的城市历史文化的总和。当今，坚持传承发展理念，传承城市历史文化，延续城市历史文脉，是中国特色新型城镇化进程中的必然选择。

---

[1] 中共中央马克思恩格斯列宁斯大林著作编译局：《马克思恩格斯全集（第40卷）》，人民出版社，1982年，第302页。

中国特色新型城镇化进程中的城市文化发展研究
——理念、框架与路径

一、中国特色新型城镇化要求传承城市历史文化

传承城市历史文化，是中国特色新型城镇化的内在要求。

第一，中国特色新型城镇化遵循坚持和发展中国特色社会主义的基本要求，将传承城市历史文化作为其题中之义。中华民族在中国历史发展进程中，通过漫长的积极的奋斗，积累了丰富多彩且内容充实的历史文化。中华民族的历史文化包含中华优秀传统文化、优秀近代社会文化等，体现中国社会变迁的基本轨迹和文明成就，成为中华民族宝贵的文化财富。当今，中华民族的历史文化为坚持和发展中国特色社会主义提供丰富的文化养分，构成坚定中国特色社会主义文化自信的内容基石。习近平强调，历史和现实都表明，一个民族不能背叛自己的历史文化。[1] 坚持和发展中国特色社会主义，必须深刻承续民族文化基因。因此，城市历史文化作为中华民族历史文化在城市领域的存在形态，必然要求在作为坚持和发展中国特色社会主义重要内容的中国特色新型城镇化进程中得到传承。

第二，中国特色新型城镇化具有以人为核心的内在特点，将传承城市历史文化作为促进城市居民全面发展的必然选择。实现人的全面发展，不仅需要有维持衣、食、住等的生存资料，还需要有充实的文化消费资料。正如习近平所言，人民的需求是多样的，他们对精神文化生活的需求时时刻刻都存在。[2] 从内容上看，人民群众不仅需要消费现代文化，以适应时代发展的潮流和丰富精神文化生活，促进自身思想和行为的现代化；还需要消费历史文化，以确认、建构个体文化身份和识记民族历史记忆，以及传承民族优秀文化传统和历史智慧，树立民族自豪感和自信心，使自身能够运用民族特有的文化内容与形式来解决在中国社会中存在的具体问题。在城市领域，城市居民要实现全面发展，就需要认知、消费储存民族历史智慧和城市历史记忆的城市历史文化，树立对城市的认同感、归属感、自豪感以及对城市发展的自信心，更好地在城市生活中解决具体问题。而中国特色新型城镇化作为以人为核心的城镇化，必然要以充分满足人民群众的文化需要为重要内容，通过传承城市历史文化为人民群众提供充实的文化消费资料。

第三，中国特色新型城镇化具有以市场驱动为主和更好发挥政府作用的内

---

[1] 习近平：《在哲学社会科学工作座谈会上的讲话》，人民出版社，2016年，第17页。
[2] 中共中央文献研究室：《十八大以来重要文献选编（中）》，中央文献出版社，2016年，第127页。

在特点,将传承城市历史文化作为促进城市经济发展的重要支撑。一方面,许多城市历史文化不仅拥有一定的历史价值,还能作为经济资源,拥有一定的经济价值,驱使许多市场主体在城镇化进程中传承它们。城市历史文化作为一定城市历史的表征,因其富有历史特色而具有稀缺性。在市场经济条件下,许多城市历史文化资源也会因其稀缺性而富有经济价值。一般而言,一种被多数人认同并乐于交换的商品的稀缺性越强,其所蕴含的经济潜力就越大。鉴于此,许多市场主体会倾向通过发掘和发挥城市历史文化资源的稀缺性特点,投身于相关城市历史文化的传承实践中。如此,对市场主体而言,既有利于发挥城市历史文化资源的经济潜力,因契合城市居民固有文化消费习惯而拥有市场,还有利于降低产品创新的成本。因此,在中国特色新型城镇化进程中,传承城市历史文化成为一种重要的市场行为。另一方面,政府在中国共产党的领导下,作为人民群众利益的实现者、维护者和发展者,会为了维护城市及其居民的发展利益而推进城市历史文化传承。为此,在中国特色新型城镇化进程中,政府开展城市历史文化传承工作,能更好发挥对相关负面市场行为的约束作用,如监管和制止对城市历史文化资源的过度开发、直接破坏等行为,促进城市历史文化的合理传承。

第四,中国特色新型城镇化注重社会效益的内在特点,将传承城市历史文化作为促进城市社会繁荣发展的重要途径。城市是城市居民共同工作、生活的家园,城市社会是由城市居民共同组成的社会形式。在城市社会中,城市历史文化是维系其发展的重要资源以及城市居民各种联系得以形成和深化的重要支撑。首先,城市历史文化的构成丰富多彩,既体现出城市社会在历史发展进程中遗留下来的特色成果,又构成城市本土特色的文化标识和城市历史文脉的主体内容。其次,城市历史文化体现城市社会变迁的印记,记录着城市社会解决"做什么对城市社会有益""做什么对城市社会无益""城市社会由什么构成、有什么意义诉求、该向何处发展"等问题的历史记忆,构成城市社会传承发展经验和规避发展问题的历史镜鉴。最后,城市历史文化体现城市居民共同解决"城市居民如何相处、交往""城市居民如何为城市社会繁荣发展服务"等问题的历史记忆,构成联结城市居民情感的传统文化纽带和维护城市社会和谐的不竭动力。总之,城市历史文化对城市文化发展具有重要的历史和现实价值。而中国特色新型城镇化作为注重社会效益的城镇化,势必要以最大限度地实现城市社会繁荣发展为重要内容,通过传承城市历史文化为城市社会发展提供历史材料和现实参照。

第五,中国特色新型城镇化面临诸多的城市文化传承问题,它们亟待通过

中国特色新型城镇化进程中的城市文化发展研究
——理念、框架与路径

传承城市历史文化加以解决。传承城市历史文化，保护历史文化遗产等优秀城市历史文化，保持城市特色，合理应对城市历史文化传承危机，既符合马克思主义的理论要求，以及各国城市化和城市文化研究者的理论共识，又是国内外城市文化发展的重要经验。但在当代中国，损害和伪造城市历史文化遗产、城市历史文化遗产后继乏力、城市历史文化的空间脉络迷失等问题，却成为制约传承城市历史文化、促进城市文化发展的重要问题。这些问题深刻体现出，城镇化进程中有所偏差乃至错误的城市发展方式对城市历史文化传承的冲击，进而制约城市社会和城市居民发展。2015年12月召开的中央城市工作会议提出，要留住城市特有的地域环境、文化特色、建筑风格等"基因"，保护好前人留下的文化遗产。[①] 鉴于此，中国特色新型城镇化需要以马克思主义关于传承城市历史文化的理论要求为指导，借鉴国内外关于传承城市历史文化的理论成果和实践经验，克服当前城镇化进程中各种问题对传承城市历史文化的挑战，更好促进城市文化发展。

二、传承发展：基本内涵与内在要求

传承城市历史文化，应遵循"传承发展"理念，致力于实现城市文化的传承发展。城市文化的传承发展，是指文化主体继承、保护城市历史文化遗产和维系、优化城市历史文化的空间脉络，使城市文化保持和彰显优秀传统基因与历史特色的发展。具体而言，它的内涵具有以下四个方面的意蕴：其一，它的文化主体既包括党组织、政府、市场主体、社会组织等组织主体，又包括城市居民这一个体主体，但这些主体均具有共同的内在规定性，即作为中华民族的忠实认同者及其文化的坚定传承者，并致力于为中华民族的伟大复兴而实践。其二，它是城市文化发展过程中合理处理城市历史文化与现代城市文化关系的集中体现，寻求让城市历史文化在当代得以保存下来，保持城市历史文化对城市及其居民的固有正向影响；减小同现代城市文化的冲突，为现代城市文化的发展留出空间，进而实现两者的和谐发展。其三，它强调对城市历史文化有所保留的传承，仅延续城市历史文化中符合中国特色社会主义发展要求和中国特色新型城镇化发展现实需要的优秀成分，摒弃其中的落后、腐朽成分。其四，它强调尊重和延续城市历史文化，但反对文化中心主义或文化保守主义，并不排斥城市及其居民同其他文化的接触，也不致力于将城市历史文化作为城市文

---

① 《中央城市工作会议在北京举行》，《人民日报》，2015年12月23日，第1版。

第四章 中国特色新型城镇化进程中城市文化发展的基本理念

化唯一的构成。

在中国特色新型城镇化进程中，城市文化的传承发展有以下两个方面的内在要求：

第一，要延续优秀城市历史文化。习近平强调，在中国特色新型城镇化进程中要传承文化，不能千城一面、万楼一貌。① 延续城市历史文化要在"特"上发力，保持城市历史文化内容和形式的特色。从内容上看，要保持城市历史文化的原意，特别注重体现其内在的"牢固坚持马克思主义的指导性""赓续中华优秀传统文化"等意义要求和"以人为本""共同富裕""民惟邦本""和而不同""敬业乐群""诚以待人""与人为善""天人合一"等具体意义，使城市历史文化的意义能够准确地反映城市历史记忆，成为滋润城市居民精神的文化良品和引领城市居民价值观形成的正向导引。从形式上看，要保持城市历史文化的原貌，不损害和臆造城市历史文化遗产，新建的仿古城市历史文化遗产要契合城市历史文脉，合理保存城市历史文化的空间脉络，使物质形式的优秀城市历史文化能够得以大量、长久保存；承继和传播城市民俗文化，开展有益于保存城市特有的优秀交往准则、风俗习惯的实践，使规范形式的优秀城市历史文化能够后继有力；传承城市历史故事，赓续城市特有的文学艺术形式、优秀价值观念等，使观念形式的优秀城市历史文化能够继续保存并对城市居民产生正向影响。

第二，要适度更新城市历史文化。城市历史文化的形成并非一蹴而就，而是经历了一个持久的历史过程。在此过程中，许多符合社会历史发展潮流和城市及其居民发展要求的文化元素被长久保持，而诸多不适应社会历史发展潮流和城市及其居民发展要求的文化元素则被历史逐渐淘汰。从这个意义上看，城市历史文化的形成和延续，本身就要经历一个"旧事物的灭亡、新事物的产生、新事物逐渐代替旧事物"的发展过程。同时，中国特色新型城镇化作为一个城市发展变迁的过程，要求其各组成要素不断发展。因此，在中国特色新型城镇化进程中，不仅要延续优秀城市历史文化，还要遵循事物发展的内在规律，促进城市历史文化的内容与形式的适度更新。习近平指出，对待传统文化，要坚持古为今用、以古鉴今，坚持有鉴别的对待、有扬弃的继承，实现它们的创造性转化、创新性发展。② 发展城市历史文化，需要具体做到以下两个

---

① 中共中央文献研究室：《十八大以来重要文献选编（上）》，中央文献出版社，2014年，第592页。

② 习近平：《习近平谈治国理政（第2卷）》，外文出版社，2017年，第313页。

方面的内容：一方面，要在把握城市历史文化的历史、现实样态和合理研判城市历史文化发展趋势的基础上，精准作用于城市历史文化，使其与现代城市文化相融相通，并使其发展符合时代发展潮流和城市及其居民的发展需要。另一方面，要充分辨识城市历史文化中的负面成分，防止其在传承和发展城市历史文化的过程中"死灰复燃"，进而演变成为中国特色新型城镇化和城市及其居民发展的文化阻力。

第二节 创新发展，激发文化创造活力

创新始终是一个国家、一个民族发展的重要力量[①]，是引领发展的第一动力。在城市文化发展中，如果动力问题不能得到较好解决，势必难以实现城市文化的持续、健康发展。当今，通过创新发展，在分析城市文化发展的理论、历史与经验的基础上，应对城市文化发展环境的变化、增强城市文化发展动力、把握城市文化发展主动权，激发城市文化创造活力，是中国特色新型城镇化进程中的必然选择。

一、中国特色新型城镇化要求创新城市文化

创新城市文化，是中国特色新型城镇化的内在要求。

第一，中国特色新型城镇化遵循坚持和发展中国特色社会主义的基本要求，将创新城市文化作为重要举措。列宁指出，决不把马克思的理论看作某种一成不变和神圣不可侵犯的东西[②]，而要在各方面创新发展马克思主义。实事求是地促进马克思主义的创新发展，是马克思主义者的基本理论品质和实践取向。在当代中国，坚持和发展中国特色社会主义，是坚持和发展马克思主义的现实形式，需要遵循创新发展马克思主义的内在要求，促进中国特色社会主义的创新发展。习近平指出：中国特色社会主义是全面发展的社会主义。[③] 坚持和发展中国特色社会主义，促进中国特色社会主义创新发展，不仅涉及经济、政治、社会和生态方面，还涉及文化方面。在文化方面，要求坚持中国特色社

[①] 习近平：《习近平谈治国理政（第2卷）》，外文出版社，2017年，第267页。
[②] 中共中央马克思恩格斯列宁斯大林著作编译局：《列宁选集（第1卷）》，人民出版社，2012年，第274页。
[③] 中共中央文献研究室：《十八大以来重要文献选编（上）》，中央文献出版社，2014年，第77页。

第四章　中国特色新型城镇化进程中城市文化发展的基本理念

会主义文化发展道路,激发全社会文化创造活力①,促进文化创新发展。因此,城市文化作为城市领域的社会文化,必然需要在作为坚持和发展中国特色社会主义重要内容的中国特色新型城镇化进程中实现创新发展。

第二,中国特色新型城镇化具有以人为核心的内在特点,将创新城市文化作为促进城市居民全面发展的必然选择。人的全面发展的过程突出"发展",要求遵循新事物代替旧事物的必然规律。从支撑人的全面发展的物质和精神资料来看,就是要求它们不断发展,与时俱进地满足人的全面发展需要。就城市文化而言,其在城市发展进程中生成,作为支撑城市居民发展的重要物质和精神资料,也须遵循不断发展的内在规律。一方面,由于城市居民的需要会随着时代发展而不断更新,使得他们需要的一些城市文化难以满足他们的新需要,迫使这些城市文化必须实现创新,否则将逐渐失去维持其存在和繁荣的主体条件,以及难以满足城市居民日益增长的新需要。另一方面,城市文化是一个时代城市发展水平的基本标识,必须适应城市发展水平。它要求在城市发展进程中不断实现创新,否则将逐渐失去客观存在的现实基础。而城市发展从根本上服务于城市居民发展,因而城市文化创新事实上也是服务城市居民发展的必然要求。当今,中国特色新型城镇化作为以人为核心的城镇化,将促进城市居民发展作为基本任务,势必要通过促进城市文化创新以更好为促进城市居民的全面发展服务。

第三,中国特色新型城镇化具有以市场驱动为主和更好发挥政府作用的内在特点,将创新城市文化作为促进城市经济发展的重要动力。一方面,城市文化不仅是一种文化资源,还能作为一种经济资源,驱使许多市场主体在城镇化进程中不断创新城市文化。伴随城市经济社会的发展,城市居民的消费日趋多样化,不仅会产生新的衣、食、住等方面的生存需要,还会产生新的文化消费需要。鉴于此,许多市场主体为提升满足这些需要的能力,持续提升自身经济实力,会选择创新其提供的城市文化产品。美国的熊彼特认为,创新是把一种从来没有过的关于生产要素的"新组合"引入生产体系。② 在城市文化产品的生产过程中,市场主体基于城市居民的文化消费需要,不仅会创新城市文化的外在形式,还会创新蕴含故事、精神、情感和美学体验等在内的文化内容,以保持城市文化产品的稀缺性和吸引力,从而提升它们的市场竞争力。如此,会

---

① 《以更大的决心和气力抓好改革督察工作　使改革精准对接发展所需基层所盼民心所向》,《人民日报》,2016年7月23日,第1版。

② 李萍:《技术创新与市场经济》,《长白学刊》,2001年第5期,第67~69页。

中国特色新型城镇化进程中的城市文化发展研究
—— 理念、框架与路径

催生和促进城市文化创意产业、城市文化旅游业等城市文化产业的发展，从而推进城市文化创新以及在此过程中繁荣城市文化经济。因此，在中国特色新型城镇化进程中，创新城市文化成为一种重要的市场行为。另一方面，政府会在中国特色新型城镇化进程中运用各项宏观调控手段，不仅优化促进城市文化产业发展的政策供给，为城市文化创新提供良好的政策条件；还规范城市文化类市场主体的市场行为，为城市文化创新提供合理的方向引领，确保城市文化经济健康发展。

第四，中国特色新型城镇化注重社会效益的内在特点，将创新城市文化作为促进城市社会繁荣发展的重要途径。在城市社会中，城市文化是维系社会发展的重要资源，以及使城市居民各种联系得以形成和深化的重要支撑。首先，城市文化由适应城市时代发展要求的文化形式和内容等构成，体现现代城市社会发展的重要成果，成为城市现代特色的文化标识和城市现代形象的基本表征。其次，城市文化富含支撑城市社会稳定与繁荣的现代文化元素，体现着解决"现代城市社会呈现什么样的文化形象、有什么富有时代性的意义诉求、该向何处发展"等问题的现实实践，构成城市社会保持稳定、更加繁荣和向前发展的现实参照。最后，城市文化体现现代城市居民们共同解决"城市居民如何相处、交往""城市居民如何为城市社会繁荣发展服务"等问题的现实实践，构成联结城市居民情感的现代文化纽带和促进城市社会繁荣发展的文化动力。总之，城市文化在促进城市社会繁荣发展方面具有重要的社会功能。创新城市文化，则有利于与时俱进地发挥其社会功能，确保其在时代发展中能够为城市社会繁荣发展提供持续、有力的文化支撑。而中国特色新型城镇化作为注重社会效益的城镇化，势必要在促进城市社会繁荣发展的目标指引下通过创新城市文化，不断增强城市文化的社会功能。

第五，中国特色新型城镇化面临诸多的城市文化创新问题，它们亟待通过创新城市文化加以解决。创新城市文化，促进城市文化产业健康发展，引导城市文化更好服务城市社会及其居民发展，使城市文化发挥正向的经济和社会功能，既符合马克思主义的理论要求，以及各国城市化和城市文化研究者的理论共识，又是国内外城市文化发展的重要经验。但在当代中国，城市文化的同质化、庸俗化以及城市文化空间分化等诸多问题，成为制约创新城市文化、促进城市文化发展的重要问题。这些问题深刻体现出，城镇化进程中有所偏差乃至错误的城市发展方式对城市文化创新的冲击，进而制约城市社会和城市居民的发展。2013年12月召开的中央城镇化工作会议提出，要增强城市创新能力，营造良好就业和生活环境。① 2015 年 12 月召开的中央城市工作会议强调,要推进城市文化领域改革,让创新成为城市发展的主动力,释放城市发展新动能。② 鉴于此,中国特色新型城镇化需要以马克思主义关于创新城市文化的理论要求为指导,借鉴国内外关于创新城市文化的理论成果和实践经验,克服当前城镇化进程中各种问题对创新城市文化的挑战,更好促进城市文化发展。

二、创新发展:基本内涵与内在要求

创新城市文化,应遵循"创新发展"理念,致力于实现城市文化的创新发展。城市文化的创新发展,是指文化主体创新城市文化的内容与形式,使城市文化特色鲜明、内涵健康、适应时代要求的发展。具体而言,它的内涵具体体现在以下四个方面:其一,它的文化主体包括党组织、政府、市场主体、社会组织等组织主体和城市居民这一个体主体,这些主体均具有共同的内在规定性,即作为对城市发展的坚定支持者和对城市文化的认同者和热爱者,致力于为城市及其居民的发展谋福祉。其二,它是城市文化发展过程中实现城市文化本体发展的集中体现,寻求让城市文化保持和彰显特色,增强对当代城市及其居民发展的服务能力;致力于让城市文化增强对新的文化元素的包容和接纳能力,使城市文化保持向前发展的良好态势和维持不断满足城市居民日益增长、多样发展的文化需要的能力。其三,它强调对城市文化有所传承地创新,发扬和传承城市文化中适应时代发展要求的健康、特色成分,摒弃城市文化中的保守、落后成分,使城市文化的形式和内容在"质"和"量"上实现有效更新。其四,它以"创新"为基本特点,一是反对将城市现代文化同城市历史文化对立起来,并不排斥城市及其居民传承城市历史文化,不至于使城市文化因失去特色基因而出现同质化;二是坚持以人民为中心的文化创作导向,不至于使城市文化被过于功利、粗鄙的文化成分侵蚀而出现庸俗化。

创新有其自身特点和内在规律。习近平指出:"要把握创新特点,遵循创新规律,既奇思妙想、'无中生有',努力追求原始创新,又兼收并蓄、博采众长,善于进行集成创新和引进消化吸收再创新。"③ 在中国特色新型城镇化进程中,城市文化的创新发展有以下两个方面的内在要求:

---

① 中共中央文献研究室:《十八大以来重要文献选编(上)》,中央文献出版社,2014 年,第 593 页。
② 《中央城市工作会议在北京举行》,《人民日报》,2015 年 12 月 23 日,第 1 版。
③ 习近平:《在知识分子、劳动模范、青年代表座谈会上的讲话》,人民出版社,2016 年,第 5 页。

中国特色新型城镇化进程中的城市文化发展研究
——理念、框架与路径

第一，要促进城市文化原始创新。城市文化原始创新，是指基于城市特色文化禀赋实现的、具有城市本土特点的文化创新过程。它是一种以问题为导向，以积累为基础的根本性创新。一方面，文化主体基于城市及其居民的现实文化需要，把握城市文化的发展方向，在回应和解决城市文化面临的突出问题过程中实现文化创新，进而增强城市文化对时代发展要求的适应性。另一方面，文化主体凭借对城市文化资源禀赋的理解和把握，将本土特色文化资源作为城市文化创新的原始积累，并通过一定方式将城市文化创新的成果保持和积累下来，从而为今后的城市文化创新提供有效借鉴。在中国特色新型城镇化进程中，促进城市文化原始创新，不仅要把握其导向和基础，还要突出以下三个方面的内容：一是要有原创性，形成和发扬城市文化的本土特色，做到与众不同、特色鲜明，并杜绝对其他异质文化的刻板抄袭；二是要有突破性，使城市文化的内容和形式与时俱进地实现重大创新，不失时机地契合城市发展变革的现实要求，从而使城市文化合理地实现"新陈代谢"；三是要有辐射性，在实现城市文化发展的同时，增强城市文化对经济和社会发展的贡献力，使城市文化因适应城市及其居民发展需要而富有持续创新发展的动力和生命力，城市各类组织和城市居民坚定地成为创新城市文化的积极支持者和参与者。

第二，要促进城市文化集成创新和引进消化吸收再创新。在全球化进程中，文化产品生产实现了参照工业化标准，大规模储存与分配。[①] 在此背景下，技术与文化的融合以及不同文化之间的跨文化融合，使得当代文化创新呈现出集成性的态势。在城市领域，城市文化集成创新和引进消化吸收再创新，是指依托内部整合或外部引进的手段，对城市文化的构成要素进行选择、集成、优化，使它们形成优势互补的文化创新过程。它是一种涉及内部和外部两方面的文化创新过程。一方面，文化主体结合时代要求，对城市文化的内容和形式进行分析把握，通过改变、创新它们各组成成分的构成样态，让其中适应时代要求、能够很好回应和解决城市及其居民发展问题的成分凸现出来，并让其中不适应时代要求、不能很好回应和解决城市及其居民发展问题的成分淡化，进而增强城市文化的时代性。另一方面，文化主体兼收并蓄、博采众长，通过引进异质文化的优秀内容和形式，实现它们与城市文化的融合，进而增强城市文化契合时代要求和满足城市及其居民发展需要的能力。在中国特色新型城镇化进程中，促进城市文化集成创新和引进消化吸收再创新，不仅要遵循其

---

① 李炎，胡洪斌：《集成创新：文化产业与科技融合本质》，《深圳大学学报（人文社会科学版）》，2015年第6期，第107~112页。

过程特点，还要突出以下三个方面的内容：一是要有组织性，从城市文化发展的总趋势出发，注重城市文化各内容和形式有机组合的合理性，不能厚此薄彼；二是要有多样性，在坚持社会主义主流文化主导的基础上，促进城市内部各种文化资源之间以及本土与外来文化资源之间的交叉和融合，使它们各自发挥最大优势，形成优势互补，进而筑牢城市文化创新的内部和外部动力；三是要有带动性，在实现城市文化发展的同时，带动城市经济和社会资源的高效集聚，进而增强对城市及其居民发展的服务能力。

第三节　包容发展，促进外来文化融合

伴随经济全球化和城镇化步伐的日益加快，各种外来文化不断涌入城市，其中的许多文化成分会在城市中落地生根。因此，在城镇化过程中必须合理对待外来文化。当今，通过包容发展，在分析城市文化发展的理论、历史与经验的基础上，合理处理本土与外来文化的关系，促进外来文化元素合理融入城市文化，是中国特色新型城镇化进程中的必然选择。

一、中国特色新型城镇化要求包容外来文化

包容外来文化，是中国特色新型城镇化的内在要求。

第一，中国特色新型城镇化遵循坚持和发展中国特色社会主义的基本要求，将包容外来文化作为其重要选择。中国特色社会主义是当代中国的马克思主义，必然遵循马克思主义发展的内在要求。马克思主义在其创立之初，就借鉴了西方古典哲学、古典政治经济学和空想社会主义等的合理成分；其在发展过程中，也不断借鉴人类社会发展的文明成果，彰显出马克思主义的世界性和时代性特点。习近平强调：中国特色社会主义肯定还要不断发展、不断完善，我们愿意借鉴人类一切文明成果，但不会照抄照搬任何国家的发展模式。[1] 在中国，坚持和发展中国特色社会主义，遵循马克思主义发展的基本要求，既兼收并蓄，注重借鉴人类一切文明成果，又适度作为，注重结合中国实践保持中国特色社会主义的实践特色、理论特色、民族特色和时代特色。而中国特色新型城镇化作为坚持和发展中国特色社会主义的重要内容，也需要合理地借鉴人

---

[1] 《习近平答金砖国家记者问：增进同往访国人民友好感情》，《人民日报》，2013年3月20日，第3版。

中国特色新型城镇化进程中的城市文化发展研究
——理念、框架与路径

类一切优秀文明成果。在文化方面，中国特色新型城镇化需要保持开放的格局，合理地包容和运用外来文化，既借鉴其合理成分，又结合中国城镇化的实践特点拒绝照搬照抄。

第二，中国特色新型城镇化具有以人为核心的内在特点，将包容外来文化作为促进城市居民全面发展的必然选择。各种非农经济和社会要素向城市集聚，是城镇化的一般现象。中国特色新型城镇化进程中，在外来人口和商品进入城市的同时，许多外来文化也会相应地进入城市。在此背景下，包容外来文化，有利于适应中国特色新型城镇化关于促进人的全面发展的现实追求，成为中国特色新型城镇化的必然选择。一方面，包容外来文化有利于丰富城市文化资源，充实满足城市居民文化需要的物质和精神资料。同城市原有文化相比，许多外来文化具有较强的异质性。包容外来文化，合理借鉴外来文化中的优秀元素，不仅有利于充实城市文化资源，拓宽城市居民发展的文化视野；还有利于弥补城市原有文化的内在不足，为城市居民摆脱城市原有文化中的落后成分提供现成的文化参照。另一方面，包容外来文化有利于满足城市移民实现文化消费习惯转变的需要。城市移民到城市后，会在一定时期内保持原有的文化消费习惯，认同和遵循原有的外来文化。若让他们在进城后立即摒弃原有的文化，势必会使他们中的许多人产生文化迷茫和焦虑。因此，有必要允许相关外来文化在城市中存在，并通过逐渐使其与城市原有文化互动融合，助力于循序渐进地促进城市移民市民化，使他们最终在文化层面融入城市。

第三，中国特色新型城镇化具有以市场驱动为主和更好发挥政府作用的内在特点，将包容外来文化作为促进城市经济发展的重要支撑。一方面，许多外来文化可作为经济资源，驱动市场主体在城镇化进程中不断包容外来文化。较城市原有文化而言，外来文化的异质之处使其具备相对的特殊性和稀缺性。鉴于此，许多市场主体会将外来文化产品引入城市，发挥这些文化产品的经济潜力，因契合城市居民求新、求异的文化消费需要而拥有市场；降低相关文化产品传承或创新的成本，助力于实现这些文化产品经济效益的最大化。因此，在中国特色新型城镇化进程中，包容外来文化成为一种重要的市场行为。另一方面，政府会因为外来文化有利于丰富城市文化资源进而满足城市及其居民发展的需要不断推动对外来文化的包容。并且，由于一些市场主体片面迎合城市居民求新、求异的文化消费需要，盲目抄袭异质文化，使外来文化对城市原有文化带来巨大冲击，既消解城市文化的特色，又使城市居民产生文化焦虑和迷茫。鉴于此，政府应在中国特色新型城镇化进程中规范对外来文化的包容行为，消除外来文化对城市及其居民带来的负面影响。

第四,中国特色新型城镇化注重社会效益的内在特点,将包容外来文化作为促进城市社会繁荣发展的重要举措。在城市社会中,外来文化是促进其发展的重要补充,是维系城市移民各种联系的重要中介。首先,外来文化由异质于城市原有文化的文化内容和文化形式构成,体现相应社会在历史发展进程中遗留下来的特色成果,构成相应社会的特色文化标识,能够为本土的城市社会发展提供文化借鉴。其次,外来文化体现相应社会变迁的印记,能够为解决"做什么对城市社会有益""做什么对城市社会无益""城市社会由什么构成、有什么意义诉求、该向何处发展"等问题提供参考借鉴。最后,外来文化体现相应文化主体特别是城市移民共同解决"本群体如何相处、交往、融入城市"和"如何看待城市及其文化"等问题的思路和方法,构成联结城市移民情感的文化纽带和维系城市社会稳定发展的黏合剂。总之,外来文化在促进城市社会繁荣发展方面,具有重要的现实功能。而中国特色新型城镇化作为注重社会效益的城镇化,势必要求注重合理包容外来文化,充分发挥其在服务城市居民、维护城市社会繁荣发展方面的积极功能。

第五,中国特色新型城镇化面临诸多外来文化融合问题,它们亟待通过包容外来文化加以解决。包容外来文化,重点促进国外文化元素有序融合,避免城市移民文化边缘化,使外来文化成为促进城市经济和社会发展的有利资源,既符合马克思主义的理论要求,以及各国城市化和城市文化研究者的理论共识,又是国内外城市文化发展的重要经验。中国特色新型城镇化需要以马克思主义关于借鉴外来文化的理论要求为指导,借鉴国内外关于借鉴外来文化的理论成果和实践经验,克服当前城镇化进程中各种问题对包容外来文化的挑战,有效促进外来文化融合。

二、包容发展:基本内涵与内在要求

包容外来文化,应遵循"包容发展"理念,致力于实现城市文化的包容发展。城市文化的包容发展,是指文化主体借鉴外来文化的优秀成分,摒弃外来文化的负面成分,促进外来文化与城市原有文化有效互动的发展。具体而言,它的内涵具有以下四个方面的意蕴:其一,它的文化主体包括党组织、政府、市场主体、社会组织等组织主体和城市居民个体特别是城市移民,这些主体均具有共同的内在规定性,即作为同一城市的文化主体,都支持该城市及其文化发展。其二,它既寻求吸收外来文化元素,增强城市文化的多样性,又致力于减小同城市原有文化的冲突,不挤占城市原有文化应有的发展空间,进而实现两者的和谐发展。其三,它强调对外来文化有所保留的包容,借鉴其中符合中

中国特色新型城镇化进程中的城市文化发展研究
——理念、框架与路径

国特色社会主义发展要求和中国特色新型城镇化发展现实需要的优秀成分，摒弃其中的落后、腐朽成分。其四，它强调借鉴外来文化的积极性，但反对西方中心主义、封建小农思想等，并致力于不让外来文化成为城市的主流文化形态，以保持城市文化的本土特色。

在中国特色新型城镇化进程中，城市文化的包容发展有以下两个方面的内在要求：

第一，要积极融合外来文化。习近平指出："各国各民族都应该虚心学习、积极借鉴别国别民族思想文化的长处和精华，这是增强本国本民族思想文化自尊、自信、自立的重要条件。"[①] 积极学习、借鉴外来优秀文化，是中华民族优秀传统文化和当代中国社会先进文化发展的重要经验。在城镇化进程中，对待外来文化应采取"积极"的态度和"融合"的方法。一方面，积极对待外来文化。伴随全球文化交往的日益密切和大量非农经济、社会要素向城市集聚，外来文化涌入城市的趋势不断增强。在此背景下，若采取消极的态度抵制外来文化或完全限制外来文化的存在与发展，势必会强化"我族中心主义"的思潮，使城市发展违背全球化和城镇化的客观潮流，非但不会强化文化自尊、自信、自立，还会导致文化自卑、自负，致使城市文化发展陷入孤立的状态。鉴于此，有必要对分析、理解和应对外来文化保持积极的态度，积极吸收外来文化的优秀成分，积极回应外来文化带来的各种挑战。另一方面，促进外来文化融合。促进优秀的国外文化元素与城市原有文化融合，有利于充实城市文化的内容与形式；促进城市移民文化与城市原有文化融合，则有利于防止城市移民文化的边缘化和城市移民的边缘化。在城镇化进程中，城市移民文化会同城市原有文化发生各种接触，其背后会体现城市移民同城市原有居民的文化接触。在此背景下，若放任城市移民文化自行发展，持续同城市原有文化保持相对独立的状态，可能使城市移民文化遭受城市原有文化的排斥，而作为城市移民文化固定消费人群的城市移民遭受城市原有居民的排斥，不利于实现城市移民市民化及文化身份转换。鉴于此，有必要促进外来文化与城市原有文化的积极融合。

第二，要坚决抵制负面外来文化。习近平指出，要根据国家和民族的实际来开展文明的相互学习、借鉴，讲求兼收并蓄，但是兼收并蓄不是囫囵吞枣、

[①] 习近平：《在纪念孔子诞辰2565周年国际学术研讨会暨国际儒学联合会第五届会员大会开幕会上的讲话》，人民出版社，2014年，第9页。

莫衷一是，而是要去粗取精、去伪存真。① 对待外来文化需采取"有利"又"有节"的态度和方法，是中华民族优秀传统文化和当代中国社会先进文化发展的重要经验。从根本上看，外来文化作为异质文化同滋养城市居民的城市原有文化有所不同。如果毫无原则地放任外来文化在城市中"肆意扩张"，就会使其挤占城市原有文化的存在与发展空间，不能使城市文化实现自立，而使城市居民因受异质文化裹挟而失去固有文化身份或出现文化身份迷茫，进而弱化甚至摒弃固有的文化自尊、自信。长此以往，不仅城市原有文化会被外来文化同化，而且外来文化中的负面内容还会裹挟城市居民，制约他们的发展。鉴于此，不能放任外来文化的肆意发展，"囫囵吞枣、莫衷一是"，而应有所节制地包容外来文化，做到"去粗取精、去伪存真"，抵制负面外来文化。

第四节　协调发展，推动城乡文化共生

在城镇化过程中，不可避免地会发生城市文化与农村文化的相遇和碰撞。习近平指出："城镇化是城乡协调发展的过程。"② 城乡协调发展，不仅关涉经济、政治、社会和生态等领域，还关涉文化领域。协调城乡文化关系，促进城乡文化协调发展，有利于合理回应城乡文化的相遇和碰撞，推动城乡文化共生。

一、中国特色新型城镇化要求协调城乡文化关系

协调城乡文化关系，是中国特色新型城镇化的内在要求。第一，中国特色新型城镇化遵循坚持和发展中国特色社会主义的基本要求，将协调城乡文化关系作为其应有之义。马克思和恩格斯指出，民族内部分工导致工商业和农业劳动分离后，引起城乡的分离和城乡利益的对立。③ 马克思主义的创始人将"城乡分离"作为论述城乡统筹发展的起点，说明阶级社会的城乡分割与对立情况导致了城乡的病态发展现实，并揭示出只有消灭私有制，建立无产阶级专政，

---

① 习近平：《在纪念孔子诞辰 2565 周年国际学术研讨会暨国际儒学联合会第五届会员大会开幕会上的讲话》，人民出版社，2014 年，第 10~11 页。
② 中共中央文献研究室：《十八大以来重要文献选编（上）》，中央文献出版社，2014 年，第 605 页。
③ 中共中央马克思恩格斯列宁斯大林著作编译局：《马克思恩格斯选集（第 1 卷）》，人民出版社，2012 年，第 147~148 页。

中国特色新型城镇化进程中的城市文化发展研究
——理念、框架与路径

大力发展城乡生产力,统筹城乡生活方式[①],才有利于消除城乡分离与对立,实现城乡统筹发展。在马克思主义发展的进程中,马克思主义者们将协调城乡关系作为其重要的理论研究点和实践着力点,致力于在推进社会历史发展的过程中最终消除城乡分离与对立。在中国,坚持和发展中国特色社会主义,将协调城乡关系作为其重要的理论和实践关注点。从"统筹城乡"到"城乡一体化",中国共产党领导中国人民在探索更好地协调城乡关系的理论研究和现实实践中,促进城乡经济社会发展一体化格局的形成。而中国特色新型城镇化作为坚持和发展中国特色社会主义的重要内容,也作为促进城乡发展一体化的具体实践,必然将协调城乡关系作为重要任务。在文化方面,协调城乡文化关系,就成为中国特色新型城镇化的应有之义。

第二,中国特色新型城镇化具有以人为核心的内在特点,将协调城乡文化关系作为促进城乡居民全面发展的必然选择。在资本主义时期,城镇化不仅导致城乡分离与对立的固化、尖锐化,还导致城市及其文化发展的一系列问题,以及农村及其文化的衰落,从而加剧了城乡及其居民在文化层面的矛盾,使城乡居民被固有文化所束缚,进而制约了他们的全面发展。相较而言,中国特色新型城镇化坚持以人为核心,致力于促进人的全面发展。这里的"人",不仅包括城市居民,还关涉农村居民。而协调城乡文化关系,就是促进城乡居民全面发展的必然选择。一方面,协调城乡文化关系,不仅可以避免城市文化对农村文化的单向同化、农村文化对城市文化的一味抵制等,还能促进城乡文化合理互动融合,有利于为城乡居民提供内容更加充实、形式更加多样的文化消费资料。另一方面,协调城乡文化关系,尊重城乡居民在城乡文化协调发展中的文化主体地位,有利于彰显城乡居民参与促进城乡文化发展的主体性和创造性,在情感上维系城乡居民的和谐关系,并丰富和拓宽城乡居民在文化领域的实践。如此,不仅有利于城乡文化的协调发展,还有利于为城乡居民发展提供充足的文化消费资料,从文化层面确保他们发展的全面性。

第三,中国特色新型城镇化具有以市场驱动为主和更好发挥政府作用的内在特点,将协调城乡文化关系作为促进城市经济发展的有力支撑。一方面,协调城乡文化关系,有利于繁荣城乡文化市场,驱动市场主体在城镇化进程中不断促进城乡文化协调发展。当今,城市文化与农村文化产生于异质的社会背景之下,既存在差异性,又存在互补性。城市文化中的现代文化元素,能够助力

---

① 陈伟东,张大维:《马克思恩格斯的城乡统筹发展思想研究》,《当代世界与社会主义》,2009年第3期,第19~24页。

第四章 中国特色新型城镇化进程中城市文化发展的基本理念

于农村文化的内容和形式更新；农村文化中的传统文化元素，能够助力于城市留住"乡愁"、保持特色。鉴于此，促进城乡文化均保持发展的态势，使城乡文化互动互鉴，有利于更好地契合城乡居民的文化消费习惯和偏好，从而成为市场主体的重要行为选择。并且，促进城乡文化融合，还有利于催生出不同于城市原有文化和农村文化的特色文化元素，实现城乡文化的集成创新，因有利于增强相关文化产品的稀缺性和市场竞争力，而成为市场主体的重要行为选择。另一方面，政府会弥补市场在协调城乡文化关系过程中的片面性，促进城乡文化合理发展。由于市场行为具有逐利性，既会驱使一些便于获利的负面城乡文化元素泛滥，又会抑制一些不便于获利的优秀城乡文化元素的传承和发展，因而需要政府对这些现象加以干预。鉴于此，在中国特色新型城镇化进程中，政府会合理协调城乡文化关系，为城乡文化的协调发展提供政策支持和环境保障。

第四，中国特色新型城镇化具有协调发展的内在特点，将协调城乡文化关系作为重要举措。一方面，中国特色新型城镇化强调城乡发展一体化，将协调城乡文化关系作为城乡发展一体化的题中之义。习近平指出，既要从本国的自然禀赋、历史文化传统、制度体制出发，又要从本国城乡发展差异较大的现实情况出发，推进城乡发展一体化。[①] 认真审视和协调城乡文化关系，是城乡发展一体化的重要出发点。同时，在推进城乡发展一体化的过程中，不仅会促进城乡经济社会的一体化发展，还会促进城乡文化的合理互动与发展，有利于更好协调城乡文化关系。另一方面，中国特色新型城镇化强调其同农业现代化相互协调，需要通过协调城乡文化关系，促进城镇化与农业现代化的协调发展。首先，城镇化和农业现代化均是系统性较强的工程，不仅需要经济资源、体制机制、运营管理等方面的物质和制度保障，还需要以融合城乡文化特点的共同文化作为支撑。其次，在城市，城镇化不仅需要现代城市文化支撑，还需要接纳和吸收优秀的农村文化元素，促进城市文化繁荣。最后，在农村，农业现代化不仅需要优秀农村文化支撑，还需要吸收和借鉴先进的城市文化元素，促进农村文化更新。因此，协调城乡文化关系，培育同城镇化和农业现代化相协调发展的城乡文化，是中国特色新型城镇化的重要任务。

第五，中国特色新型城镇化注重社会效益的内在特点，将协调城乡文化关系作为促进城乡社会健康发展的重要选择。城镇化不仅是城乡经济发展的过

[①] 《健全城乡发展一体化体制机制 让广大农民共享改革发展成果》，《人民日报》，2015年5月2日，第1版。

中国特色新型城镇化进程中的城市文化发展研究
——理念、框架与路径

程,也是城乡社会发展的过程。在城镇化进程中,城乡社会的构成要素的流动,改变着城乡社会的面貌和地位。一方面,农村人口会呈现出向城市单向流动的态势,使得许多农村地区出现"空心化",导致农村文化发展动力不足。另一方面,城市文化以强势的姿态向农村单向流动,在一定程度上抑制了农村文化的正常发展。如此,就会导致城乡文化的畸形发展,难以很好地解决城镇化进程中的各种"城市病",从而也难以为城乡社会健康发展提供文化支撑。习近平指出,城镇化目标正确、方向对头,有利于破解城乡二元结构,有利于促进社会公平和共同富裕。[①] 中国特色新型城镇化将"文化传承,彰显特色"作为基本原则,协调城乡文化关系,传承和发扬优秀城乡文化,不仅有利于留住城乡社会中的"乡愁",还有利于在突出"共富""公平"等文化内容的基础上促进公平共享,在突出"和合""大同"等文化内容的基础上促进新型城乡关系的建立,在突出"天人合一"等文化内容的基础上促进城乡绿色、低碳发展,助力城乡社会发展问题的解决。

第六,中国特色新型城镇化面临诸多城乡文化发展不均衡的问题,它们亟待通过协调城乡文化关系加以解决。协调城乡文化关系,在城乡发展一体化进程中促进城乡文化发展,既符合马克思主义的理论要求,以及各国城市化和城市文化研究者的理论共识,又是国内外城市文化发展的重要经验。但在当代中国,因农村传统文化遗产遭受不可逆性损害、农村传统文化活动式微、农村优秀传统观念淡化、发展农村传统文化的主体流失等问题而导致农村传统文化发展乏力,以及因强势城市文化同化农村文化、消极城市文化腐蚀农村文化等问题而导致农村文化受到冲击,成为制约城乡文化协调发展的突出问题。这些问题深刻体现出城镇化进程中,不均衡的城乡发展水平和不合理的城乡关系对城乡文化发展所带来的冲击,进而制约城乡社会和城乡居民的发展。鉴于此,中国特色新型城镇化需要以马克思主义关于协调城乡文化关系的理论要求为指导,借鉴国内外关于协调城乡文化关系的理论成果和实践经验,克服当前城镇化进程中各种问题对协调城乡文化关系的挑战,更好促进城乡文化共同发展。

二、协调发展:基本内涵与内在要求

协调城乡文化关系,应遵循"协调发展"理念,致力于实现城乡文化的协调发展。城乡文化的协调发展,是指文化主体在维系合理城乡关系的方向指引

---

① 中共中央文献研究室:《十八大以来重要文献选编(上)》,中央文献出版社,2014年,第590页。

下，协调城乡文化之间矛盾、促进城乡文化之间互动、实现城乡文化共生的发展。具体而言，它的内涵具体体现为以下四个方面：其一，它的文化主体包括党组织以及城乡的政府、市场主体、社会组织等组织主体和城乡居民这一个体主体，这些主体均具有共同的内在规定性，即作为城镇化进程的直接或间接参与者，致力于为城乡及其居民的发展谋福祉。其二，它以维系合理的城乡关系为基本方向，致力于为城乡发展一体化提供文化支撑，追求实现城乡文化的共存、共进、共荣。其三，它是城市文化和农村文化发展过程中产生合理联系的集中体现，寻求让城市文化与农村文化各自保持发展态势，使它们足以持续滋养城乡居民；致力于让城乡文化相互融合，实现文化的互动互鉴和协调发展。其四，它以"协调"为基本特点，反对将城市文化同农村文化对立，反对城市文化对农村文化的单向同化和农村文化对城市文化的单向同化，不至于使城乡之间在文化层面出现鲜明的分离和对立。

在中国特色新型城镇化进程中，城乡文化的协调发展有以下两个方面的内在要求：

第一，要以城市文化带动农村文化发展。在近代中国，城市作为对外开放的前沿，逐渐培育和发展出融汇中西、富有特色的近代城市文化；相较而言，农村文化的发展则相对滞后。新中国成立以后，中国经历了世界上规模最大、速度最快的城镇化进程，在城市经济、政治、文化、社会等方面取得了举世瞩目的成就，使得城市发展成为整个经济社会发展的重要引擎，城市文化发展的迅速、成果显著；相较而言，农村文化则发展缓慢。在此背景下，城乡文化发展水平和质量存在一定差异。在城乡文化关系中，城市文化因拥有诸多现代文化元素和持续发展的动力而处于优势地位，农村文化则因一些文化形式与内容陈旧以及转型、更新和发展动力不足而处于劣势地位。2015年12月召开的中央城市工作会议强调，中国的城镇化要形成城乡发展一体化的新格局。[①] 在中国特色新型城镇化进程中，坚持"城市支持农村"的方针，推进城乡发展一体化，需要发挥城市文化的带动作用，协调好城乡文化的发展关系。一方面，用城市文化的现代内容和形式充实农村文化，使农村文化既保留传统的优秀文化特质，又适应城镇化发展的时代要求。另一方面，城市文化同农村文化共享发展资源和动力，在城乡公共文化资源配置、城乡文化市场整合、城乡文化协同创新的过程中，增强城市公共文化资源、城市文化市场、城市文化创新活动等对优化农村公共文化资源配置、农村文化市场发展和农村文化创新活动的带动

---

① 《中央城市工作会议在北京举行》，《人民日报》，2015年12月23日，第1版。

作用。

　　第二，要防止城市文化过度冲击农村文化。习近平指出："没有农村发展，城镇化就会缺乏根基。"① 不能错误地理解城镇化和城乡发展一体化，不能"以城吞乡"，更不能单纯地把农村变为城市、把农村文化变为城市文化。事实上，农村文化长期以来都是中国社会文化的主体，内含富有中华民族特点的文化内容和文化形式，是中华民族宝贵的文化财富。并且，中国拥有面积广大的农村地区和数量庞大的农村人口。截至 2016 年，农村年末人口为 5.9 亿人，占全国总人口的 42.7%。② 在此背景下，农村文化因拥有广大的辐射地区和庞大的文化主体等，而拥有较强的存在价值。因此，保护和发展农村文化，不仅关系到中华民族优秀传统文化的赓续，还关系到对农村人口的文化需要，成为中国特色新型城镇化必然要加以考量的内容。然而，由于文化势位的差异，城市文化会对农村文化带来冲击，甚至对农村文化产生同化、消解作用。鉴于此，在中国特色新型城镇化进程中，有必要防止城市文化过度冲击农村文化，杜绝消极城市文化腐蚀农村文化，农村文化可以借鉴城市文化的先进成分，但农村文化应保持应有的特色风貌和自我发展能力。

第五节　共享发展，增进市民文化福祉

　　城镇化作为城市现代化的过程，本质上体现的是人的现代化。而文化即"人化"，文化发展本质上体现的是人的发展。从本质上看，中国特色新型城镇化进程中的城市文化发展，必须观瞻到"人"，并在文化层面以促进城市居民的全面发展为出发点和落脚点。③ 为此，有必要在中国特色新型城镇化进程中，促进城市居民共享城市文化成果，增进城市居民文化福祉，为城市居民全面发展提供切实有效的文化保障和文化动力。

---

　　① 中共中央文献研究室：《十八大以来重要文献选编（上）》，中央文献出版社，2014 年，第 605 页。
　　② 国家统计局：《中华人民共和国 2016 年国民经济和社会发展统计公报》，《人民日报》，2017 年 3 月 1 日，第 10 版。
　　③ 值得指出的是，在城乡文化共生的背景下，城市居民的全面发展并非同农村居民的全面发展相对立，而是共同发展的关系。但鉴于本书主要研究城市文化发展问题，因而着重探讨城市居民的全面发展。

第四章　中国特色新型城镇化进程中城市文化发展的基本理念

一、中国特色新型城镇化要求共享城市文化成果

共享城市文化成果，是中国特色新型城镇化的内在要求。

第一，中国特色新型城镇化遵循坚持和发展中国特色社会主义的基本要求，将共享城市文化成果作为其基本要求和实践归宿。从马克思主义发展的历史进程来看，坚持以人民为中心，使人民能够共创财富和共享劳动成果，从来都是马克思主义者的共同追求。邓小平指出："社会主义的本质，是解放生产力，发展生产力，消灭剥削，消除两极分化，最终达到共同富裕。"[1] 坚持和发展中国特色社会主义，以实现共同富裕为基本方向，促进人民群众共享当代中国经济社会发展成果，体现了历史唯物主义关于人民群众是推动发展的根本力量，体现了中国共产党全心全意为人民服务的根本宗旨。而中国特色新型城镇化作为坚持和发展中国特色社会主义的重要内容，也必然要求促进人民群众共享城市经济社会发展成果。在城市中，经济社会发展成果在文化领域的体现，就是城市文化成果。因此，中国特色新型城镇化客观上要求促进人民群众共享城市文化成果，真正不断满足人民群众日益增长、多样发展的文化消费需要，使城市文化成果更普遍、更公平、更有效地惠及全体城市居民。

第二，中国特色新型城镇化注重社会效益的内在特点，将共享城市文化成果作为促进城市社会发展的重要选择。社会分配的正义性，是学界研究的重要课题。马克思主义认为，社会不平等的本质是自由竞争资本主义造成的事实上的不平等，从而导致无产阶级的贫困化。[2] 在资本主义时期，社会财富高度集中在资产阶级手中，导致社会分配起点的不公平。而在资产阶级与无产阶级的雇佣关系中，平等地剥削劳动力，是资本的首要的人权[3]，导致无产阶级陷入贫困以及固化社会阶层关系和社会分配格局。鉴于此，马克思主义认为，必须通过消灭资本主义制度，以打破社会分配不公平的格局。在当代中国，伴随中国特色社会主义的日趋完善和经济社会发展水平的提升，社会分配体制机制逐步健全，社会公平正义得到维护。但是，由于社会利益格局的复杂化，在经济

---

[1] 邓小平：《邓小平文选（第3卷）》，人民出版社，1993年，第373页。
[2] 苏昕：《城市新移民社会保障权益完善探讨——共享发展理念的视角》，《马克思主义研究》，2016年第6期，第146～154页。
[3] 中共中央马克思恩格斯列宁斯大林著作编译局：《马克思恩格斯文集（第5卷）》，人民出版社，2009年，第338页。

中国特色新型城镇化进程中的城市文化发展研究
——理念、框架与路径

快速增长的同时也使得社会收入分配差距随之拉大[①],对社会分配的正义性带来冲击,不仅使在经济上相对弱势的群体难以享有经济社会发展成果,同时还会加剧社会内部的矛盾,影响社会的稳定发展。在此背景下,推进城市居民共享城市文化成果,维护城市文化产品分配上的正义性,成为中国特色新型城镇化进程中维护社会分配的正义性进而促进城市社会发展的重要选择。

第三,中国特色新型城镇化具有以人为核心的内在特点,将共享城市文化成果作为促进城市居民全面发展的基本选择。从根本上看,城市文化被城市居民所消费。在消费城市文化的过程中,城市居民不仅需要充足的文化消费资料,还需要一定的文化消费能力。城市文化的传承、创新、包容发展和城乡文化的协调发展,有利于充实和优化城市文化资源,为城市居民的全面发展提供充足的文化消费资料。在此基础上,让城市居民拥有一定的文化消费能力,就显得十分必要。然而,伴随社会利益格局的日趋多元化,一些城市居民特别是城市弱势群体难以充分享有城市文化资源,而一部分城市居民特别是城市富裕人群则占有大量城市文化资源,导致城市居民在享有城市文化成果的内容和能力上的不平等,从而制约部分城市居民的文化生活质量提升和全面发展。2013年12月习近平在中央城镇化工作会议上提出,要"推进以人为核心的城镇化,提高城镇人口素质和居民生活质量"[②]。鉴于此,中国特色新型城镇化坚持"以人为本,公平共享"原则,其基本选择之一就是让全体城市居民全面共享城市文化成果,既为城市居民提供充足而优质的文化消费资料,又增强他们平等共享城市文化成果的能力,最终在文化层面提升城市居民的素质和生活质量。

第四,中国特色新型城镇化具有"以市场驱动为主和更好发挥政府作用""协调发展"的内在特点,本质上体现其为城市居民全面发展服务的内在要求。一方面,以市场驱动为主和更好发挥政府作用,在促进城市经济发展进程中为满足城市居民全面发展需要服务。习近平指出,在全面深化改革中要坚持发展,使市场在资源配置中起决定性作用和更好发挥政府作用,推动实现物的不断丰富和人的全面发展的统一。[③] 在中国特色新型城镇化进程中,以市场驱动

---

① 王维平,张娜娜:《"共享"发展理念下的社会分配》,《西南民族大学学报(人文社会科学版)》,2016年第6期,第192~197页。
② 中共中央文献研究室:《十八大以来重要文献选编(上)》,中央文献出版社,2014年,第592页。
③ 《推动全党学习和掌握历史唯物主义 更好认识规律更加能动地推进工作》,《人民日报》,2013年12月5日,第1版。

第四章　中国特色新型城镇化进程中城市文化发展的基本理念

为主和更好发挥政府作用，有助于落实全面深化改革要求，更好发展社会生产力，增强市场主体和城市居民参与城市经济发展的动力和活力，激发和引导他们创造更多、更优质的物质文化产品，充实城市社会中的物质文化生活资料，从而满足城市居民全面发展的多种需要，体现坚持经济发展以保障和改善民生为出发点和落脚点[1]的要求，进而在城市领域助力推动实现物的不断丰富和人的全面发展的统一。另一方面，协调发展，在城乡发展一体化进程中为满足城市居民全面发展需要服务。习近平强调，城镇化要有根基就必须要实现农村发展，耕读文明是我们的软实力。[2] 在中国特色新型城镇化进程中，协调发展的重要内容是协调城乡发展以解决城乡发展不平衡的问题，推进城乡逐渐实现发展一体化，有助于让城镇化的根基更加稳固，在增强城镇化软实力的同时使城市居民留住"乡愁"，满足他们确认和建构文化身份进而实现能力、社会关系和个性发展的要求。总之，中国特色新型城镇化在这两方面的内在特点，关注满足城市居民全面发展的需要，蕴含其"以人为核心"的要求，也势必注重让城市居民共享城市文化成果。

此外，中国特色新型城镇化面临的城市文化传承问题、城市文化创新问题、外来文化融合问题、城乡文化发展不均衡问题等，会在不同程度上影响城市居民发展，其亟待通过让城市居民共享城市文化成果加以回应。习近平强调，"让广大人民群众共享改革发展成果，是社会主义的本质要求"[3]，集中体现社会主义制度的优越性和党的根本宗旨。在中国特色新型城镇化进程中，让城市居民共享城市文化成果，有利于坚持好以人民为中心的发展思想，走好"人民城市人民建，建好城市为人民"[4] 之路，增强城市居民的文化获得感，调动他们推动城市文化发展的积极性、自觉性和创造性，优化他们的文化消费观念和行为，提升他们的文化消费能力和质量，并助力在城市社会中形成弘扬"公平正义""共同富裕"等正能量的文化氛围，从而为城市文化发展提供有力的依靠力量和良好的文化环境，使城市文化在城市居民生活中获得取之不尽、用之不竭、充实多样的创作与发展源泉。

---

[1] 《抓住机遇立足优势积极作为 系统谋划"十三五"经济社会发展》，《人民日报》，2015年5月29日，第1版。

[2] 中共中央文献研究室：《十八大以来重要文献选编（上）》，中央文献出版社，2014年，第605页。

[3] 中共中央文献研究室：《十八大以来重要文献选编（中）》，中央文献出版社，2016年，第827页。

[4] 习近平：《福州市20年经济社会发展战略设想》，福建美术出版社，1993年，第139页。

二、共享发展：基本内涵与内在要求

让城市居民共享城市文化成果，应遵循"共享发展"理念，致力于实现促进城市文化的共享发展。城市文化的共享发展，是指文化主体坚持以人民为中心的发展思想，坚持人民主体地位，不断实现好、维护好、发展好城市居民的文化权益，使城市文化成果为他们充分共享的发展。具体而言，它的内涵具体体现为以下四个方面：其一，它的文化主体包括党组织、政府、市场主体、社会组织等组织主体和城市居民这一个体主体，这些主体均具有共同的内在规定性，即作为社会主义城市及其文化的认同者、支持者和建设者。其二，它坚持以人民为中心的发展思想，实质上体现马克思主义关于逐步实现共同富裕、促进人的全面发展的根本要求。其三，它以增强城市居民享有城市文化成果的能力为核心，以充足的城市文化资源为支撑。其四，它反对城市文化成果的平均分配，致力于满足城市居民的基本文化需要和逐步满足城市居民的日益增长、多样发展的其他文化需要，着重实现好、维护好、发展好城市居民的基本文化权益。

在中国特色新型城镇化进程中，城市文化的共享发展有以下四个方面的内在要求：

第一，要促进城市文化成果的全民共享。从覆盖面来看，城市文化的共享发展要求"人人享有、各得其所"，反对"少数人共享、一部分人共享"。当今，关于社会群体的构成，有的研究者根据阶层属性，将社会群体划分为"十大社会阶层"，包括国家与社会管理者阶层、经理人员阶层、专业技术人员阶层、办事人员阶层等[①]；有的研究者根据富裕程度，将社会群体划分为新富、新中间、贫困三类。[②] 不同学科的研究者对社会群体的划分存在差异，但均体现出当今社会群体构成的复杂性。在城镇化进程中，城市不断集聚来自不同阶级阶层、存在不同富裕程度的社会群体，使得城市社会群体的构成复杂化。在这些社会群体中，经济收入水平较高、文化消费能力较强的城市居民群体，具备享有城市文化成果较多的机会和较强的能力；相较而言，经济收入水平较低、文化消费能力较弱的城市居民群体，如农业转移人口、城市下岗工人等城市弱势群体，则对城市文化成果的享有不充分。鉴于此，在中国特色新型城镇化进程中，应调节乃至抑制经济收入水平较高、文化消费能力较强的城市居民

---

① 陆学艺：《当代中国社会十大阶层分析》，《学习与实践》，2002年第3期，第55~63页。
② 张荣洁：《浅析中国社会新兴利益群体》，《北京大学学报》，2002年第S1期，第12~17页。

第四章　中国特色新型城镇化进程中城市文化发展的基本理念

群体的过度文化消费，满足经济收入水平较低、文化消费能力较弱的城市居民群体的基本文化消费，真正做到城市文化成果的全民共享。

第二，要促进城市文化成果的全面共享。从共享的内容来看，城市文化的共享发展要求促进城市居民共享各种城市文化成果，全面维护城市居民的基本文化权益。一方面，它要求城市居民全面、平等地认知、理解城市文化的内容。为此，应加强城市文化知识的普及，确保城市居民能够细致、准确地认知所属社会群体所消费城市文化的内容，引导和帮助城市居民大体认知其他社会群体所消费的城市文化内容。如此，既确保城市居民享有城市文化成果的全面性，又增进城市各社会群体之间的相互理解，努力化解他们之间因文化差异而产生的矛盾，维护城市社会的和谐与城市文化的健康发展。另一方面，它要求保障城市居民全面、平等地享有各种城市文化的形式的权利。为此，应逐渐打破城市文化空间的分化格局，在确保城市居民全面、平等享有城市公共文化的基础上，通过控制、压缩服务于少数社会群体的城市文化空间，最后再在实现共同富裕的背景下消除服务于少数社会群体的城市文化空间。并且，给予经济收入水平较低、文化消费能力较弱的城市居民群体以政策照顾和人文关怀，使他们能够更好享有形式多样的城市文化。

第三，要促进城市文化成果的共建共享。中国特色社会主义文化是人民共建共享的文化[①]，人民群众是创造文化的最根本力量。从实现途径来看，城市文化的共享发展要求充分发挥城市居民的主体性和创造性，让他们在共建城市文化的过程中，实现对城市文化成果的共享。马克思主义认为，实践是人的存在的方式，人通过实践才能确证自身的存在和实现自身价值。人类最基本的实践活动为生产实践，人们在生产实践中不仅能够生产相关的产品，还能够体现自身的价值，更好爱护自身创造的城市文化成果。在城市中，城市文化的生产实践不仅决定了其文化产品的内容和形式，还决定了其主要的受益群体。若城市文化生产的主导者决定其文化产品主要服务少数城市居民群体，则会增强其文化产品的特殊性，削弱其他城市居民群体消费这些文化产品的能力，实质上体现的是"少数人参与、少数人尽力"的城市文化成果享有模式，难以真正实现城市居民对城市文化成果的共享。若城市文化生产的主导者决定其文化产品主要服务于多数乃至全体城市居民，则会增强其文化产品服务各城市居民群体的能力，实质上体现的是"人人参与、人人尽力"的城市文化成果享有模式，有利于确保城市居民共享城市文化成果。因此，在中国特色新型城镇化进程

[①] 胡锦涛：《胡锦涛文选（第3卷）》，人民出版社，2016年，第564页。

中国特色新型城镇化进程中的城市文化发展研究
——理念、框架与路径

中,应充分发扬民主,广泛汇聚城市居民对城市文化的消费诉求,最大限度地激发城市居民参与共建城市文化的实践①,让城市居民真正成为城市文化生产的参与者和推动者,特别是生产作为公共产品和准公共产品的城市文化的主导者,形成"人人参与、人人尽力、人人有获得感"的城市文化发展局面。

第四,要促进城市文化成果的渐进共享。马克思主义认为,人类社会历史的发展是前进性和曲折性的统一。发展必须遵循一个从低级到高级、从不均衡到均衡的过程,这就决定了对发展成果特别是消费资料的享有也会在一定历史时期内存在差异。正如马克思在《哥达纲领批判》中所指出的,即使在实行按劳分配的社会主义阶段,由于劳动能力、可供养的家庭成员等方面的差异,人们对消费资料的占有关系也会同"资产阶级权利"②一样存在不平等的现象。伴随共产主义的实现,这种不平等的关系才会消失。就城市文化的共享发展而言,其前进趋势符合共同富裕的要求,但其实现需要一个过程,并不能一蹴而就。因此,应立足国情和城市经济社会发展水平来推进城市文化的共享发展。一方面,不能"裹足不前",必须不断开展促进城市居民共享城市文化成果的各种实践。另一方面,不能"好高骛远",必须实事求是地渐进推进不同城市居民群体对各种城市文化内容和形式的共享。为此,应"把蛋糕做大",调动城市居民的积极性和创造性,不断促进城市文化的传承、创新、包容发展和城乡文化的协调发展,增强城市文化成果切实满足城市居民需要的能力;还应"把蛋糕分好",特别是加强对经济收入水平较低、文化消费能力较弱的城市居民群体的城市文化产品供给,渐进增强城市居民对城市文化建设成果的获得感。

---

① 张学昌:《空间与权利:城市文化的双重变奏及现实选择》,《北京行政学院学报》,2018年第2期,第92~97页。
② 中共中央马克思恩格斯列宁斯大林著作编译局:《马克思恩格斯选集(第3卷)》,人民出版社,2012年,第363页。

第五章　中国特色新型城镇化进程中城市文化发展的战略框架

中国特色新型城镇化进程中的城市文化发展是一项系统工程，需要从战略层面加以把握。正如习近平所强调的："要坚持用联系的发展的眼光看问题，增强战略性、系统性思维。"① 战略原为军事用语，是指作战的谋略。在现代汉语中，战略的意义被扩大，不仅指指导战争全局的筹划和策略，还指在一定历史时期内指导全局的总方针和总计划。② 就中国特色新型城镇化进程中的城市文化发展而言，其既需要有理念指导，以确定实践方向；也需要有战略框架即总方针和总计划，以确定实践任务。在中国特色新型城镇化进程中，城市文化发展的战略框架主要包括基本目标、主要原则、战略重点和机制支撑。如此，致力于"在解决突出问题中实现战略突破，在把握战略全局中推进各项工作"③，从宏观层面为在中国特色新型城镇化进程中解决相关具体问题、推进城市文化更好发展提供战略指引。

第一节　中国特色新型城镇化进程中城市文化发展的基本目标

在中国特色新型城镇化进程中，城市文化发展需要依靠城镇化推动，而城镇化发展需要城市文化领跑，城市的未来更需要以城市文化来论发展。中国特色新型城镇化与城市文化联系紧密，后者脱离了前者，就会失去必要的客观外部条件，成为虚幻的空中楼阁；前者脱离了后者，就会使城市失去精神与意义支撑，成为缺乏灵魂的物质堆积；只有两者的协调共进才有利于促进城市现代

---

① 习近平：《在哲学社会科学工作座谈会上的讲话》，人民出版社，2016年，第14页。
② 郝迟，盛广智，李勉东：《汉语倒排词典》，黑龙江人民出版社，1987年，第479页。
③ 中共中央文献研究室：《十八大以来重要文献选编（中）》，中央文献出版社，2016年，第46页。

化。鉴于此,中国特色新型城镇化进程中城市文化发展的基本目标,可以从城市文化发展的内部过程、外部功能和同中国特色新型城镇化的协调共进角度,分为以下三个层面。

一、解决城市文化发展面临的各种现实问题

问题是时代的声音,只有解决了每个时代的问题,才能促进该时代的发展。毛泽东指出:"什么叫问题?问题就是事物的矛盾,哪里有没有解决的矛盾,哪里就有问题。"[1] 矛盾具有客观性,始终会存在,因而问题也会相应地存在。在城镇化进程中,城市文化发展面临传统与现代文化、本土与外来文化、城市与农村文化等多方面的矛盾,以及这些矛盾在一定时代条件下催生的现实问题。这些问题具体呈现在城市文化传承与创新、外来文化融合、城乡文化发展等方面,对城市文化发展起到不同程度的制约作用。从根本上看,这些问题的产生是由中国正处于并将长期处于社会主义初级阶段的基本国情所决定,因而解决这些问题也必须从基本国情出发。

具体而言,就是要坚持问题导向,紧抓中国特色新型城镇化所面临的机遇,实现以下目标:一是增强城市历史文化传承效能,在旧城改造、城市基础设施建设和商业开发等城市发展实践中保护好城市历史文化遗产,抑制伪造的脱离城市历史文脉的仿古文化景观、民俗文化等成为城市主流文化,扭转城市民俗文化、历史故事逐渐消失的局面,确保城市历史文化的空间脉络明晰。二是实现城市文化合理创新,着重扭转和逐步杜绝城市文化的同质化、庸俗化倾向,使新的城市文化形式和内容适应时代发展要求。三是实现外来文化的合理融合,有效阻止国外文化元素的无序融合,特别是西方文化元素对城市历史文脉的侵蚀及西方消费主义等对城市居民思想的腐蚀,扭转和逐步消除城市移民文化边缘化发展的局面。四是实现城乡文化的协调发展,以城市文化带动农村文化发展,增强农村传统文化发展效能,在城镇化进程中阻止农村传统文化遗产流失、发展农村传统文化的主体流失,避免城市文化对农村文化的同化以及功利性、低俗的城市文化腐蚀农村文化。总的来看,只有解决了城市文化发展所面临的各种现实问题,使城市文化更好地服务于城市及其居民发展的需要,才能确保城市文化本体的健康、可持续发展,才能为中国特色新型城镇化发展提供有力的文化动力。

---

[1] 毛泽东:《毛泽东选集(第3卷)》,人民出版社,1991年,第839页。

二、以城市文化发展驱动中国特色新型城镇化

从人类社会发展的历史进程来看，文化不仅是保存文明成果的内容和载体，还是经济发展的动力[①]，以及社会发展的动力[②]。2015年12月召开的中央城市工作会议强调，文化是城市发展的三大动力之一。[③] 在城镇化进程中，城市文化发展起着重要的动力作用。从静态角度来看，城市文化发展的成果即城市文化产品，有利于为城市文明成果积累以及经济和社会发展提供内容支撑。从动态角度来看，城市文化发展的过程能够带动城市文化保护以及推动经济和社会发展。鉴于此，可以通过城市文化发展驱动中国特色新型城镇化。

具体而言，就是要充分发挥城市文化发展的积极功能，结合中国特色新型城镇化的特点和要求，实现以下目标：一是更好弘扬城市文明成果，保存、展现和传播城市文化特色，增强城市文化的可识别性，凸显特色化的城市形象；二是更好促进城市经济高效增长，以城市文化产业发展为核心，既发挥好市场在配置经济资源的城市文化产品中的决定性作用，刺激城市文化生产和消费，繁荣城市文化经济，又更好发挥政府作用，确保城市文化经济的良好业态；三是更好促进城市社会和谐发展，将特色化、时代化、包容化的城市文化产品作为增强城市社会凝聚力和向心力的黏合剂，化解城市社会中的各种文化冲突及其背后蕴含的利益冲突，在共同的崇高文化的追求下凝聚城市居民的思想和行动共识，减少摩擦，增强他们促进城市社会和谐发展的责任感和参与度。发挥好城市文化对中国特色新型城镇化的正向驱动作用，还应坚持以人民为中心的发展理念，贯彻以人为核心的城镇化要求，既更好满足城市居民日益增长、多样发展的文化需要，增强城市居民的文化获得感；又"筑巢引凤"，吸引更多人才特别是文化创意人才集聚城市，[④] 为中国特色新型城镇化提供更加优质的人才保障和智力支持。

三、促进城市现代化

城市现代化是人类社会历史发展的必然趋势，是城镇化与城市文化发展的

---

① 贾旭东：《论经济发展的文化动力》，《哲学研究》，2005年第10期，第109~113页。
② 李云智：《当代社会发展的文化动力》，《北京工业大学学报（社会科学版）》，2013年第1期，第7~11页。
③ 《中央城市工作会议在北京举行》，《人民日报》，2015年12月23日，第1版。
④ 吴军：《文化动力：一种解释城市发展与转型的新思维》，《北京行政学院学报》，2015年第4期，第10~17页。

重要追求。它是指现代城市的各组成部分按照符合时代要求的方式组织和运行，使城市整体的发展和竞争力达到所处时代的先进水平的城市发展过程。[①]由于城市的主体是城市居民，因而城市现代化实质上是城市居民的现代化，对城市居民发展带来根本性的影响。从城市居民发展的实践领域来看，他们既可以在城镇化进程中实现职业身份和实践环境的转变，充分运用集聚于城市中的各种经济和社会资源促进自身发展；又可以在城市文化发展进程中建构和确证文化身份，在参与生产、消费、传播城市文化产品过程中促进自身的发展。因此，城镇化与城市文化发展均符合城市居民现代化的要求，进而有助于为城市现代化提供根本支持。观瞻当今，可以充分发挥城镇化和城市文化发展的积极功能，在中国特色新型城镇化与城市文化的协调共进中促进城市现代化。具体而言，通过中国特色新型城镇化与城市文化发展实现有效互动、互为支撑，一方面，提升城市文明积累效能，促使城市经济和社会发展达到当今时代发展的先进水平，促成城市本体的现代化；另一方面，切实满足城市居民的文化需要，使城市居民既保持优秀的传统文化品格，又具备较高的现代文化素养，从而实现城市居民的现代化。

第二节 中国特色新型城镇化进程中城市文化发展的主要原则

在中国特色新型城镇化进程中，城市文化发展的基本目标，为其具体实践的开展明确路向；而城市文化发展的主要原则，则为其具体实践的开展提供准则。城市文化发展主要应遵循主导性与多样性相结合、理论性与实践性相结合、民族性与时代性相结合、社会效益与经济效益相结合的原则。

一、主导性与多样性相结合的原则

中国特色新型城镇化进程中的城市文化发展，是当代中国坚持和发展中国特色社会主义的具体举措，是为实现中华民族伟大复兴的中国梦的具体实践。马克思主义关于城市文化发展的思想和新中国成立以来城市文化发展的历史经验表明，城市文化发展从本质上必须坚持中国共产党的领导和遵循社会主义价值取向，并坚持以马克思主义为指导。一方面，马克思主义具有科学性和革命性，是彻底的、能够说服和掌握群众的理论，可以为城市文化发展指明基本方

[①] 朱铁臻：《城市现代化研究》，红旗出版社，2002年，第287页。

向。列宁指出："只有革命马克思主义的理论，才能成为工人阶级运动的旗帜。"[1] 马克思主义的科学性和革命性特点，使其具有强大的生命力，能够为人民群众所掌握和遵循，为城市文化发展提供科学的方向指引。另一方面，马克思主义是具有世界性和普遍性的理论体系，其最核心、最基本的内容体现在其基本立场、观点和方法上，能够为城市文化发展提供方法指导。马克思主义始终站在人民的立场上，观察、分析和解决具体问题，契合城市文化发展对城市居民发展的关切点，有利于从根本上实现、维护和发展城市居民的基本文化权益，使城市文化发展的基本理念落地生根。鉴于此，要在城市文化发展的各个方面坚持以马克思主义为指导，坚持其普遍真理，在繁荣中国特色社会主义文化的进程中实现城市文化内容与形式的更新，坚决同反马克思主义的不良文化作斗争，巩固马克思主义在城市文化领域的主导权。同时，还不能将马克思主义作为"教条"，要将它作为"指南"，在城镇化的实践中实事求是地运用马克思主义来解决城市文化发展的具体问题。

在城镇化进程中，由于城市居民的文化需要存在个体差异，以及城市居民群体文化背景的多样性，使得城市文化呈现出多样性的特点。换而言之，城市文化中既有坚持以马克思主义为指导的文化成分，也有非马克思主义甚至个别反马克思主义的文化成分。事实上，城市文化的多样性主要体现的是城市居民文化需要的多样性。在城市经济社会快速发展的今天，城市居民文化需要具有共性特点是必然的；同时，城市居民文化需要具有个性差异也是必然的。毛泽东在《矛盾论》中指出："无个性即无共性。假如除去一切个性，还有什么共性呢？"[2] 城市居民具有个性特点的文化需要，体现出城市社会多元包容的发展潮流，有利于促使城市文化的内容和形式呈现多样性特点，充实城市文化资源。鉴于此，要尊重城市文化的多样性特点，在巩固马克思主义主导地位的基础上，促进城市文化的内容与形式的多样发展，让城市文化内聚马克思主义的科学精神，使其富含多样的文化成分，排斥反马克思主义的文化成分，从而使城市文化呈现出生动活泼的发展局面。

二、理论性与实践性相结合的原则

理论与实践相结合，是马克思主义的基本观点和方法，应该成为城市文化

---

[1] 中共中央马克思恩格斯列宁斯大林著作编译局：《列宁选集（第1卷）》，人民出版社，2012年，第271页。

[2] 毛泽东：《毛泽东选集（第1卷）》，人民出版社，1991年，第320页。

中国特色新型城镇化进程中的城市文化发展研究
——理念、框架与路径

发展的主要原则。马克思在《关于费尔巴哈的提纲》中指出:"人的思维是否具有客观的真理性,这不是一个理论的问题,而是一个实践的问题。"[①] 理论是人的系统认识,根本上源于实践。人只有在实践中才能确证自身认识的真理性与现实性。同时,反映客观真理的理论又能对实践起到指导作用。所以,要"通过实践而发现真理,又通过实践而证实真理和发展真理"[②],做到理论与实践相结合。就城市文化发展而言,也应该如此。一方面,城市文化发展的方向选择、推进过程等,需要以揭示城市文化发展规律、特点和要求的理论为指导;另一方面,城市文化发展本身即是一种实践过程,具有鲜明的实践性。若仅盲从理论而脱离实践,则很有可能陷入本本主义的错误,使城市文化发展的成果不仅不能有效满足城市及其居民发展的需要,甚至沦为文化垃圾;若仅盲目实践而缺乏理论指导,则很有可能陷入主观主义、冒险主义等错误,使城市文化发展因缺少必要的深度而缺乏生命力。因此,城市文化发展应坚持理论性与实践性相结合的原则。

具体而言,首先,要坚持实践的第一性。列宁指出:"实践高于(理论的)认识,因为它不仅具有普遍性的品格,而且还具有直接现实性的品格。"[③] 所以,马克思主义认识论将实践放到第一的位置。在中国特色新型城镇化进程中,一方面,要推进城市文化发展的实践,不能凭空想象城市文化会自然而然地发展到理想的程度,不进行无谓的争辩,也不能完全"照本宣科",而应对城市文化发展的方向加以引导、对城市文化发展的方法加以创新,并对城市文化发展中存在的问题进行主动干预和解决;另一方面,要准确适应城市文化发展实践条件的变化,既要运用好以往城市文化发展的成功经验与方法,也要实事求是地研判中国特色新型城镇化背景下城市文化发展的新特点、新要求,在实践中找到推进城市文化发展的新思路、新方法。

其次,要把握理论的指导性。在人类社会发展的历史进程中,许多关于城市文化发展的理论成果逐步形成,它们从不同方面揭示出具体历史条件下城市文化发展的规律性特点,指导了各个时代、各个国家的城市文化发展实践。新中国成立以后,中国共产党领导中国人民在马克思主义指导下,积极吸收借鉴中国古代和国外关于城市文化发展的思想,在实践中取得了城市文化发展的诸

---

① 中共中央马克思恩格斯列宁斯大林著作编译局:《马克思恩格斯选集(第1卷)》,人民出版社,2012年,第134页。
② 毛泽东:《毛泽东选集(第1卷)》,人民出版社,1991年,第296页。
③ 中共中央马克思恩格斯列宁斯大林著作编译局:《列宁全集(第55卷)》,人民出版社,2017年,第183页。

多成果。鉴于此，在中国特色新型城镇化进程中，要坚持以马克思主义理论为主体，积极吸收借鉴人类关于城市文化发展的优秀理论成果，指导城市文化发展实践。同时，不能教条地对待理论，要将理论的基本要求与城市文化发展的具体实际相结合，将理论转化为实践的工具，并在城市文化发展实践中运用好、发展好相关理论。

三、民族性与时代性相结合的原则

中国特色新型城镇化的"中国特色"，实质上不仅体现当代中国城镇化的实践特色和理论特色，还体现当代中国城镇化的民族特色和时代特色。基于此，其进程中的城市文化发展，也内蕴保持民族特色和时代特色的内在要求。在此背景下，中国特色新型城镇化进程中的城市文化发展要坚持民族性与时代性相结合的原则。

具体而言，首先，城市文化发展要坚持民族性。马克思在《给〈祖国纪事〉杂志编辑部的信》中就指出，不能将他"关于西欧资本主义起源的历史概述彻底变成一般发展道路的历史哲学理论"[1]，一切民族都应该按照其历史环境而具体地选择发展道路。在世界上，任何民族都有其存在和发展的独特历史环境，而正是这种环境决定了它们对于自身经济、政治、文化等发展道路的选择。人类社会发展的历史经验表明，只有坚持民族性，继承民族优秀的文明财富，实事求是地选择民族发展道路，才能实现民族振兴和国家富强的目的；反之，则可能被其他异质文明所裹挟甚至殖民，而最终走向灭亡。鉴于此，在中国特色新型城镇化进程中，城市文化发展要坚持民族性。马克思指出，人们对自己之历史的创造，"是在直接碰到的、既定的、从过去承继下来的条件下创造"[2]。在城市文化发展中坚持民族性的核心在于，传承好中华优秀传统文化，合理继承和创新发展城市文化，保持城市文化的民族特色，彰显城市文化应有的本土风格和气派。

其次，城市文化发展要坚持时代性。任何文化都属于一定的时代，并在其生成和发展过程中不可避免地被打上特定时代的烙印。时代本身属于一个历史

---

[1] 中共中央马克思恩格斯列宁斯大林著作编译局：《马克思恩格斯选集（第3卷）》，人民出版社，2012年，第730页。

[2] 中共中央马克思恩格斯列宁斯大林著作编译局：《马克思恩格斯选集（第1卷）》，人民出版社，2012年，第669页。

中国特色新型城镇化进程中的城市文化发展研究
──理念、框架与路径

概念，其特点会伴随实践的发展而变化。[①] 就城市文化发展而言，其本身即是一个由低级向高级不断发展的实践过程。在此过程中，每个发展阶段都有其自身的特点。2015年12月召开的中央城市工作会议强调，要结合自己的时代要求发展城市文化。[②] 在城镇化进程中，城市文化想要保持长久的生命力，就必须经受住时间的考验，与时俱进地适应时代发展的新特点、新要求。伴随实践的不断深入，城市文化发展不仅应保存好以往积累下来的城市文化成果，还应在适应实践的基础上面向未来。因此，在中国特色新型城镇化进程中，要立足实践，增强对时代主题、发展要求的研判和把握，善于伴随社会实践条件的变化而调整城市文化发展的具体目标和方法，使城市文化能够适时地反映城镇化对其的时代要求，促使城市文化面向时代、面向未来，进而成为中国特色社会主义文化的优秀组成部分。

四、社会效益与经济效益相结合的原则

党的十八大指出，发展社会主义文化，"要坚持把社会效益放在首位、社会效益和经济效益相统一"[③]。城市文化发展作为社会主义文化发展在城市领域的展开，也必须如此。

具体而言，首先，城市文化发展要注重社会效益，并且将其放在首位。城市文化发展注重的社会效益，是指城市文化产品能够充分满足城市居民日益增长的文化需要。事实上，城市文化发展本身即遵循中国特色新型城镇化的内在要求，以人为核心，意在充分满足城市居民的全面发展需要。因此，城市文化发展注重社会效益，即是贯彻这一要求的具体体现，旨在切实满足城市居民的基本文化需要。同时，城市文化产品的生产是社会性的，关涉城市社会中各城市居民群体的利益分配。而城市文化发展本身即遵循中国特色新型城镇化的内在要求，注重社会效益，关注对社会利益的协调。因此，城市文化发展注重社会效益，即是贯彻这一要求的具体体现，旨在切实保障城市居民的基本文化权益。在社会主义国家，城市社会关系的整体利益导向是以公有制为主体、多种所有制经济共同发展的基本经济制度结构为基础，蕴含着社会本位的利益选择

---

① 陈绍芳，郑欢：《论有中国特色社会主义文化的时代性特点》，《科学社会主义》，1998年第1期，第61～63页。
② 《中央城市工作会议在北京举行》，《人民日报》，2015年12月23日，第1版。
③ 中共中央文献研究室：《十八大以来重要文献选编（上）》，中央文献出版社，2014年，第26页。

第五章　中国特色新型城镇化进程中城市文化发展的战略框架

要求。① 而城市文化作为城市社会关系的文化反映，必然要遵循城市社会关系的整体利益导向，将社会效益作为推进城市文化发展活动的首要原则。

其次，城市文化发展要注重经济效益。城市文化发展注重的经济效益，是指实现城市文化产品生产活动组织者和参与者的个人经济利益。② 事实上，许多城市文化产品能够作为经济资源带来经济利益。城市文化发展注重经济效益，有利于激发市场主体开展城市文化产品生产活动的积极性，增强城市文化发展的经济动力。并且，市场主体的城市文化产品生产活动主要遵循市场导向，他们会基于市场需求状况来生产相对适销对路的城市文化产品，通过适时满足城市居民不断发展的文化需要以实现经济利益最大化。如此，有利于促进城市文化产品的研发与创新，不断丰富城市文化资源。习近平指出："在发展社会主义市场经济的条件下，许多文化产品要通过市场实现价值，当然不能完全不考虑经济效益。然而，同社会效益相比，经济效益是第二位的，当两个效益、两种价值发生矛盾时，经济效益要服从社会效益，市场价值要服从社会价值。"③ 因此，在中国特色新型城镇化进程中，城市文化发展既要注重经济效益，更要注重社会效益；既要生产在市场上受欢迎的城市文化产品，又不能沦为"市场的奴隶"，被"沾满铜臭气"的腐朽文化所裹挟。

第三节　中国特色新型城镇化进程中城市文化发展的战略重点

中国特色新型城镇化进程中的城市文化发展，可以基于其基本目标和主要原则，从城市文化资源本体和城市文化发展过程两方面明确战略重点。从城市文化资源本体来看，可以通过优化城市文化资源，为实现城市文化发展的目标提供充足素材和成果参照。从城市文化发展过程来看，可以基于对中国特色新型城镇化进程中城市文化发展问题成因的研判，以及国内外的城市文化发展经验，在党的领导下具体从政府、市场、社会三方面入手，通过优化城市文化资源、发展城市文化事业、发展城市文化产业、引导社会主体参与，为城市文化发展的目标实现提供过程保障和动力支持。

---

① 陈立旭：《论文化产品的社会效益和经济效益》，《中国社会科学》，1998年第5期，第96~105页。
② 景小勇，叶青：《文艺生产社会效益与经济效益辨析》，《艺术百家》，2016年第3期，第1~12页。
③ 中共中央文献研究室：《十八大以来重要文献选编（中）》，中央文献出版社，2016年，第132页。

中国特色新型城镇化进程中的城市文化发展研究
——理念、框架与路径

一、优化城市文化资源

城市文化资源是城市文化发展的对象，是满足城市居民文化需要的物质、规范、观念基础。中国拥有悠久的城市文明史，涵养了富有民族、地域和时代特色的城市文化资源。从量上看，中国的城市文化资源十分丰富。从质上看，中国以往的城市文化资源虽然特色鲜明，但是难以充分展现当代中国城市的形象，满足城市居民的文化需要，从而为诸多城市文化发展问题的滋生提供了空间。鉴于此，有必要对城市文化资源进行充实，为城市文化铸魂，增强城市文化外塑城市形象、内聚市民人心的能力，让城市文化成为城市及其居民发展的有力推动力量和保障力量。

一个城市的城市文化资源，是城市充实的文化资源禀赋，从不同方面体现城市的历史发展轨迹。在城镇化过程中，伴随各种文化资源向城市集聚和在城市内部的文化碰撞、创新，城市文化资源的构成状况会不断发展变化。若城市历史文化特色鲜明、势位强劲，带来的经济效益和社会效益较大，则可能使城市文化创新围绕城市历史文化特色进行，并强势融合外来文化，使外来文化成为城市历史文化的一种补充。若现代城市文化特色鲜明、势位强劲，带来的经济效益和社会效益较大，则可能使现代城市文化在其发展中将城市历史文化、外来文化等作为一种参考要素或者直接淡化对它们的关注。

当今，中国特色新型城镇化将"文化传承，彰显特色"作为基本原则。就城市文化而言，其特色主要源于城市历史积累，一般取自城市文化特别是城市历史文化。鉴于此，在中国特色新型城镇化进程中，应优化城市文化资源，主要做到以下三个方面的内容：第一，优化城市文化资源的存量。在增强城市文化势位的基础上，积极吸收借鉴外来文化。其中，当城市历史文化特色鲜明、势位强劲时，应注意促进其内容和形式的适度更新，以适应时代发展的要求；当现代城市文化特色鲜明、势位强劲时，应注意促进其融合城市历史文化特色，增强现代城市文化的历史底蕴。第二，规范城市文化资源的增量。一方面，不断挖掘和展现城市历史文化特色，让新增的现代城市文化成果特色鲜明，从而使城市原有文化的特色更加鲜明、势位更加强劲；另一方面，让新增的外来文化元素既为城市文化发展所用，作为城市文化彰显特色和增强势位的文化元素补充，又不消解城市原有文化的特色。第三，加强城市文化资源的保存。一方面，以主动的保存策略为主，注重保护和优化保存城市文化资源的载体，加强城市文化资源的传播，使其在人际、城际乃至跨国文化交流中得到保存和弘扬；另一方面，以被动的保存策略为辅，积极回应和解决城市文化资源流失的现实问题。

在优化城市文化资源过程中,应着重优化城市文化内容,加强城市主流文化阵地建设,将"三个倡导"的价值要求作为城市文化的核心意义内涵,大力弘扬社会主义核心价值观,将"仁爱""勤劳""诚信""包容"等中华传统优秀价值要求和"创新""绿色""共享"等现代优秀价值理念融入城市文化的内涵,融入城市文化的各种形式,使城市文化蕴含的意义同中国特色社会主义发展要求高度契合,最终培育出民族和时代特色鲜明、凝聚力和感召力强的现代城市精神。

二、发展城市文化事业

公共性作为文化的精神基础,是城市文化发展的一个核心关注点。公共性是一个历史范畴,其内容、性质、结构和要求会伴随时代的变化而变化,使得现代意义上的公共性成为"许多规定的综合,因而是多样性的统一"[1]。在公共性的具体样态中,共在、共识和共享是公共性中最基础的内容和最稳定的构成。[2] 美国的杰埃格和塞尔思尼克说:"尽管文化根植于个人的需要和现实当中,但它不是一种个人的东西,应该将其视为全人类共同具有的或广泛见于人群的共同现象。"[3] 就城市文化而言,其公共性主要体现为文化形式的共在、文化内容的共识、文化资源的共享。首先,城市文化的各种形式必须共同存在于同一特定的时空条件下,并且它们与城市居民也必须共同存在于同一特定时空条件下。其次,城市文化的各种内容必须反映城市居民共同的文化身份、共同的文化诉求、共同的文化特质。当然,共同并不反对个性,城市文化也会蕴含体现城市居民个性特点的文化成分。最后,城市文化资源必须能够为所有城市居民所共享,而不是仅能够被少数城市居民所独占。城市文化的公共性,要求必须关注公共目的,在尊重、引导和满足城市居民基本文化需要的过程中实现城市文化发展。为此,在中国特色新型城镇化进程中,可以通过发展城市文化事业加以实现。

文化事业是中国特有的概念,是国家专门设置的事业机构进行管理的部

---

[1] 中共中央马克思恩格斯列宁斯大林著作编译局:《马克思恩格斯文集(第8卷)》,人民出版社,2009年,第25页。
[2] 李丽:《文化困境及其超越》,人民出版社,2013年,第117页。
[3] 克莱德·克鲁克洪等:《文化与个人》,何维凌、高佳、何红译,浙江人民出版社,1986年,第61页。

分。① 它不以营利为目的，主要由政府投入来服务全体人民。党的十八大指出，发展社会主义文化，要"推动文化事业全面繁荣"②，突出了文化事业的发展要求。2015 年 1 月，中共中央办公厅、国务院办公厅印发的《关于加快构建现代公共文化服务体系的意见》指出，"在新的形势下，构建现代公共文化服务体系"，是"促进文化事业繁荣发展的必然要求"，③ 凸显"公共文化服务体系"在文化事业发展中的关键作用。公共文化服务是不以营利为目的、提供文化产品和服务的活动。④ 公共文化服务体系是以政府为行为主体，以满足人民基本文化需要、保障人民基本文化权益为目的的组织和制度的总和。⑤ 当今，发展文化事业的关键在于健全公共文化服务体系。因此，在中国特色新型城镇化进程中，需要发展城市文化事业，促使城市公共文化服务体系得到健全，为城市居民提供优质高效的城市公共文化服务。

发展城市文化事业，应主要做到以下两个方面的内容：第一，壮大城市公共文化服务供给主体。《关于加快构建现代公共文化服务体系的意见》提出，"坚持政府主导"和"坚持社会参与"是构建现代公共文化服务体系的基本原则。2017 年 3 月施行的《中华人民共和国公共文化服务保障法》则以法律的形式确认了"政府主导、社会力量参与"在供给公共文化服务方面的作用。当今，政府和包含市场主体、社会组织在内的社会力量是发展文化事业的主体。其中，政府是主导力量，社会力量是重要参与力量。基于此，在中国特色新型城镇化进程中，应发挥好政府供给城市公共文化服务的主导作用，认真研究城市居民的文化需要，因地制宜地推进基本公共文化服务均等化，通过满足城市居民的基本文化需要和保障他们的基本文化权益以实现社会公平；同时还应培育多元参与主体，依托市场机制和社会参与机制，理顺政府与文化企业、文化类社会组织等在供给城市公共文化服务上的关系，促进政府从办文化向管、办文化相结合转变，积极引导各类社会力量参与公共文化服务。第二，完善城市公共文化服务体系建设，把其"作为一项民心工程"⑥。在中国特色新型城镇

---

① 徐双敏：《公共事业管理概论》，北京大学出版社，2007 年，第 138 页。
② 中共中央文献研究室：《十八大以来重要文献选编（上）》，中央文献出版社，2014 年，第 26 页。
③ 《中共中央办公厅、国务院办公厅印发〈关于加快构建现代公共文化服务体系的意见〉》，中华人民共和国中央人民政府网，http://www.gov.cn/xinwen/2015-01/14/content_2804250.htm。
④ 范周：《新型城镇化与文化发展研究报告》，光明日报出版社，2013 年，第 30 页。
⑤ 于平，傅才武：《中国文化创新报告 2011》，社会科学文献出版社，2011 年，第 55 页。
⑥ 《鼓励基层群众解放思想积极探索　推动改革顶层设计和基层探索互动》，《人民日报》，2014 年 12 月 3 日，第 1 版。

化进程中，应立足中国的基本国情，结合市场经济的发展要求、文化发展的内在规律，通过推进城乡和城市内部公共文化服务均衡化，强化城市公共文化服务的动力，增强其供给能力、保障能力、体制机制建设，完善富有中国特色且覆盖城乡、便捷高效、普惠市民的城市公共文化服务体系，解决城市文化发展的突出问题，为城市居民提供公益性、基本性、均等性的城市公共文化服务。

三、发展城市文化产业

文化产业作为新世纪的朝阳产业，得到世界各国特别是发达国家的重视。同发达国家相比，中国的文化产业增加值在GDP中所占比重较低，因而发展空间巨大。[1] 习近平指出："要继续推进文化体制改革，推动文化事业全面繁荣和文化产业快速发展、建设社会主义文化强国。"[2] 中国特色新型城镇化进程中的城市文化发展，不仅要发展城市文化事业，还要发展城市文化产业。

城市文化产业是指在城市领域，市场主体进行文化商品的生产、流通、传播和销售，以及与其有联系的各种经济活动的集合。它是创意驱动、知识密集、技术整合的城市产业类型，是经济、文化、科技等相互融合的城市产业类型。[3] 发展城市文化产业对城市文化发展具有重要的作用。首先，发展城市文化产业，使其成为城市的重要支柱产业，有利于填补城镇化进程中因建立"集约、智能、生态、低碳"的城市空间而使城市传统产业转型出现的"产业空心"，推进绿色低碳、生态宜居的新型城市建设，在产城互动的过程中实现城市文化发展和城市经济发展的双向共赢。其次，发展城市文化产业，不仅能够为其他城市产业发展提供文化支撑，如通过企业文化塑造、文化资本跨界流动等促进其他城市产业发展，带动城市的投资和消费，凸显经济价值，还能够在市场机制下整合城市文化资源，繁荣经济效益高、特色化的城市文化，强化城市文化产品不断满足城市居民多样化、个性化文化需要的能力，并通过增加就业岗位加速农业转移人口的城市移民市民化，从而吸引更多文化资源、经济资源和文化人才集聚城市，丰富特色城市文化资源，提升城市的文化凝聚力，增强城市文化发展的经济和社会动力。

发展城市文化产业，不仅要充分发挥其促进城市文化发展的经济功能，还应做到以下五个方面的内容：第一，正确处理城市文化产业与城市文化事业的

---

[1] 韩美群，宋州：《文化建设的中国话语》，武汉大学出版社，2014年，第222页。
[2] 习近平：《习近平谈治国理政（第1卷）》，外文出版社，2018年，第155页。
[3] 范周：《新型城镇化与文化发展研究报告》，光明日报出版社，2013年，第67页。

关系。首先，以城市文化发展的社会效益为先，促进城市文化产业与城市文化事业的协调发展，避免出现"文化搭台、经济唱戏"背景下滋生的低俗文化污染城市文化市场、降低城市文化发展社会效益的现象。其次，以城市文化产业发展带动城市文化事业发展，以市场为导向，增强城市文化产业发展成果对城市居民发展的积极影响，为城市文化事业研判和满足城市居民文化需要的发展趋势提供参考。最后，以城市文化事业发展促进城市文化产业发展，更好发挥政府作用，以政策、项目为纽带，引导符合城市定位的城市文化产业发展。第二，兼顾城市文化产品的特殊性与一般性。一方面，充分挖掘城市文化产品带来的经济效益，通过文化创新，维持一些城市文化产品内容与形式的特殊性，培育文化精品，增强城市文化产品的市场竞争力；另一方面，注重城市文化产品带来的社会效益，关照城市居民的基本文化需要，确保多数城市文化产品内容与形式的一般性，不片面求怪、求异，注重生产和传播适合普通城市居民消费的通俗城市文化产品。第三，兼顾城市文化的传承与创新。一方面，在不破坏城市历史文脉的基础上，依法活化利用城市历史文化遗产，充分挖掘城市历史文化的经济价值；另一方面，以文化创意为核心，运用新的思维、知识、技术来创新城市文化的内容和形式，培育和强化城市文化特色，增强城市文化产业的创新动力。第四，合理融合外来文化。一方面，以开放的态度对待外企和外来文化产品，注重利用外企的资本和先进管理理念、科学技术等支持城市文化产业发展，以及通过借鉴外来文化产品来丰富城市文化产品的内容与形式；另一方面，规范外企的投资行为，阻止外来文化对城市原有文化的根本性改造，保持城市原有文化在城市文化资源构成中的主体地位。第五，正确处理城乡文化产业发展的关系，促进城乡文化产业的互动、协调发展。一方面，发挥城市文化产业对农村文化产业的带动作用，为农村文化产业发展提供资本、理念、技术和人才等支持，并在农村适度扩大城市文化产品的消费市场；另一方面，约束城市文化市场对农村文化市场的侵蚀，阻止负面的城市文化产品流向农村，避免损害农村文化产业自主发展的能力。

四、引导社会主体参与

当今，引导社会主体参与城市文化发展实践，既是世界各国特别是发达国家促进城市文化发展的重要趋势，也是中国城市文化发展的必然选择。党的十八届三中全会指出："人民是改革的主体，要坚持党的群众路线，建立社会参

第五章　中国特色新型城镇化进程中城市文化发展的战略框架

与机制。"[1] 引导社会主体参与，是全面深化改革的重要方面，对中国特色新型城镇化进程中的城市文化发展具有重要作用。首先，引导社会主体参与，是坚持马克思主义群众史观的必然要求。马克思主义群众史观认为，人类历史的真正创造主体是人民群众。在城市中，城市居民是最主要的社会主体。习近平指出："人民是文艺创作的源头活水。"[2] 引导社会主体参与城市文化发展，尊重城市居民在城市文化发展中的主体地位，发挥城市居民在城市文化发展中的积极性、主动性、创造性，符合中国特色新型城镇化以人为核心的内在特点和城市文化发展中促进城市居民发展的根本追求，有利于从城市居民生活中挖掘文化创作资源，让城市文化能够反映时代要求和城市居民心声，满足城市居民的文化需要。其次，引导社会主体参与，是完善城市公共文化服务的重要举措。在城镇化进程中，城市社区、城市文化类社会组织和城市居民作为社会主体，既是城市文化发展的受益者，又是城市文化发展的有力推动者。社会主体特别是城市社区、城市文化类社会组织参与城市文化产品生产、传播的实践具有一定公益性，能够从微观层面针对特定城市社区、特定城市居民群体提供城市公共文化服务，有利于弥补政府从宏观层面、针对全体城市居民提供的城市公共文化服务对特定城市社区、特定城市居民群体的可及性不足。因此，引导社会主体参与，有利于完善城市公共文化服务，使城市文化因契合城市居民的需要而更具生命力。最后，引导社会主体参与，是增强城市文化发展动力的重要选择。在城市中，各社会主体的文化诉求存在差异。若将他们完全排斥在城市文化发展的实践之外，势必难以较好地满足他们表达文化诉求、消费文化资料的需要，进而加剧城市社会内部的矛盾。相较而言，引导社会主体参与，让城市各社会主体从城市文化发展的"旁观者"变为"参与者"，通过城市文化反映和满足他们的文化诉求，有利于他们认同和接受城市文化以及支持城市文化发展，为城市文化发展增强社会动力。

　　引导社会主体参与，应主要做到以下两个方面的内容：第一，把握社会主体的文化特点和文化诉求。在一个城市中，城市社区、城市文化类社会组织和城市居民的文化特点和文化诉求存在差异，各城市社区、城市文化类社会组织和城市居民群体内部的文化特点和文化诉求也存在差异。伴随城镇化的推进和城市经济社会的变迁，这些差异会不断发生变化。鉴于此，在中国特色新型城

---

[1] 中共中央文献研究室：《十八大以来重要文献选编（上）》，中央文献出版社，2014年，第545页。

[2] 中共中央文献研究室：《十八大以来重要文献选编（中）》，中央文献出版社，2016年，第128页。

镇化进程中，应及时了解、研判各社会主体的文化特点和文化诉求，从宏观层面生产、传播符合他们共性文化特点和文化诉求的城市文化产品，从微观层面则针对他们的相关差异性生产、传播具有个性特点的城市文化产品。第二，发挥社会主体在城市文化发展中的功能。在城市各社会主体中，城市社区、城市文化类社会组织作为组织主体，以特定组织的发展为行为目标；城市居民作为个体主体，以个人的发展为行为目标。同时，特定城市居民群体会产生临时性的、旨在实现群体发展的行为目标。鉴于此，在中国特色新型城镇化进程中，应支持城市社区在完成提供城市公共文化服务的政府行政命令下，结合实际创造性地发展特色文化以服务辖区城市居民；支持城市文化类社会组织基于组织设立的目标和原则提供公益性的城市文化服务；支持城市居民和合法的城市居民群体合理地表达城市文化诉求，为城市文化发展建言献策。值得指出的是，必须坚持以马克思主义为指导和社会主义文化发展方向，引导社会主体依法参与城市文化发展实践。在此过程中，要注重对各社会主体的培育和管理，引导和规范它们相关行为，坚决鼓励它们依法促进城市文化发展，坚决打击它们的相关违法行为。

第四节 中国特色新型城镇化进程中城市文化发展的机制支撑

中国特色新型城镇化进程中的城市文化发展离不开机制支撑。然而现阶段城市文化发展的相关机制还不尽健全，制约着城市文化的良性发展。因此，在中国特色新型城镇化进程中，如何完善各种城市文化发展的机制就成为一个重要的问题。总的来看，完善城市文化发展的机制必须基于三个方面实践的考虑：一是合理配置促进城市文化发展所能依托的资源；二是确保城市文化发展过程高效推进；三是增强城市文化发展的积极影响。鉴于此，可以从领导力量、责任主体、城市内部、城乡关系、目标受众、发展效能等方面，筑牢中国特色新型城镇化进程中城市文化发展的机制支撑。

一、党领导的推进城市文化发展机制

坚持中国共产党的领导，是城市文化发展的本质要求。党的十八届四中全

会提出:"党的领导是中国特色社会主义最本质的特征。"① 在坚持和发展中国特色社会主义的实践中,必须坚持党的领导,"充分发挥党总揽全局、协调各方的领导核心作用"②。2015年12月召开的中央城市工作会议强调,做好城市工作,必须加强和改善党的领导,突出了党领导城市工作的重要性和着力点。③ 推进城市文化发展作为城市工作的重要方面,必须坚持党的领导。在中国特色新型城镇化进程中,有必要健全党领导的推进城市文化发展机制,发挥好党的领导这一中国特色社会主义制度的最大优势。

健全党领导的推进城市文化发展机制,应主要做到以下六个方面的内容:第一,坚持党中央的集中统一领导。"坚持党的领导,首先是要坚持党中央的集中统一领导,这是一条根本的政治规矩。"④ 在推进城市文化发展的过程中,各组织主体和个体主体必须坚持党中央的集中统一领导,坚决维护党中央权威,切实将党中央关于城市文化发展的决策部署落实到各项具体工作之中,"确保党中央令行禁止"⑤。第二,坚持以人民为中心,坚持社会主义价值取向,明确城市文化发展的基本方向和要求。各级党组织应在马克思主义指导下,增强中国特色社会主义文化自信,落实党的文化工作要求,尊重和遵循城市文化发展规律,坚持以人民为中心的发展理念和创作导向,把握城市文化发展的正确方向,依靠依法开展城市文化生产的组织主体和个体主体,致力于推进用优秀的城市文化成果满足市民需要、凝聚社会共识和促进经济发展。第三,加强党对政府参与城市文化发展的领导。习近平指出:"党的坚强有力领导是政府发挥作用的根本保证。"⑥ 在推进城市文化发展的过程中,做到党中央领导城市文化发展的方向确定、战略制定等,省和城市的同级党组织领导城市文化发展的具体任务设计、过程管理、效能评估和对策制定等,城市基层党组织领导和支持基层政府推进城市文化发展实践。第四,加强党对市场主体参与城市文化发展的领导。一方面,加强党对国有企业参与城市文化发展的领

---

① 中共中央文献研究室:《十八大以来重要文献选编(中)》,中央文献出版社,2016年,第146页。
② 中共中央文献研究室:《十八大以来重要文献选编(上)》,中央文献出版社,2014年,第79页。
③ 《中央城市工作会议在北京举行》,《人民日报》,2015年12月23日,第1版。
④ 《习近平主持中共中央政治局常务委员会会议》,《人民日报》,2015年1月17日,第1版。
⑤ 《以解决突出问题为突破口和主抓手 推动党的十八届六中全会精神落到实处》,《人民日报》,2017年2月14日,第1版。
⑥ 《正确发挥市场作用和政府作用推动经济社会持续健康发展》,《人民日报》,2014年5月28日,第1版。

中国特色新型城镇化进程中的城市文化发展研究
—— 理念、框架与路径

导。习近平强调，坚持党的领导、加强党的建设，是国有企业的光荣传统、"根"与"魂"和独特优势。[①] 在推进城市文化发展的过程中，做到"坚持党对国有企业的领导不动摇"，发挥相关国有企业党组织的领导核心和政治核心作用，保证党的相关决策部署贯彻执行，坚持以人民为中心的文化生产导向，在实现经济效益的同时更好服务城市居民的文化需要、更好实现社会效益。另一方面，加强党对非公有制企业参与城市文化发展的领导。习近平强调，非公有制企业党建工作十分重要，"必须以更大的工作力度扎扎实实抓好"[②]。在推进城市文化发展的过程中，充分发挥相关非公有制企业的党组织作用，引导和确保非公有制企业增强对坚持党的领导的信念，坚定拥护和坚决执行党的相关决策部署，依法开展文化生产、传播等行为，自觉使企业的活动和产品实现更大的社会效益。第五，加强党对社会主体参与城市文化发展的领导。在推进城市文化发展的过程中，各级党组织应带头引领城市社区、城市相关社会组织、城市居民等社会主体落实《关于加强和完善城乡社区治理的意见》《关于加强社会组织党的建设工作的意见（试行）》等文件要求，着重发挥城市社区基层党组织、相关社会组织内部党组织的战斗堡垒作用，让社会主体增强对坚持党的领导的信念，坚定拥护和坚决执行党的相关决策部署，依法、积极参与城市文化发展实践，形成党领导下城市社区、相关社会组织、城市居民互动推进城市文化发展的格局。第六，加强党的领导能力建设。各级党组织应发扬实事求是的精神，结合中国特色社会主义发展要求和中国特色新型城镇化实际，注重对城市文化发展态势、问题的调查研究，确保城市文化发展决策的科学性、针对性和有效性，完善干部、人才、宣传思想等方面的相关政策以组织、协调好推进城市文化发展的各方面力量，领导增强城市文化发展的系统性和协同性。同时，各级党组织应积极领导推进城市文化发展的各项实践，增强党员干部坚持党的领导不动摇的意识，发挥他们在推进城市文化发展上的先锋模范作用，抓住"党的领导作用不发挥"问题典型严肃追责，不断提升党领导城市文化发展的能力和水平。

二、政府、市场与社会多元参与机制

政府、市场主体和社会主体是在党的领导下具体推进城市文化发展的责任主体，从不同方面对城市文化发展产生重要影响。因此，中国特色新型城镇化

[①] 习近平：《习近平谈治国理政（第2卷）》，外文出版社，2017年，第176页。
[②] 《全国非公有制企业党建工作会议在京召开》，《人民日报》，2012年3月22日，第1版。

进程中的城市文化发展，不应忽视政府、市场主体和社会主体中任意一个主体的作用，应发挥它们对城市文化发展的积极影响，预防和化解它们对城市文化发展的不利影响。这从客观上要求政府、市场主体和社会主体在同一时空条件下参与城市文化发展实践。如此，就对它们的相关参与行为提出了更高要求。一方面，它们需要最大限度地发挥好自身功能，进而形成促进城市文化发展的多向动力；另一方面，它们之间的参与行为需要相互协调，进而形成促进城市文化发展的合力。鉴于此，可以构建政府、市场与社会多元参与机制，在党的领导下，最大限度地、综合地发挥各责任主体在城市文化发展方面的积极影响。

构建政府、市场与社会多元参与机制，主要应做到以下两个方面的内容：第一，明确政府、市场与社会多元参与机制的形成方式。一是政府主导型的形成方式，即依托政府的城镇化规划、城市文化发展规划以及相关政策、法规、项目等，规定政府在城市文化发展中的基础作用，引导市场和社会参与城市文化发展的方式。二是市场激励型的形成方式，即依托市场机制自发地配置城市文化资源，激励市场主体进行城市文化生产，使政府和社会主体配合参与城市文化发展。三是社会参与型的形成方式，即社会主体通过表达文化诉求，政府、市场主体和社会主体开展相应的城市文化发展实践。在中国特色新型城镇化进程中，城市既应结合自身实际选择政府、市场与社会多元参与机制的某种或多种形成方式，优化各主体之间的关系，又应关注其他形成方式的存在和发生作用的可能性，避免多种形成方式在同一时空条件下相遇后所产生的冲突。第二，完善政府、市场与社会多元参与机制的内部构成。一是政府规划引导。以满足城市居民的基本文化需要为中心，一方面，政府直接生产和供给作为公共产品的城市文化；另一方面，政府通过政策、项目等，引导市场主体、社会主体生产和提供作为公共产品或准公共产品的城市文化。二是市场机制驱动。以满足城市居民的个性化文化需要为中心，依托市场机制，生产和供给经济效益好的、作为私人产品的城市文化。三是社会自觉参与。以兼顾满足城市居民的基本文化需要和个性化文化需要为中心，基于社会主体的公益性目标，生产和供给社会效益好的、作为公共产品或准公共产品的城市文化。四是协调政府、市场与社会的参与关系。在城市文化发展理念、目标和原则的指导下，一方面，结合实际需要，以社会效益最大化、兼顾社会效益和经济效益的标准，调节政府、市场主体和社会主体在城市文化发展中的投入量，明确它们推进城市文化发展的主要责任；另一方面，化解各主体在参与城市文化发展中的冲突，促进各主体带来的负面因素及时退出城市文化发展的过程。

三、城市文化传承、创新与包容协同发展机制

从城市内部来看，传承城市历史文化、创新城市文化和包容外来文化，一般都在同一时空条件下进行。《国家新型城镇化规划（2014—2020年）》提出"形成多元开放的现代城市文化"[①]，不仅要求突出城市文化的本土性，还要求突出城市文化的时代性和多元性。因此，在中国特色新型城镇化进程中，不仅应坚持传承发展、创新发展和包容发展理念，延续城市历史文脉，激发城市文化创造活力，促进多样文化在城市融合，而且还应在城市文化发展中处理好传承城市历史文化与创新城市文化的关系、在外来文化融合过程中处理好发展城市原有文化与融合外来文化的关系，避免因这些关系处理不当而引发的矛盾。鉴于此，可以构建城市文化传承、创新与包容协同发展机制，既使传承城市历史文化、创新城市文化和包容外来文化取得成效，又使它们形成合力，共同促进城市文化的整体发展。

构建城市文化传承、创新与包容协同发展机制，应主要做到以下三个方面的内容：第一，把握城市文化传承、创新与包容发展的重点对象和方法。一是以延续城市历史文脉为主要目的，结合城市历史文化发展的历史与经验，在回应当代"哪些城市历史文化需要继续传承""哪些城市历史文化缺乏传承基础""如何传承和发展城市历史文化"等问题的过程中，梳理出城市历史文化传承的重点对象和方法。二是以激发文化创造活力为主要目的，结合城市发展的时代特点，在回应当代"创新哪些城市文化""如何创新城市文化""创新城市文化的方向和前景如何"等问题的过程中，梳理出创新城市文化的重点对象和方法。三是以促进多样文化融合为主要目的，结合外来文化的构成样态，在回应"哪些外来文化需要融合""哪些外来文化需要抵制""如何融合外来文化"等问题的过程中，梳理包容外来文化的重点对象和方法。第二，研判城市文化传承、创新与包容发展面临的现实问题。基于城市文化发展的基本定位，结合城镇化和城市发展的背景，以城市居民的文化需要满足状况为参照，分析当前城市文化传承、创新与包容发展面临的现实问题。并且，对这些问题的现实危害、发展走向等进行分析，把握这些问题的成因与内在的矛盾点。第三，促进城市文化传承、创新与包容协同发展。一是发掘和分析传承与创新城市文化、包容外来文化的重点对象和方法的结合点，以发展共同的重点对象和使用共同

[①] 《国家新型城镇化规划（2014—2020年）》，人民出版社，2014年，第58页。

的重点方法为最优选择,以避免重点对象和方法的直接冲突为底线选择,最大限度地兼顾城市文化的传承、创新与包容发展。二是分析传承与创新城市文化、包容外来文化问题的现状、危害和走向,以全面避免这些问题发生为最优选择,注重避免这些问题相互影响而伴生新的问题,重点通过传承城市历史文化解决现代城市文化创新素材不足和外来文化强势冲击的问题,通过创新城市文化解决城市历史文化传承乏力和外来文化强势冲击的问题,通过包容外来文化解决城市历史文化遭受外部冲击和城市文化创新素材不足等问题,以增强城市文化传承、创新与包容发展的协同性。

四、城乡文化一体化发展机制

当今,城乡文化一体化发展已是中国特色新型城镇化进程中城市文化发展的现实选择和必然要求。为此,必须建立和健全城乡文化一体化机制,为城乡文化协调发展提供方法遵循和规则保障。

建立和健全城乡文化一体化机制,应主要做到以下四个方面的内容:第一,推进城乡文化发展规划一体化。打破以往"城乡分割""重城轻乡"的思维模式,充分认识城乡文化联动发展对城市经济社会和城市文化发展的促进作用,整体推进城乡文化发展规划一体化。一方面,坚持城市文化的协调发展理念,并重、协调发展城乡文化,将"城乡文化一体化发展"的目标和要求纳入经济和社会发展总体规划及城乡规划;另一方面,综合考虑农村文化发展相对弱势的具体实际,加大对农村文化发展的引导和支持力度,使城乡文化发展投入向农村倾斜。第二,推进城乡文化事业发展一体化。党的十七届六中全会提出:"加快城乡文化一体化发展。增加农村文化服务总量。"[1] 推进城乡文化事业发展一体化,着重增加农村公共文化服务的总量和提升其质量,是加快城乡文化一体化发展的必然选择。应加强农村公共文化资源的配置,增加农村的公益性文化活动;同时,加快城乡基本公共文化服务均等化建设,根据城乡人口变化的现状,统筹布局城乡公共文化服务政策、项目、设施、资金和队伍,健全纳入全体城乡居民的公共文化服务综合体系。第三,推进城乡文化产业发展一体化。一方面,坚持社会效益优位的前提下,促进城市文化资源与农村文化市场、农村文化资源与城市文化市场的有效对接,[2] 推动城市文化生产的相关

---

[1] 中共中央文献研究室:《十七大以来重要文献选编(下)》,中央文献出版社,2013年,第573页。

[2] 徐学庆:《城乡文化一体化发展途径探析》,《中州学刊》,2013年第1期,第102～106页。

要素向农村流动，形成同社会主义市场经济发展相适应的城乡文化市场体系和城乡文化产业互动发展格局；另一方面，提高城乡文化产品的商品化程度，为城乡文化产业的开发、契合城乡居民文化需要的城市文化产品的生产与传播及创新提供便捷渠道，培育和塑造城乡文化产业新的增长点。第四，推进"城乡联动、以城带乡"。鼓励城市对农村进行文化发展方面的帮扶，使城乡"结对子、种文化"，促进城市公共文化服务适度延伸农村，让发展"三农"的内容成为城乡重大文化惠民服务的核心内容，从而形成城乡公共文化服务联动、文化产业共同发展、社会力量共同努力的城乡文化一体化发展格局。

五、市民基本文化权益保障机制

从目标受众来看，城市居民对城市文化的消费状况，影响着城市文化发展的方向。若城市居民不认同和不消费某种城市文化，即使该城市文化的内容和形式再充实，也难以在城市中真正落地生根；反之，若城市居民认同和热衷消费某种城市文化，即使该文化的内容和形式不尽完善，也能够在城市中立足。因此，有必要构建市民基本文化权益保障机制，结合城市居民对城市文化的消费状况，推进城市文化发展。同时由于这些状况体现城市居民发展的情况，因而有必要通过生产和供给符合城市居民发展需要的城市文化产品，引导和满足城市居民的合理文化消费。在城镇化进程中，城市文化产业发展可以引导和满足城市居民的个性化文化消费需要，城市文化事业发展则可以引导和满足城市居民的基本文化消费需要。鉴于此，应发挥市场在资源配置中的决定性作用，引导城市文化产业满足城市居民健康的文化消费需要，保障城市居民享有多样化城市文化资源的权益；同时更好发挥政府作用，着重通过加强城市公共文化服务，保障城市居民的基本文化权益。正如党的十七届六中全会所强调的，构建公共文化服务体系，加强公共文化服务，以保障人民群众鉴赏公共文化、参与公共文化活动等基本文化权益为主要内容。[①] 切实保障城市居民的基本文化权益，可以更好地满足他们的基本文化消费需要，为他们的发展提供必要的文化支持，从而成为城市文化发展的重要选择。

构建市民基本文化权益保障机制，应主要做到以下四个方面的内容：第一，适时研判城市居民的基本文化需要。基于城市居民文化消费的现状，分析城市居民基本文化需要的时代特点，保障城市居民基本文化权益的重点和难

---

① 中共中央文献研究室：《十七大以来重要文献选编（下）》，中央文献出版社，2013年，第571页。

点，找准应对这些重点和难点的有效途径。第二，畅通城市居民的文化诉求表达。积极听取城市居民的文化诉求和对城市文化发展的期望，要特别关注城市弱势群体的文化诉求，使城市文化因契合城市居民的文化诉求，而在城市中扩大和深化影响力，并增强作为公共产品或准公共产品的城市文化对消费者的适应性，减少因它们不被消费者接受而带来的资源浪费；使城市居民因实际参与城市文化发展过程，而接受和认同城市文化，化解以往因城市文化不能充分满足城市居民文化需要而产生的城市社会矛盾；使城市居民自身发展的需要得到充分满足，能够有效地从反映自身文化诉求的城市文化中汲取智慧。第三，增强城市居民享有公共文化服务的能力。将城市居民的基本文化需要作为公共文化服务体系建设的核心关注点，充分发挥城市居民的文化主体作用，通过政府主导、市场激励、社会参与提供高配置效能的城市公共文化资源，并借助于现代信息技术手段创新公共文化服务的载体（特别是新媒体载体），使城市公共文化服务既具有时代感和前瞻性，又具有亲和力和吸引力，消除城市居民对作为公共产品或准公共产品的城市文化的违和感。同时，培育和提升城市居民认知、参与城市公共文化服务的能力，以及增强他们依托城市公共文化资源满足基本文化需要、促进自身发展的能力，引导他们依法维护自身的基本文化权益。同时，加强对侵害城市居民基本文化权益现象的取缔和打击力度，为城市居民有效享有公共文化服务提供良好的经济社会环境。第四，促进城市居民参与城市公共文化服务活动。激发城市居民在参与城市文化发展实践中的主动性，促使他们在参与城市公共文化服务活动的实践中实现自我教育、自我发展，同时带动更多的城市居民积极参与城市文化发展和积极、有效利用城市公共文化资源，从而扩大作为公共产品或准公共产品的城市文化对他们的正向影响力，促进城市居民文化素质提升和城市社会和谐发展。

六、城市文化发展效能评价机制

从发展效能来看，城市文化发展对其基本目标的实现状况，关乎其对中国特色新型城镇化和城市居民发展的贡献力。鉴于此，有必要基于城市文化发展的基本目标，对其效能进行评价。如此，不仅有助于总结城市文化发展的经验，为今后的城市文化发展提供理念遵循和方法参考，还有助于吸取城市文化发展的教训，使今后的城市文化发展规避相关问题。为此，在中国特色新型城镇化进程中，首先，应明确城市文化发展效能评价的主体，以政府主导、市场主体和社会主体参与，形成在党的领导下以政府为主、多元参与的城市文化发展效能评价体系。其次，应完善城市文化发展效能评价过程，以政府评价为

中国特色新型城镇化进程中的城市文化发展研究
——理念、框架与路径

主,形成涉及面广、系统性强的城市文化发展效能综合评价成果;积极吸纳市场主体、社会主体对城市公共文化服务进行"第三方评价",引导和支持市场主体、社会主体自主开展对城市文化产业、城市文化社会参与状况的评价,形成涉及面具体、专业性强的城市文化发展效能专门评价成果。最后,应构建城市文化发展效能评价的参考目标体系。该体系是城市文化发展基本目标的具体化,既应结合城镇化实际细化具体内容,又应明确其基本内容。

就城市文化发展效能评价的参考目标体系而言,其目前为止已经拥有一定的先行研究与实践基础。2004年起,中国开始每年从国家层面对文化及相关产业进行统计。随后,评价文化发展、农村文化发展、城市文化发展等方面的研究成果逐渐充实,特别是形成了城市文化发展评价的相关指标体系(见表5—1)。总的来看,这些指标体系从不同方面反映出城市文化发展效能的评价要求,虽为构建城市文化发展效能评价的参考目标体系提供了参考和借鉴,但同时也存在一些问题:一是数据选取问题,对城市文化公共文化服务、城市文化产业增加值等的投入占比的统计口径存在差异,无法精确量化文化知名度、文化创新力、文化参与度等因素;二是指标协调问题,对当前利益与长远利益、经济效益与社会效益等的重视程度不同,使不同指标体系对各具体指标的权重选取存在差异;三是区域差异问题,东中西部、大城市与小城市的经济社会发展条件存在区域差异,它们的城市文化发展要求存在相应差异,因而难以用统一的指标进行细致而具体的评价。

表5—1 现有城市文化发展评价的相关指标体系

指标名称	涵盖内容	作者
城市文化现代指标体系[①]	文化投入、文化设施、文化产业、文化信息、文化消费、文化交流、文化科技、文化遗产、文化法制、群众文化10个一级指标,24个二级指标	王益澄
城市文化竞争力指标体系[②]	经济发展基础、文化交流能力、文化资源、文化产业、文化事业、区位竞争力、城市环境质量、居民生活质量8个子系统	赵德兴等
城市文化竞争力指标体系[③]	文化资源力、城市旅游资源、文化价值转化力、文化辐射力、公共文化服务力、文化创新力	李向民等

---

① 王益澄:《城市文化现代化指标体系及其评价》,《经济地理》,2003年第2期,第230~232页。
② 赵德兴,陈友华,李惠芬,付启元:《城市文化竞争力指标体系研究》,《南京社会科学》,2006年第6期,第20~25页。
③ 李向民,王晨,成乔明,林源源,关波,郑翊磊:《城市文化竞争力及其评价指标》,《中国文化产业评论》,2008年第2期,第41~60页。

第五章　中国特色新型城镇化进程中城市文化发展的战略框架

续表

指标名称	涵盖内容	作者
新型城镇化建设中的文化建设评价指标体系①	文化资源与吸引、文化设施与服务、文化产业与市场、文化产品与消费、文化科技与创新、文化政策与环境6个一级指标，文化资源、文化特色、文化吸引、公共文化设施、公共文化服务、文化教育、利用效率、文化产业就业、文化市场规模、文化贸易、消费水平、消费产品、消费渠道、文化创新、文化知识产权保护、文化创新潜力、政策效果、财政支持18个二级指标	许立勇等
新型城镇化文化发展综合评价指标体系②	文化环境、文化资源、文化驱动、文化效益4个一级指标，经济发展基础与产业结构、城镇化率与城市基础建设、自然景观资源、文化遗产资源、文化基础环境、文化软环境条件、公共文化服务发展效益评价、文化产业发展效益评价8个二级指标	范周
城市公共文化服务评价指标体系③	公共文化服务的供给、公共文化服务的保障、公共文化服务的总体效应3个一级指标，公共文化设施、公共文化服务水平、资金技术和人才保障、组织管理、社会参与、经济发展、社会效果、政府投入8个二级指标	傅利平等
城市文化产业发展评价体系④	产业生产力、产业影响力、产业驱动力3个一级指标，文化资源、文化资本、人力资源、经济影响、社会影响、市场环境、公共环境、创新环境8个二级指标	彭翊

鉴于城市文化发展评价指标体系研究的现状及问题，本书着重根据城市文化发展的基本目标，借鉴相关研究成果，以解决城市文化发展面临的问题为导向，探索提出城市文化发展效能评价参考目标体系的基本内容（见表5-2）。并且，基于此对"城市文化发展驱动中国特色新型城镇化"和"实现城市现代化"进行具体评价。值得指出的是，就城市文化发展的基本目标而言，第一层目标体现的是城市文化发展的内在要求，应成为构建城市文化发展效能评价参考目标体系的基本遵循；第二、三层目标体现的是城市文化发展的外部影响，故不直接将其纳入城市文化发展效能评价参考目标体系的范畴。同时，每个城市的城市文化发展现状具有个性差异，因而各城市应结合实际合理选取城市文

---

① 许立勇，张延群，姜玲：《中国新型城镇文化建设指数（UCI）报告》，中国发展出版社，2015年，第85~87页。
② 范周：《新型城镇化与文化发展研究报告》，光明日报出版社，2013年，第280~281页。
③ 傅利平，何勇军，李小静：《城市公共文化服务的综合评价模型》，《统计与决策》，2013年第16期，第39~41页。
④ 彭翊：《中国城市文化产业发展评价体系研究》，中国人民大学出版社，2011年，第189~194页。

化发展效能评价参考目标体系中各具体目标的参考权重,不能"一刀切"。习近平指出:"一部好的作品,应该是经得起人民评价、专家评价、市场检验的作品,应该是把社会效益放在首位,同时也应该是社会效益和经济效益相统一的作品。"[1] 总的来看,在城市文化发展效能评价过程中,应坚持以人民为中心的导向,将实现社会效益为主、兼顾实现经济效益作为基本原则。

表5-2 城市文化发展效能评价参考目标体系

一级目标	二级目标	主要评价内容
A1 城市文化的传承发展	B1 城市历史文化遗产损害治理	治理在旧城改造、城市基础设施建设、商业开发中损害城市历史文化遗产的状况
	B2 伪造城市历史文化遗产治理	治理脱离城市历史文脉的仿古文化景观、民俗文化的状况
	B3 城市历史文化遗产传承保护	城市历史文化遗产保护措施的执行、城市民俗文化和历史故事的保存状况
	B4 城市历史文化空间脉络保持	城市历史文化与现代文化的空间分布、城市历史文化遗产与其周边新建的文化景观的协调性状况
A2 城市文化的创新发展	B5 城市文化的同质化治理	通过城市文化创新,治理城市文化同质化的状况和新成果
	B6 城市文化的庸俗化治理	通过城市文化创新,治理城市文化庸俗化的状况和新成果
A3 城市文化的包容发展	B7 国外文化元素融合	治理西方文化元素侵蚀城市历史文脉、腐蚀城市居民思想的状况和新成果
	B8 城市移民文化边缘化治理	城市移民文化的存在状况
A4 城市文化的协调发展	B9 农村传统文化发展	治理农村传统文化遗产流失、发展农村传统文化的主体流失的状况和新成果,农村传统文化发展的新状况和新成果
	B10 城市文化带动农村文化发展	治理强势城市文化同化农村文化、城市文化腐蚀农村文化的状况和新成果,城市文化带动农村文化发展的新状况和新成果
A5 城市文化的共享发展	B11 城市居民文化参与度	城市居民参与城市文化发展实践的状况
	B12 城市居民文化获得感	城市居民对城市文化成果的认同度、可获得性、消费体验评价

---

[1] 中共中央文献研究室:《十八大以来重要文献选编(中)》,中央文献出版社,2016年,第132页。

第六章 中国特色新型城镇化进程中城市文化发展的路径选择

中国特色新型城镇化进程中的城市文化发展，应在问题导向下选择具体路径。习近平指出："坚持问题导向是马克思主义的鲜明特点。"[①] 坚持问题导向，回应城市文化发展的时代诉求，有利于真正贯彻马克思主义的精髓，更好推进中国特色新型城镇化进程中的城市文化发展。基于此，在坚持党领导城市文化发展的基础上，本书以城市文化发展面临的问题为导向，围绕城市文化发展的战略重点，探讨通过健全政府职能、优化产业布局、引导社会参与，形成在党的领导下由政府、市场和社会共同参与的城市文化发展格局，增强中国特色新型城镇化进程中城市文化发展的系统性和协同性。

第一节 健全政府职能，提供优质高效的公共文化服务

政府是推进中国特色新型城镇化的重要主体，也是城市公共文化服务的供给主体，对城市文化发展起着重要推动作用。习近平指出，城镇化的推进要更好发挥政府在"创造制度环境、编制发展规划、建设基础设施、提供公共服务"等方面的职能。[②] 在中国特色新型城镇化进程中，可以通过健全政府职能，大力弘扬社会主义核心价值观，在城市巩固社会主流文化阵地；加大对城市文化发展的引导与监管、加强对城市历史文化遗产的保护、提升城市公共文化服务质量和完善拓展城市文化发展渠道等，为城市居民提供优质高效的公共文化服务，以更好发挥政府职能，促进城市文化发展。

[①] 习近平：《在哲学社会科学工作座谈会上的讲话》，人民出版社，2016年，第14页。
[②] 中共中央文献研究室：《十八大以来重要文献选编（上）》，中央文献出版社，2014年，第592页。

中国特色新型城镇化进程中的城市文化发展研究
——理念、框架与路径

一、大力弘扬社会主义核心价值观

文化的内核是价值观，城市文化发展面临的诸多问题从根本上体现的是价值观的问题。价值观是人们关于认识对象的价值问题的根本观点和根本看法，对人们起到巨大的思想引领和行为调节作用。从城市文化发展面临的问题来看，肆意损害和无序伪造城市历史文化遗产以及破坏城市历史文化空间脉络等行为，体现相关行为主体"忽视乃至蔑视历史文明"的价值观；城市文化的同质化、庸俗化，体现相关行为主体"忽视现代文明发展趋势"的价值观；城市文化空间的分化，反映不同城市居民群体社会关系的不和谐，体现相关行为主体"忽视乃至蔑视和谐、公正"等价值观。从外来文化融合的问题来看，西方文化元素侵蚀城市历史文脉，体现相关行为主体"蔑视中华文明"的价值观；西方腐朽文化腐蚀城市居民思想，体现相关行为主体"蔑视社会主义民主及爱国、敬业"等价值观，以及对西方资本主义价值观的接受和认同。从城市移民文化的边缘化发展问题来看，体现相关行为主体"不追求城市社会成员和谐、友善相处"的价值观。从城乡文化发展不均衡的问题来看，农村传统文化发展乏力和城市文化冲击农村文化，体现相关行为主体"忽视乃至蔑视农业文明""认同城市文明优于农业文明"等价值观。这些价值观的问题，违背社会主义核心价值观的"民主""文明""和谐""公正""爱国""敬业"等价值要求，会对广大城市居民产生负面的价值导引作用，制约城市居民发展。习近平强调，要"把培育和弘扬社会主义核心价值观作为凝魂聚气、强基固本的基础工程"[①]。当今，弘扬社会主义核心价值观成为凝聚人心、繁荣文化的基本举措。在中国特色新型城镇化进程中，应大力弘扬社会主义核心价值观，用社会主义核心价值观塑造城市精神、引导城市居民发展，进而引领城市文化发展。

（一）创新社会主义核心价值观的内涵阐释和话语表达

社会主义核心价值观内涵丰富、表达精炼，契合人们的经验和感受，便于人们理解、掌握和外化，为在中国特色新型城镇化进程中大力弘扬社会主义核心价值观奠定了内容基础。在此基础上，可以通过创新社会主义核心价值观的内涵阐释和话语表达，提升城市居民对社会主义核心价值观内容的接受度。第一，创新社会主义核心价值观的内涵阐释。社会主义核心价值观拥有丰富、系

---

① 习近平：《习近平谈治国理政（第1卷）》，外文出版社，2018年，第163页。

统的内容体系。这一内容体系以马克思主义理论为指导，契合时代发展要求，契合我国国情，蕴含中华优秀传统文化精髓，涵盖国家、社会和公民三个层面的内容。基于此，首先，阐明"三个倡导"的基本含义、理论基础和理论借鉴，让城市居民能够较为直接地明辨社会主义核心价值观的基本价值要求和主要理论源流；其次，深入挖掘"三个倡导"的时代价值内涵，结合城市居民的日常生产和生活实践特点，全面阐明"三个倡导"的践行要求，让城市居民找准践行社会主义核心价值观与自身发展的有机结合点，在日常生产和生活实践中不断加深对"三个倡导"内涵的体悟；最后，阐明"三个倡导"与马克思主义、中华优秀传统价值观、西方优秀价值观的关系，明确"三个倡导"对中西方负面价值观的超越、对中国社会及中华民族发展现实问题的回应方式和效果，让城市居民自觉培育和践行社会主义核心价值观，并抵制各种负面价值观的侵蚀。第二，创新社会主义核心价值观的表达方式。伴随城市经济社会的发展，各种社会流行话语更新迅速，要求社会主义核心价值观的表达方式也必须不断更新。为此，应及时发掘城市社会中的流行话语和新兴话语，结合城市社会发展的趋势和语言学相关理论来分析这些话语生成的内在规律，并不断吸收有益的流行话语，借以创新社会主义核心价值观的话语表达方式。通过话语表达方式的创新，进一步增强社会主义核心价值观话语表达方式的民族主体性和原创性，破除西方消费主义、拜金主义、享乐主义等对中国特色的城市流行话语及话语表达方式的影响，牢牢掌握社会主义核心价值观的话语主导权。

（二）搭建和巩固弘扬社会主义核心价值观的现实平台

在城市中，弘扬社会主义核心价值观的现实平台包括城市宣传平台、城市文化活动和城市社会实践等。在中国特色新型城镇化进程中，搭建和巩固这些平台，能为弘扬社会主义核心价值观提供现实的平台支撑。具体而言，应着重做好以下三个方面：第一，加强城市文化宣传平台建设。一方面，在宣传展板、宣传广告牌、宣传标语、商场大屏幕、数字提示牌、公交站台广告栏、公共交通工具内的宣传板等上，结合相关场地范围内活动的主要城市居民群体的认知和接受习惯，运用创新后的话语表达传播"三个倡导"内容，提升运用现有城市文化宣传平台传播社会主义核心价值观的效能。另一方面，创新城市文化宣传平台，着重立足基层，结合不同城市居民群体的认知和接受习惯，通过宣传展板、宣传标语等传播便于被相应城市居民群体接受的"三个倡导"相关信息，推进"三个倡导"进学校、企业、家庭，拓展传播社会主义核心价值观的平台。第二，创新相关城市文化活动。充分发挥城市文化活动的隐性培育功能，摒弃传统城市文化活动中的陈旧部分，创新活动形式，发挥城市居民的主体性，增强他们对城市文化活动的参与度，让他们在参与城市文化活动过程中形成内化、外化"三个倡导"价值要求的共识和体验。第三，充实相关城市社会实践。从根本上看，城市居民的价值观源于实践。城市居民树立和形成价值观的过程，不仅是他们意识活动的过程，也是他们社会实践的过程。鉴于此，应搭建政府、市场主体和社会主体积极参与的多元城市社会实践平台，将"三个倡导"的价值要求融入各类城市志愿服务、文化交流等社会实践，丰富城市居民对"三个倡导"的价值体验，引导城市居民自觉将"三个倡导"的价值要求纳入自身的行为体系。

（三）搭建和巩固弘扬社会主义核心价值观的虚拟平台

随着互联网技术的迅猛发展，网络中各种信息的传播和更新速度不断加快，许多城市居民乐于通过网络和其他新媒体手段搭建的虚拟平台获取信息。鉴于此，应把握好互联网所建构的城市虚拟空间与现实世界的关系，把城市虚拟空间作为培育社会主义核心价值观的新领域，依托传统媒体、新媒体特别是其中的自媒体手段，为弘扬社会主义核心价值观提供虚拟的平台支撑。具体而言，应着重做好以下两个方面：第一，加强虚拟培育平台建设。以政府为主体，组织市场主体和社会主体特别是城市居民参与创建、维护、管理城市中弘扬社会主义核心价值观和传播的平台，结合"三个倡导"的价值要求，围绕城市居民在生产和生活中所接触到的突出价值观问题设置话语主题，如"社会主义核心价值观与城市生活""社会主义核心价值观与绿色城市""社会主义核心价值观与智慧城市""社会主义核心价值观与企业文化""社会主义核心价值观与市民交往""社会主义核心价值观与自我实现"等，吸引广大城市居民积极参与相关互动交流，形成城市虚拟空间中"话""传"社会主义核心价值观的强大舆论场，打破城市虚拟空间与现实世界的话语壁垒，增强社会主义核心价值观在城市虚拟空间中的传播效能。第二，搭建"线上—线下"共同传播社会主义核心价值观的培育环境。一方面，依托新媒体特别是其中的自媒体手段，在互联网中开设"共话社会主义核心价值观""践行社会主义核心价值观"等栏目，就城市居民关心的培育和弘扬社会主义核心价值观的热点问题展开调研，分析他们在"线上"的问题关注点；另一方面，依托城市广播、电视台、报纸杂志等反映和回应这些问题关注点，并围绕它们展开主题鲜明、切合城市居民生产生活实际的"线上线下"讨论，巩固网络和其他新媒体阵地，掌握在城市虚拟空间与现实世界中弘扬社会主义核心价值观、传播社会正能量的主动

第六章 中国特色新型城镇化进程中城市文化发展的路径选择

权和主导权。

(四)优化和净化弘扬社会主义核心价值观的社会环境

习近平强调:"要切实把社会主义核心价值观贯穿于社会生活方方面面"[①],从而引领人们的精神追求和行为实践,让人们将社会主义核心价值观内化于心、外化为行。为此,不仅应加强社会主义核心价值观话语表达方式创新和平台建设,还应从社会环境入手,进一步优化和净化弘扬社会主义核心价值观的社会环境。弘扬社会主义核心价值观的社会环境,主要包括经济、制度、文化和家庭环境等。在中国特色新型城镇化进程中,应优化和净化这些社会环境,为弘扬社会主义核心价值观提供良好的环境保障。具体而言,应分别做到以下四个方面:第一,改善城市经济环境。推进城市经济体制改革和创新创业活动,为城市居民提供平等的就业和创业机会以及个人发展空间,让他们能够充分共享城市经济发展成果,从而将对城市经济发展成果的事实认同上升为对社会主义核心价值观的价值认同。第二,优化城市制度环境。推进城市各项社会治理制度体系改革,完善弘扬社会主义核心价值观的制度机制,制定培育和践行社会主义核心价值观的市民公约、行业规范、企业规范等规章制度,提升城市居民对社会治理的参与度,引导他们正确认知、认同党的执政效能和政府的行政效能,将对中国特色社会主义的"四个自信"上升为对社会主义核心价值观的自信,并产生相关的行为自觉,更加主动参与弘扬社会主义核心价值观及城市文化发展的过程。第三,完善城市文化环境。通过各类学校、企事业单位和社区等,将"三个倡导"教育同中国特色社会主义文化宣传、城市历史文化宣传和公民道德教育等紧密结合,用社会主义核心价值观引领城市居民的思想和行为。同时,依靠行政手段取缔非法传播负面价值观的行为,增强城市居民自觉抵制消费主义、拜金主义、享乐主义等负面城市文化的能力,净化城市文化环境。第四,优化城市家庭环境。以城市企事业单位、社区为单位,对作为家长的城市居民开展社会主义核心价值观教育、家庭美德教育和个人品德教育,引导他们按照"爱国""敬业""诚信""友善"等价值要求培育家风,并以此带动社风,为城市居民强化对社会主义核心价值观的认知和认同提供良好的家庭氛围。

此外,还应基于城市居民内化和外化价值观的内在规律,引导城市居民自觉树立和践行社会主义核心价值观。首先,引导他们自觉认知社会主义核心价

---

① 习近平:《习近平谈治国理政(第1卷)》,外文出版社,2018年,第164页。

值观"三个倡导",产生与"三个倡导"价值要求相符的价值情感和价值意识,使社会主义核心价值观入脑;其次,对这些价值情感和价值意识进行反复的理性判断,并将"三个倡导"的价值要求切实纳入自身的信仰体系,使社会主义核心价值观入信;最后,以此指导自身在生产和生活中的价值体验,使社会主义核心价值观入行。同时,还应优化政府领导干部、学校教师等弘扬社会主义核心价值观的主体,让他们自觉内化和践行社会主义核心价值观,形成对"三个倡导"的高度自信,自觉抵制负面价值观;增强他们的职业道德素质,能够想城市居民之所想、及城市居民之所及,杜绝贪污腐败、消极堕落等负面行为,从正面引领城市居民践行社会主义核心价值观,增强弘扬社会主义核心价值观的主体能力。

二、强化城市文化发展的引导与监管

通过强化城市文化发展的引导与监管,营造符合城市文化发展需要和城市居民现实期待的良好环境,助力"外显特色,内聚人心"的城市文化发展。

(一)扭转主流文化宣传"重形式、轻内涵"的局面

着重从队伍、内容和载体入手,扭转主流文化宣传"重形式、轻内涵"的局面。第一,壮大主流文化宣传队伍。首先,通过信仰驱动,提升城市文化宣传者的思想境界,建立有效的激励和调节机制,促使共产主义崇高信仰和中国特色社会主义共同理想进入他们的信仰体系,促使他们形成博大的胸襟和宽阔的视野,做到以理"服"人,而不是以理"压"人,真正使城市文化宣传工作得到认同和接受。其次,建立和健全城市文化宣传的绩效奖励制度,通过利益激励,促使城市文化宣传者的认知、情感、意志和行动趋于一致,促动他们正确认知和理解城市文化宣传,激活或唤醒他们潜在的工作激情。事实上,"利益导向是一把双刃剑,运用不好,易使人陷入物质诱导的泥沼,而恰当地运用则有利于提高人的积极性"[①]。最后,通过人格重塑,减少城市文化宣传者对城市文化的曲解误导,加强对他们的心理健康疏导、职业道德教育、课堂纪律教育和思想政治教育,引导他们自觉学习城市文化及其发展的规律和方法,提升他们宣传城市文化的自觉性和有效性。第二,精解主流文化宣传内容。一方面,要阐明城市文化特别是中国梦、社会主义核心价值观等社会主义主流文化

---

① 冯留建:《社会主义核心价值观培育的路径探析》,《北京师范大学学报(社会科学版)》,2013年第2期,第13~18页。

第六章 中国特色新型城镇化进程中城市文化发展的路径选择

和低碳、节能、环保、绿色城市、文化城市、智慧城市等现代城市文化理念的基本含义及其理论根源和理论借鉴,让城市居民能够清楚地认识这些文化内容的价值要求和理论源流;阐明这些文化与马克思主义、中华优秀传统文化、西方优秀文化的关系,让城市居民能够明辨城市文化的基本价值遵循,自觉抵制各种消极的城市文化内容。另一方面,增强城市文化宣传内容的逻辑性和可读性,使城市居民便于完整辨别宣传内容的逻辑关系和内在要求。第三,拓宽主流文化宣传载体。结合城市居民的文化认知和接受习惯,创新城市文化宣传载体,特别要注重运用新媒体手段传播城市文化的要义。

(二) 建立城市文化发展的整体研判和高效引导机制

加强对城市文化发展的整体研判和高效引导,完善相关机制。第一,加强对"当代经济发展、社会发展与城市文化发展的互动关系""各种形式、内容的城市文化在发展过程中的重点、难点和风险点"等的整体预判,打破片面追求GDP的城市文化发展政绩观,强化对城市文化发展演变态势的预估,进而对其积极态势进行有力的引导和促进,对其负面态势进行有效的应对和规避。第二,完善城市文化发展的引导协调机制,整合跨行业的城市文化宣传部门工作,促进城市宣传、文化、教育、广播电视新闻出版、规划、住房与城乡建设、旅游、网络信息监管等部门的紧密合作,避免出现各部门相互推诿的问题,增强政府在城市文化发展中进行引导的能力。第三,建立和完善"种文化、育文化"工作机制,及时、准确了解和掌握城市居民的文化需要,制定城市文化发展引导内容目录,开展针对具体城市文化领域的"普及式""菜单式""订单式"的文化内容和发展方式引导以及相关技能培训。

(三) 加强城市文化发展的监管

发挥好政府对城市文化发展过程的监管职能,扭转以往"重GDP、轻文化发展""政府中的相关部门不作为或乱作为"的局面。第一,城市的文化部门在旧城改造、城市基础设施建设和商业开发中,应严格审批改变城市历史文化遗产面貌的行为,加强对城市历史文化遗产的防火、防盗检查和督导,及时运用法律和行政手段干预对城市历史文化进行破坏的行为。第二,城市的规划、住房与城乡建设、旅游等部门,应基于对城市文化特色的全面研究,严格审批仿古城市文化景观建设和仿古民俗文化申报,并强化对濒临消失的城市民俗文化、城市历史故事的保护和传播力度。第三,城市的文化、网络信息监管等部门,应建构完善的城市文化舆情监督技术体系,加大对现实社会、网络中负面信息的监管和清除力度，重点加强对消费主义、拜金主义、享乐主义等腐朽文化的过滤和消除它们各种形式的存在，并依法加强对网络诈骗、网络病毒入侵等网络安全事件的遏制，以及阻止负面的城市文化信息流向农民工群体和农村地区，净化城乡文化生态。

此外，还应树立正确的"文化政绩"观。首先，转变以往片面"求高、求大"的"文化政绩"观，结合城市文化资源禀赋状况和城市发展实际推动城市公共文化资源的配置，不片面追求建设区域、全国乃至国际的文化教育中心、文化旅游中心、文化创意中心等，避免城市文化建设项目规划的盲目性。其次，转变以往"重物质、轻精神""重形式、轻内容"的"文化政绩"观，不片面追求发展"看得见、摸得着"但"寓意浅、庸俗化"的城市文化，更加注重城市文化的内涵建设，让城市文化凸显符合现代城市社会发展要求的社会主义价值取向和其他优秀观念。最后，转变以往消极作为的"文化政绩"观，不片面认为城市文化发展领域是"冷领域"而"应付了事"，在保质保量完成城市文化发展的既定任务下，为创新开展城市文化发展工作提供支持和激励。

三、加强城市历史文化遗产保护

保护城市历史文化遗产，是坚持城市文化的传承发展理念、传承城市历史文化的具体举措，有利于延续城市历史文脉和保持城市特色基因，并为现代城市文化创新提供特色素材。正如习近平所言："不忘本来才能开辟未来，善于继承才能更好创新。"[①] 在中国特色新型城镇化进程中，可以通过推动健全城市历史文化遗产保护的法律法规、完善城市历史文化遗产保护的运行机制，加强城市历史文化遗产保护。

（一）推动健全城市历史文化遗产保护的法律法规

基于《中华人民共和国文物保护法》《中华人民共和国非物质文化遗产法》《中华人民共和国公共文化服务保障法》《历史文化名城名镇名村保护条例》等法律法规及相关政策，推动健全城市历史文化遗产保护的相关法律法规，是中国特色新型城镇化进程中城市文化发展的应有之义，有利于借助国家的强制力，为城市历史文化遗产保护提供有力的内容支持和法律保障。

第一，细化城市历史文化遗产保护的对象。其一，不仅应明确当前重点保

---

① 习近平：《习近平谈治国理政（第1卷）》，外文出版社，2018年，第164页。

护的城市历史文化遗产种类,规定相关城市历史文化遗产的概念及其适用范围,还应细化城市历史文化遗产的调查、认定、记录、建档、传承、传播的原则和标准,增强相关法律法规对认定和保护新形态的城市历史文化遗产的适用性。其二,扩充对城市历史文化遗产保护对象的法律解释,对城市历史文化遗产的相关概念以及调查、认定、记录、建档、传承、传播的原则和标准进行详细说明;对这些内容在城市历史文化遗产保护法律体系中的地位和作用进行系统说明,以及对这些内容制定的基本目的、历史背景、文化条件等进行具体说明;对城市历史文化遗产名称、历史、现状、价值、保护范围、保护谱系、保护人的技艺水平、保护活动的社会影响、保护措施、保护步骤和相关管理制度的认定方式进行具体说明,突出细化城市历史文化遗产保护对象的重要性和可操作性。

第二,注重对城市历史文化遗产的全面保护。其一,明确认定"城市历史文化遗产保护"是"文物保护事业"的重要方面,要求"将城市历史文化遗产保护纳入本级国民经济和社会发展规划",并明确其所需经费的来源,如"所需经费列入本级财政预算"或"所需经费由多级财政共同承担"等。同时,还要明确认定"城市历史文化遗产保护"是"历史文化名城和历史文化街区、村镇保护"的重要方面,要求"编制城市历史文化遗产保护规划,并纳入城市总体规划"。其二,明确中央和地方、政府各部门、政府与市场主体、政府与社会主体之间,在城市历史文化遗产保护方面的关系和责任,明晰各责任主体参与城市历史文化遗产保护的功能定位、责任划分和操作细则,健全与此配套的考评体系。同时,还要明确城市历史文化遗产保护责任落实不到位的表现及其惩处要求以及落实到位的表现及其激励要求,促使各责任主体积极履行城市历史文化遗产保护责任。其三,细致诠释文物工作的"合理利用"方针,明确"损毁""拆除""改建"城市历史文化遗产的认定标准,细化城市历史文化遗产损害的认定及其赔偿、补偿的标准,对被法律认定为蓄意损害城市历史文化遗产的行为进行从重处罚。明确"添建"城市历史文化遗产的认定标准,对兴建脱离城市历史文脉的仿古文化景观、发展脱离城市历史文脉的民俗文化行为进行约束。

第三,加强城市历史文化遗产保护的法律法规体系建设。其一,健全城市历史文化遗产保护的法律法规体系,完善《中华人民共和国文物保护法》《中华人民共和国非物质文化遗产法》等法律法规关于城市历史文化遗产保护相关内容的法律解释,基于推进中国特色新型城镇化和城市文化发展的现实需要探索制定城市历史文化遗产保护条例,以及与城市历史文化遗产保护相关的行政法规、地方性法规和部门规章等规范性文件，形成完善的城市历史文化遗产保护法律体系。其二，优化城市历史文化遗产保护的法律法规的形成过程。在党的领导下，基于对城市历史文化遗产保存现状、城市居民参与城市历史文化遗产保护诉求和现状的调查，积极听取市场主体、社会主体对城市历史文化遗产保护的意见和建议，制定城市历史文化遗产保护的法律法规，并根据实际及时修订完善这些法律法规。

（二）完善城市历史文化遗产保护的运行机制

通过完善城市历史文化遗产保护的运行机制，推进城市历史文化遗产保护的各项具体实践。

第一，畅通城市文化历史遗产保护的运行体系。其一，完善城市历史文化遗产保护的多级联动机制。建立和健全涵盖"中央—省—城市"三级政府的城市历史文化遗产保护响应机制和评价机制，依据"中央统筹—省级督导—城市主抓"的原则，明确各级政府在城市历史文化遗产保护投入、督导、评估和监察等方面的权责，制定城市历史文化遗产开发的"三区四线"（见表6-1）及具体实施标准和细则，加强对相关问题的逐级问责，形成"中央—省—城市"多级联动的城市历史文化遗产保护格局。其二，完善城市历史文化遗产保护的各部门协调机制。明确同级政府的文化、住房与城乡建设、民族、民政、宗教、教育、国土资源和环境保护等部门在城市历史文化遗产保护方面的权责和协调原则，明晰城市历史文化遗产的所有权、管理权和经营权，避免城市历史文化遗产保护因权责不清、相互推诿而出现保护缺位的问题。明确政府、高校、国有企业在城市文化保护方面的权责和协调原则，按照城市历史文化遗产保护的统一要求对城市校园文化遗产、工业文化遗存进行保护，并根据这些文化遗产在内容和形式上的特点制定专门的保护方案。

第六章 中国特色新型城镇化进程中城市文化发展的路径选择

表 6-1 城市历史文化遗产开发的"三区四线"

类型	名称	要求
三区	禁开发区	城市风景名胜区核心区、城市文物保护单位保护范围、市政文化走廊用地范围内、符合国家法律规定的城市文物发掘区和保护区等，禁止开发建设活动
	限开发区	城市风景名胜区非核心区、城市文物保护单位建设控制地带、市政文化走廊预留和控制开发区、城市文物地下埋藏区等，限制开发建设活动
	适开发区	在已经划定开发的城市历史文化遗产相关区域，合理确定开发时序、强度和模式
四线	绿线	划定城市历史文化遗产开发的控制线，规定保护要求和控制指标
	紫线	划定国家历史文化名城内的历史文化街区和省级政府公布的历史文化街区的保护范围界线，以及历史文化街区外经县级以上人民政府公布的历史建筑的保护范围界限，规定保护要求和控制指标
	黄线	划定对城市历史文化遗产保护全局具有影响的控制线，规定保护要求和控制指标
	红线	划定禁止开发城市历史文化遗产的控制线，规定保护要求和控制指标

资料来源：《广西壮族自治区新型城镇化规划》，《广西日报》，2014年8月10日，第7版。

第二，落实城市历史文化遗产保护的具体工作。其一，转变"片面追求经济增长或短期政绩"的传统观念，落实《中华人民共和国文物保护法》《历史文化名城名镇名村保护条例》等关于城市历史文化遗产保护的具体规定和城市历史文化遗产开发的限制性条款，依据相关法律法规重点监督和处理旧城改造、城市基础设施建设、商业开发等对城市历史文化遗产带来的威胁行为。其二，依法加强对城市历史文化遗产存量的普查，健全城市历史文化遗产档案及管理，强化对城市文化特色的凝练，完善关于仿古文化景观建设、民俗文化活动开展、城市历史文化的空间脉络、城市工业遗存保护等方面的中央指导意见、省级实施规划和城市执行标准，特别注重加强对规范、观念形式的城市文化的保护，重点解决城市民俗文化逐渐消失、城市历史故事传承乏力等问题，抑制伪造城市历史文化遗产和导致城市历史文化空间脉络迷失的"歪风"。其三，结合城镇化和城市发展实际，推动城文化博览工程和城市历史文化展示工程等，建立城市历史文化遗产博物馆、展览馆、公园等，特别注重对濒临消失或失传的城市历史文化遗产的整体保存，并让其中难以继续传承的优秀城

中国特色新型城镇化进程中的城市文化发展研究
——理念、框架与路径

历史文化遗产在城市历史文化遗产博物馆、展览馆等特定场馆加以保存、展示,培育相关传承人才,致力于维护城市历史文脉的完整性。其四,基于城市历史文化遗产开发的"三区四线",鼓励城市历史文化遗产的产权人和使用人对它们进行适度、合理的活化利用,支持个人和社会组织开展同保护城市历史文化遗产相适应的文化创意、文化体验和文化研究活动,适度复兴特色历史文化街区和历史风貌区并修复城市历史文化的空间脉络,利用市场机制既充分实现它们的经济价值,又使它们得到有效保护。其五,加大对城市历史文化遗产保护的政策、项目和资金支持力度,积极、有序地实施城市修复和有机更新,加强对市场主体和社会主体特别是城市居民参与城市历史文化遗产保护的服务与引导,形成全社会参与城市历史文化遗产保护的格局。

四、提升城市公共文化服务质量

提升城市公共文化服务质量,是当今世界各国城镇化的基本趋势,旨在用优质的公共文化服务满足城市居民的基本文化需要。正如《中华人民共和国公共文化服务保障法》规定的,公共文化服务"以满足公民基本文化需求为主要目的"[①]。在中国特色新型城镇化进程中,应深刻认识和反思以往城市公共文化服务发展中存在的问题,探索总结有借鉴意义的历史经验,解放思想,破除旧的思想观念和体制机制障碍,依据《中华人民共和国公共文化服务保障法》等法律法规要求,通过优化硬件建设、加强内容建设和完善制度机制,以及充分发挥政府及其引导下的市场主体、社会主体的积极性和创造性,从而化解满足城市居民基本文化需要的具体问题,提升城市公共文化服务质量。

(一)完善城市公共文化设施建设

通过完善城市公共文化设施建设,筑牢提升公共文化服务质量的物质保障。第一,转变城市公共文化设施建设的传统观念。其一,转变以往"重硬件、轻内涵"的观念。在"人文城市"或"人文城镇"中既要注重博物馆、文化馆、艺术馆等场馆的硬件建设;又要注重这些场馆的内涵建设,使城市公共文化设施既体现先进、现代的物质元素,又富有特色、现代的思想内涵。其二,转变以往"盲目跟风、偏重短期利益"的观念。注重借鉴外地城市公共文化设施建设的经验,合理建设服务于经济开发需要的城市公共文化设施,结合

---

① 《中华人民共和国公共文化服务保障法》,《人民日报》,2017年2月3日,第14版。

城市文化禀赋和发展实际，实现这些设施的社会效益，杜绝大量建设不契合城市居民文化需要、完全同质化的城市公共文化设施。其三，转变以往"倾向大肆建设观赏型城市公共文化设施"的观念。当前，在城市公共文化设施建设中，一方面，应注重建设能够体现城市独特文化特色的公共文化设施，以彰显城市形象；另一方面，应注重本着"节约公共文化资源、提高资源利用效率"的思路，避免生硬地照搬照抄外地的城市公共文化设施，高效提升城市公共文化服务设施的建设水平。

第二，有序推进城市公共文化设施建设。其一，合理布局城市公共文化设施，加大对城市公共文化设施建设的投入。城市公共文化设施偏重硬件建设、偏重短期利益等问题不仅凸显城市公共文化设施建设在观念上的偏差，还从客观上体现出城市公共文化资源配置的不足，凸显城市公共文化设施布局的不合理和投入的不足。鉴于此，应推进城市文化惠民工程特别是重大文化惠民工程，完善城市公共文化设施的整体布局、发展规模、土地使用、设计规范及技术要求等方面的标准，按照城市居民的发展需要和分布状况，均衡配置城市公共文化资源，适度控制建设规模，严格预留发展空间，补齐功能上的短板。同时，整合城市基层文化宣传、市民科普教育等设施，依据实际合理规划建设广场、公园等公共文化活动空间，继续推动城市图书馆、美术馆、文化馆、博物馆、科技馆等公共文化设施免费向全社会开放，稳步推进城市基本公共服务覆盖全体城市居民特别是向城市弱势群体倾斜，促进城市居民开展文化活动和文化交流。引导市场主体和社会主体参与共建，综合利用城市公共文化设施，提升利用效率，提升建设质量。其二，提升公共文化设施的管理和服务水平。对此，可通过统筹城市公共文化设施的建设和管理工作，结合城市公共文化设施的分布现状，充分利用现有的城市公共文化设施，开展基层文化宣传、市民科普教育、市民普法教育等活动，着重结合城市居民文化需要来完善城市公共文化设施运行管理和服务标准的细则，结合民众意见和建议健全城市图书馆、美术馆、文化馆等城市公共文化设施的服务项目，不断提高城市公共文化设施的服务水平。

（二）规范城市公共文化服务内容

通过规范城市公共文化服务内容，为提升公共文化服务质量提供内容支撑。第一，完善城市公共文化服务的执行标准。其一，以城市居民的基本文化需要为导向，按照"公益性、基本性、便利性、共享性"的要求，明确各责任主体参与城市公共文化服务的基本准入条件，以政府财政为主体，引导市场主体和社会主体参与，以公益性城市文化企业为骨干，围绕保障城市居民看电视、听广播、读书看报、鉴赏作为公共产品或准公共产品的城市文化、参与公共文化活动等基本文化权益，明晰城市公共文化服务的内容体系。其二，结合国家制定的城市公共文化服务发展导向，制定适应城市经济社会发展水平、城市文化禀赋现状、城市文化发展方向的城市公共文化服务地方执行标准，逐步形成操作性强、衔接上下、服务共享、凸显特色的城市公共文化服务标准体系；根据城市经济社会发展变化现状，动态调整城市公共文化服务标准，逐步有序地提高城市公共文化服务标准。其三，以城市居民的文化获得感为基本参照，制定和完善城市公共文化服务的绩效考核体系。

第二，供给作为公共产品和准公共产品的优秀城市文化。其一，推动作为公共产品和准公共产品的优秀城市文化生产。制定国家级、省级和城市级的优秀城市公共文化产品供给规划，设置城市公共文化服务评优奖励、城市公共文化服务发展基金及各类专门项目，定期发布国家级、省级和城市级的《城市公共文化服务报告书》，引导和带动各级政府、市场主体和社会主体参与生产更多传播社会主义核心价值观和中华民族传统美德、反映现代城市居民审美需求、兼具"思想性、艺术性、观赏性和共享性"的作为公共产品和准公共产品的优秀城市文化，避免出现因生硬移植外地文化产品而导致的城市公共文化服务的西式化、同质化问题。其二，提高供给作为公共产品和准公共产品的优秀城市文化的能力。依托报纸、杂志、宣传画、宣传栏等传统媒体载体和微信、微博、信息发布 App 等新媒体载体，促进优秀城市历史文化精品、城市现代文化精品在现实和网络传播平台中进行免费传播。加强知识产权保护，避免侵权或盗版产品进入城市公共文化服务供给体系，并在政府财政经常性支出预算中纳入更多城市公共文化服务的公益性内容。其三，活跃城市居民群体参与的城市文化活动。以家庭文化、社区文化、企业文化建设等为载体，建设各类公益性的城市文化活动平台，推动全民阅读、全民健身活动的深入开展。依托重大节庆活动，组织开展城市居民喜闻乐见的特色城市文化活动，推动形成健康向上、群众参与、丰富多彩的城市文态。

（三）增强城市公共文化服务可及性

通过增强城市公共文化服务可及性，为提升公共文化服务质量提供成果保障。第一，增强城市公共文化服务对各城市居民群体的可及性。其一，推进户籍制度改革。从以基于出生地的户籍制度逐渐改为以现代居住证制度来界定城市居民是否享有城市公共文化服务的资格，在国家层面制定以现代居住证为基

第六章　中国特色新型城镇化进程中城市文化发展的路径选择

础的制度制定机制和政策框架，规定各城市应当根据什么原则、何种顺序为特定城市居民群体提供哪些类型的城市公共文化服务，并设置指导各城市政府增强城市公共文化服务可及性、实现城市公共文化服务完全均等化的最低标准和时间表；从城市层面基于国家的相关机制和政策框架，制定符合城市经济社会发展水平的城市公共文化服务普及机制和时间表，具体规定为特定城市居民群体提供的城市公共文化服务内容，以及相应顺序和遵循原则。其二，加强对城市弱势群体的城市公共文化服务供给。深入对城市弱势群体特别是城市移民中农民工文化需要调查和分析，并结合城市原有居民中贫困人口、残疾人、空巢老人等弱势群体的文化需要和认识习惯，提供适用性强的城市公共文化服务，打破约束城市移民充分享有城市公共文化服务的技术门槛、投资门槛、收入门槛、社保缴纳门槛等，并完善针对城市弱势群体的城市文化志愿服务机制，确保城市弱势群体平等地享有城市公共文化服务。并且，通过增加相关政策、项目和资金的投入，预留城市公共文化服务强化的空间，以应对增强城市公共文化服务可及性可能带来的"福利洼地"效应。

　　第二，推进城乡公共文化服务的均衡发展。《中华人民共和国公共文化服务保障法》要求增加农村地区的公共文化产品供给，"促进城乡公共文化服务均等化"[①]。鉴于此，应统筹配置城乡公共文化资源，以城带乡，增加农村公共文化服务总量，缩小城乡文化发展差距。其一，推进一批融通城乡文化的重点文化惠民工程，整合城市的资金、文化、文化人才等资源，合理规划和促进这些资源对农村地区的定向支持，扩大这些资源的受益面，做到城乡公共文化服务内容、标准和评价的逐步统一，使城乡公共文化服务消除盲点、改进管理、提升成效、弥补差距。其二，扶持文化企业以连锁的方式建立联通城乡的公共文化服务网点，鼓励文化企业、城市文化类社会组织向农村地区提供流动公共文化服务或网点公共文化服务。其三，秉承"精准满足居民需求，精准繁荣城乡文化"的思路，以推进公共文化服务供给侧改革为抓手，着重结合城乡经济水平、人口结构和文化发展问题，以及城乡居民文化素质水平、文化需要状况和观念问题，以培育和弘扬社会主义核心价值观、优秀传统文化为支撑，制定政府宏观规划与精准支持、文化企业有效供给、社会组织积极服务、城乡能人自觉带头和城乡居民全面参与的城乡文化治理架构，促进城乡公共文化服务供给与城乡居民文化需要的有机耦合。其四，探索设立城乡公共文化服务发展基金，吸纳企业、金融机构及其他民间资本投入城乡公共文化服务，建立多

[①] 《中华人民共和国公共文化服务保障法》，《人民日报》，2017年2月3日，第14版。

元化的城乡公共文化服务投融资机制，为推进城乡公共文化服务均衡发展提供资金保障。

（四）健全城市公共文化服务保障机制

通过健全主要涵盖城市居民文化诉求表达机制、城市公共文化服务评价机制等在内的城市公共文化服务保障机制，为提升公共文化服务质量提供机制保障。第一，畅通城市居民文化诉求表达机制。其一，完善城市居民文化诉求表达的制度体系。基于党和国家在全面深化改革进程中关于"健全民意表达和监督机制""推动文化惠民项目与群众文化需求有效对接"等要求，以维护城市居民的文化选择权、参与权和自主权为中心，建立和健全系统性强、保障有力的制度体系，探索制定城市居民文化诉求表达公约及其实施细则，对城市居民合理、合法表达文化诉求的方式和应对原则、程序和时间表等进行规定，并明确对忽视城市居民文化诉求合法表达的政府行为的处理措施。其二，拓宽城市居民文化诉求表达的渠道。定期召开城市公共文化服务工作恳谈会，设置"城市公共文化服务意见箱""城市公共文化服务意见征集微信、微博平台"，向城市居民征询开展公益文艺演出、建设公共文化设施、传承保护城市历史文化遗产、活化利用特色文化资源等活动的意见和建议，组织相关专家学者定期到图书馆、文化馆、音乐馆等特定文化场所普及文化知识。完善城市互联网设施建设，以城市为单位，建立城市公共文化服务网络数据中心及相应的大数据平台，为城市居民提供更加便利的网络形成的文化需要表达渠道；及时了解和分析城市居民参与网上虚拟文化生活的情况，根据大数据平台分析结果后通过互联网、移动终端等为城市居民推送他们喜闻乐见的文化信息。

第二，健全城市公共文化服务评价机制。其一，改变以往"重完成规划、轻服务效能"的传统做法，加强对城市公共文化服务的评价，将城市公共文化服务效能作为考核评价领导班子和干部政绩、城市公共文化机构绩效考评的重要指标，并将这些指标的考核结果作为确定相关预算、收入分配与领导干部奖惩的重要依据，增强各级政府和领导干部对城市公共文化服务的重视程度。其二，健全城市公共文化服务的第三方评价机制。引入、健全第三方评价体制，促进形成政府、市场与社会共同评价城市公共文化服务效能的互动模式，组织市场主体及社会主体同政府合作开展城市公共文化服务效能评估，并每年发布《城市公共文化服务评估专项报告书》，为政府优化城市公共文化服务顶层设计，向各城市居民准确介绍城市公共文化服务状况，进一步提升城市公共文化服务的质量提供基本参考。此外，还应完善城市公共文化服务财税支持机制。

结合城镇化和城市发展实际，明确中央、省和城市各级政府支出基本公共文化服务的责任，按照各级政府制定的基本公共文化服务标准配备相应的资金支持，以保障城市公共文化服务体系的正常、高效运行。

五、完善拓展城市文化发展渠道

中国特色新型城镇化进程中的城市文化发展，除基于其面临的问题而采取相应对策外，还可以从内容层面打造城市特色文化品牌，从主体层面强化城市文化人才队伍，拓展完善城市文化发展渠道。

（一）打造城市特色文化品牌

世界城市文化发展的趋势之一是注重打造特色文化品牌，这一趋势也应成为中国特色新型城镇化进程中城市文化发展的重要选择。首先，打造城市特色文化品牌，是世界城市文化发展的优秀经验。从人类社会历史发展的进程来看，每一个持续发展和兴旺的城市都有自己的文化特色。文化特色不仅构成体现城市形象的、可识别性高的名片，还构成繁荣城市经济和社会、增强城市发展活力的雄厚实力。鉴于此，世界上许多发达国家的城市，注重依托其独特的城市文化资源禀赋，深度挖掘和保持城市文化特色，着力打造城市特色文化品牌。其次，打造城市特色文化品牌，是解决当代中国城市文化发展问题的必要举措。在当代中国，脱离城市历史文脉的仿古文化景观和民俗文化，以及同质化的、充斥西方元素的现代城市文化等，带来一系列"城市病"。这些城市文化发展所面临的问题从根本上体现出城市文化特色的不足。鉴于此，可以通过打造城市特色文化品牌，挖掘、保持和彰显城市文化特色，从而解决当前我国城市文化特色挖掘、保持和彰显不足的问题。打造城市特色文化品牌，主要可以做到以下方面：

第一，凝练和培育城市文化主题。城市文化主题是基于城市所处的社会和历史文化环境以及城市文化自身特征而凝练出来的、最能代表城市文化特质的、可用以统领城市文化发展走向的核心文化要素。在世界范围内，城市文化发展状况较好的城市，多有独具特色的城市文化主题。比如，就城市文化主题而言，意大利威尼斯的是"水城文化"、罗马的是"建筑艺术"、奥地利维也纳的是"世界音乐"、巴西里约热内卢的是"狂欢"、德国海德堡的是"大学之城"、英国爱丁堡的是"文学与艺术"、美国硅谷的是"软件"、法国巴黎的是"世界时尚"等。正如朱自清在《巴黎》一文中所写的："'六朝'卖菜佣都有

中国特色新型城镇化进程中的城市文化发展研究
—— 理念、框架与路径

烟水气,巴黎人谁身上大概都长着一两根雅骨吧。"[1] 相较而言,缺乏城市文化主题的城市则往往存在城市文化发展问题,难以较好彰显城市形象和产生较大的文化吸引力。比如,曾经德国的鲁尔、英国的伯明翰等工业城市,虽然有一定的工业文化资源,但并未能形成具有特色的城市文化主题,在城市文化发展上缺乏重大建树。不过近年来,许多工业城市意识到城市文化主题的重要性,在城市改造和发展中将"工业文化"作为城市文化主题,如德国的鲁尔,依托城市工业文化遗存和其他历史遗留下来的工业文化符号,培育和发展出特色化的城市文化,逐渐增强了城市文化的影响力。[2] 因此,城市文化主题对城市文化自身具有重要作用,其能够作为聚合其他文化元素的中心,既彰显城市形象,又体现城市发展走向,成为城市文化发展的重要关注点。

在中国特色新型城镇化进程中,要凝练城市文化主题,可以选择以下四种思路:一是基于城市历史文化资源禀赋,梳理城市历史文化特色,进而从这些特色中凝练出某一传统特色鲜明的文化主题,如四川宜宾的"酒文化"主题、山东潍坊的"风筝文化"主题等;二是基于城市发展历程中诸多历史时期中最有代表性和影响力的历史断面,将这些历史断面加以抽象化,进而从中凝练出某一历史特色鲜明的文化主题,如上海的"海派文化"主题、江苏南京的"民国文化"主题等;三是基于当代城市发展的现状,围绕区域新型城镇化规划和城市发展规划中的城市功能定位,凝练出某一时代特色鲜明的文化主题,如广东深圳的"深派文化"主题等;四是发掘城市历史文化特色、特殊历史断面和城市时代文化特色的联系点,凝练出某一融合城市传统特色、历史特色和时代特色的文化主题。一旦凝练出城市文化主题,就应依托城市中的各种文化主体加以培育。当然,城市文化主题的凝练和培育并非一蹴而就的,而应慎重进行。正如习近平所指出的:"要实事求是确定城市定位,有了符合实际的定位,才会有科学规划和务实行动,才能避免走弯路。"[3] 凝练和培育的城市文化主题,不应是空头名片和虚无口号,而应体现城市及其文化不可替代的特点。

第二,营造城市特色文化空间。承载城市文化特色的载体之一在于特色城市文化空间。它是为城市居民提供特色文化消费的城市区域或场地以及活动的集合。在世界范围内,城市文化发展状况较好的城市,多有一些具有代表性的

---

[1] 朱自清:《朱自清全集(第1卷)》,江苏人民出版社,1999年,第343页。
[2] 刘合林:《城市文化空间解读与利用——构建文化城市的新路径》,东南大学出版社,2010年,第123~124页。
[3] 中共中央文献研究室:《十八大以来重要文献选编(上)》,中央文献出版社,2014年,第603页。

第六章 中国特色新型城镇化进程中城市文化发展的路径选择

城市特色文化空间。比如，美国纽约的苏荷区和格林尼治村的伯里克街、英国伦敦的伦敦西区、法国巴黎的香榭丽舍大街和左岸文化区等。营造城市特色文化空间，有利于满足城市居民消费更加特色、优质的城市文化资源的需要，促进城市居民关系的和谐相处，减少社会冲突；有利于形成新的城市文化经济增长空间，并充分发挥其溢出效应，带动城市经济发展；有利于体现城市文化的独特性和多样性，成为城市特色文化品牌的表征。

在中国特色新型城镇化进程中，要营造城市特色文化空间，可以基于城市文化主题的定位，主要做到以下三个方面的内容：一是塑造特色空间载体。城市文化特色空间载体的形式多种多样，既包括场馆、公园等物质形式，又包括观念、网络虚拟空间等非物质形式，不过这些都是城市特色文化空间的外在形态。塑造特色空间载体，首先，明确城市特色空间载体的构成因子，突出它们的独特性、历史性、可读性、发展性和外部性（见表6-2）；其次，基于城市的文化资源禀赋和社会经济发展条件，确定城市特色空间载体各构成因子的所占比重，进而筛选、叠加和整理构成城市特色空间载体的各要素，建构起城市特色空间载体的基本构架；再次，听取城市居民对城市特色空间载体建设的意见和建议，增强这些载体的构成同城市居民心中的城市空间意象与特色的契合性；[①] 最后，确定城市特色空间载体的内在构成、外在功能和展示方式，使城市特色空间载体既便于体现城市文化特色，又便于被城市居民理解和使用。二是开展特色文化活动。利用城市特色空间载体，本着"繁荣文化，节约高效"的原则，开展最大限度接纳各城市居民群体参与的特色文化活动。比如，借鉴法国巴黎的"巴黎不眠夜"活动、"巴黎海滩"计划等，形成城市特色文化活动品牌，增强城市文化品牌的吸引力和影响力。三是融入特色文化内涵。以融入社会主义核心价值观、中华民族传统美德等优秀文化内涵为基础，结合城市居民的审美需求和城市的文化主题、产业特色、社会活动特色等，凝练特色城市文化内涵。然后，在城市特色空间载体的构成要素选取、城市特色文化活动的组织过程中，将特色城市文化内涵融入城市特色空间载体的表现形式和城市特色文化活动的基本主题，使城市特色文化空间既形式多样，又内涵充实。

[①] 季松，李亮：《城市空间特色的提炼与规划——以常州为例》，《现代城市研究》，2014年第8期，第43~48页。

表 6-2 城市特色空间载体的构成因子评价要求

名称	含义	重要性
独特性	城市特色空间载体要在形式和内容上稀有，表达它们的不可复制的特点	最重要
历史性	城市特色空间载体要长期契合城市历史发展要求，嵌入城市特定的社会关系和文化关系之中，表达它们的文化底蕴	较重要
可读性	城市特色空间载体要便于被城市居民所认知、理解和使用，表达它们被认知的可能性以及深度、广度	较重要
发展性	城市特色空间载体要不断成长发展，表达它们在未来存在和发展的可能性和能力	较重要
外部性	城市特色空间载体既要对各种特色文化活动开展起到基本的支撑作用，也要对城市经济、社会发展起到一定的支撑作用，表达它们的外部影响能力	较重要

资料来源：杨俊宴，胡昕宇：《城市空间特色规划的途径与方法》，《城市规划》，2013年第 6 期。

（二）强化城市文化人才队伍

人民群众是社会历史发展的主体，而优秀人才会在特定历史时代发挥重要作用。列宁就认为，要吸收和培养专家人才管理和建设国家，必须像爱护眼珠一样地爱护人才。[1] 在中国特色新型城镇化进程中，从提供优质高效的公共文化服务角度来看，除提升相关政府部门工作人员及其他社会服务人员的公共文化服务能力以外，还应重点强化城市文化传承人才队伍、建设城市文化发展高端智库，巩固城市文化发展的人才基础和智慧保障。

第一，强化城市文化传承人才队伍。近年，国家通过了《中华人民共和国非物质文化遗产法》等相关法律法规，全国各地也在不断完善与文化传承相关的法律法规，有利于壮大城市文化传承人才队伍，一定程度上回应和解决了城市民俗文化逐渐消失、城市历史故事传承乏力、新建城市文化景观导致城市历史文化的空间脉络迷失等问题。当今，在中国特色新型城镇化进程中，应进一步完善相关法律法规，不断壮大城市文化传承人才队伍，增强城市历史文化传承的主体动力。

壮大城市文化传承人才队伍，主要可以做到以下三个方面：其一，健全城

---

[1] 蒋文莉：《创新和发展马克思主义人才观加快高教领域引进海外高层次人才》，《当代教育科学》，2011 年第 9 期，第 44~46 页。

市文化传承人才的认定和管理机制。一方面，合理认定城市文化传承人，根据城市历史文化遗产的形式属性和传承特点，设置认定组织传承人和个体传承人的实施标准，将"熟练掌握其传承的城市历史文化遗产""积极开展城市历史文化遗产传承活动并产生较大影响"等作为认定城市文化传承人的基本条件，"从事城市历史文化遗产资料收集、整理和研究的人员"作为认定城市文化传承人的可选条件，建立"政府登记与投入、市场和社会参与"的城市文化传承人认定启动机制。[①] 另一方面，健全对城市文化传承人的管理，定期对他们进行考核，引导和督促他们开展城市文化传承活动与培养后继人才、合理与妥善保存相关材料、配合政府开展城市历史文化遗产调查与保护、自觉参与城市历史文化遗产的公益性宣传，并促使极其消极开展这些活动的组织和个人退出城市文化传承人队伍。其二，加大对城市文化传承人才的扶持。从各级财政中划拨专项经费对已认定的城市文化传承人予以经济补贴，在城市创新创业政策和项目方面对城市文化传承人予以倾斜，激发他们参与传承、保护、开发和活化利用城市历史文化遗产的热情，让他们在城市文化传承活动中创造更多的社会效益和经济效益。对尚未被认定为城市文化传承人，但有利于较好传承城市历史文化的组织和个人，在城市文化传承相关创新创业资金、政策和项目上予以必要支持，壮大城市文化传承人的后备人选和其他城市文化传承推进者队伍。其三，强化对城市文化传承人才的培养。依托城市文化传承技能培训、专题讲座等定期或不定期地对城市文化传承人进行专项培训，鼓励城市文化传承人自觉强化学习、深化研究、积极探索城市文化传承的途径和方法，并在学校、企业、社区中开展城市文化传承宣传展览、专题讲座、专门课程、实践体验等，[②] 着重培养年轻一代的城市文化传承人才。

第二，建设城市文化发展高端智库。党的十八届三中全会提出："加强中国特色新型智库建设。"[③] 党的十八届五中全会强调，要"建设中国特色新型智库"[④]。2015年11月召开的中央全面深化改革领导小组第十八次会议强调，

---

① 李华成：《论非物质文化遗产传承人制度之完善》，《贵州师范大学学报（社会科学版）》，2011年第4期，第44~46页。
② 安学斌：《民族文化传承人的历史价值与当代生境》，《云南民族大学学报（哲学社会科学版）》2007年第6期，第18~22页。
③ 中共中央文献研究室：《十八大以来重要文献选编（上）》，中央文献出版社，2014年，第528页。
④ 中共中央文献研究室：《十八大以来重要文献选编（中）》，中央文献出版社，2016年，第802页。

中国特色新型城镇化进程中的城市文化发展研究
——理念、框架与路径

"建设一批国家亟须、特色鲜明、制度创新、引领发展的高端智库"[①]。智库，既是国家软实力的重要体现，又是国家治理体系和治理能力现代化的依靠力量，[②] 有利于为经济社会发展提供智力支撑和人才保障。在城市文化发展过程中，有必要建设城市文化发展高端智库，围绕城市文化发展的重大问题与战略需求而推进前瞻性、针对性、储备性的理论研究和政策研究。

建设城市文化发展高端智库，主要可以做到以下三个方面：其一，建立城市文化发展高端智库队伍。依据"国家供给宏观政策、省级供给配套政策、城市开展智库建设"的原则，成立涵盖"国家—省—城市"三级的城市文化高端智库，建立涵盖"国家—省—城市"三级的城市文化发展高端智库成员选拔机制和数据库。在"国家—省—城市"各层面，结合城市文化发展各方面的实际，建立整体层面的城市文化发展专家智库，建立具体层面的专门性较强的城市文化发展传承智库、创新智库、包容智库、文化协调智库、城市文化共享智库，以及文化城市、绿色城市与智慧城市协调智库等；各智库合理配置成员的学科、年龄构成，涵盖马克思主义理论、城市规划学、城市文化学、城市社会学、城市经济学等领域的首席专家、主要专家和青年专家。其二，提高城市文化发展研究质量，创新城市文化发展研究内容。习近平指出："智库建设要把重点放在提高研究质量、推动内容创新上。"[③] 鉴于此，应围绕"四个全面"战略布局和中国特色新型城镇化的目标，以优化党和政府的城市文化发展决策为宗旨，以理论研究和政策咨询为重要方面，设置"国家—省—城市"三个层级的城市文化发展重大招标项目、研究基金项目和青年基金项目等，加强对项目的过程管理和效果评估，提升理论研究成果和政府对策建议的科学性、有效性。将"城市文化传承、创新、包容、协调、共享发展"作为基本研究内容，鼓励研究"城市文化发展与文化城市、绿色城市、智慧城市建设的协同性""五大发展理念与城市文化发展的关系""'一带一路'倡议下的城市文化发展创新""大众创业、万众创新与城市文化发展创新"等创新内容，增强相关成果推进中国特色社会主义发展的能力。其三，完善城市文化发展高端智库成员的发展机制，加大对城市文化发展高端智库的政策、项目和资金支持，为相关理论研究、政策研究、成果转化、绩效考核等提供制度、人员和经费保障，打破相关人才流动、使用和发挥作用的体制机制障碍，最大限度地激发他们支持

[①] 《全面贯彻党的十八届五中全会精神 依靠改革为科学发展提供持续动力》，《人民日报》，2015年11月10日，第1版。
[②] 陈振明：《政策科学与智库建设》，《中国行政管理》，2014年第5期，第11~15页。
[③] 习近平：《在哲学社会科学工作座谈会上的讲话》，人民出版社，2016年，第27页。

城市文化发展的积极性和创造性。

第二节 优化产业布局，增强城市文化发展的经济动力

在社会主义市场经济条件下，市场在城市文化资源配置中起决定性作用。习近平指出，先进文化产品，既不能"趋利媚俗"，又不能"远离市场、忽视市场"，强调文化产品的"产业属性"。[①] 在城镇化进程中，城市文化产业通过市场机制集聚和开发各类文化资源，成为关系城市文化发展的重要因素。在中国特色新型城镇化进程中，可以通过优化产业布局，增强城市文化发展的经济动力。

一、合理布局城市文化产业发展

城市文化产业是由诸多行业共同构成的系统性城市产业，合理的城市文化产业布局是现代城市文化产业发展的基本要求。在中国特色新型城镇化进程中，有必要根据城镇化、文化产业发展方面的政策导向和城市文化发展的现实要求，稳步提升城市文化产业在城市经济中的比重，促进城市传统与新兴文化产业协调发展，助力完善城市文化产业发展格局。

（一）提升城市文化产业在城市经济中的比重

城市文化产业作为一个战略性的产业，对城市经济和社会发展起着重要的推动作用。在中国特色新型城镇化进程中，可以通过提升城市文化产业在城市经济中的比重，充分发挥其经济和社会功能，从而形成和拓宽新的经济增长点，以及更好地优化城市产业结构、调整城市投资和消费结构、提升城市就业水平，进而增强城市文化发展的经济动力和社会环境保障。

第一，完善对城市文化产业发展的趋势研判和目标定位。根据国家关于新型城镇化和文化产业发展的相关政策，结合城市文化产业的集聚状况，研判城市文化产业的内部结构、重点领域、特色内容和发展方向，确保对城市文化产业发展趋势把握的完整性、严谨性和连续性。基于此，按照"以市场机制为基础、以产业创新为驱动、以文化传承为依托、以技术发展为保障"的原则，以市场为导向，以文化企业为主体，围绕增强对城市文化企业创新的政策支持，

[①] 习近平：《之江新语》，浙江人民出版社，2007年，第9页。

中国特色新型城镇化进程中的城市文化发展研究
——理念、框架与路径

促进城市文化产业发展的理念创新、技术创新、内容创新、方式创新、管理创新和业态创新,充分挖掘城市文化资源禀赋,促进城市历史文化遗产资源在与城市文化产业相结合的进程中实现传承发展,培育和发展具有中国特色、城市特色的城市文化产品,充分实现城市文化产业的经济价值、社会价值和审美价值等,定位城市文化产业发展目标。

第二,健全对城市文化产业发展的引导性和鼓励性政策。一方面,基于中国特色社会主义文化发展和中国特色新型城镇化发展关于城市文化发展的现实需要,坚持社会主义价值取向,以增强社会效益为主、兼顾经济效益,以巩固社会主义文化阵地为方向,以满足城市居民个性化文化需要为主线,以培育城市新的经济增长点、优化城市产业结构、调整城市投资和消费结构、提升城市就业水平为具体追求,健全对城市文化产业发展的引导性政策,增强城市文化发展对中国特色社会主义文化发展和中国特色新型城镇化发展的贡献力。另一方面,结合我国文化产业发展的政策,在财政、税收、信贷、补贴、政府与社会资本合作项目等方面为文化企业提供更为优惠的政策,健全对城市文化产业发展的鼓励性政策,增强城市文化产业的吸引力,进而推动城市文化产业发展。对于城市中的重大文化产业发展项目,可以建立发展基金,提前给予产业启动资金支持,比如在产业发展咨询、企业发展定位方面给予智力支持;在财政、税收、信贷、补贴、政府与社会资本合作项目及奖励方面提供更大的政策、项目、资金支持。

第三,促进城市文化产业与城市其他相关产业融合发展。其一,明确城市文化产业与城市其他相关产业融合发展的目标。以增强城市经济发展为主线,积极发挥城市文化产业的正面效应,围绕促进城市文化产业与城市其他相关产业的全方位、多角度、深层次融合发展,提升城市文化产业的市场竞争力和对城市经济发展的贡献力,优化城市产业结构等,确定宏观目标和具体目标。其二,确定城市文化产业与城市其他相关产业融合发展的重点方向。围绕城市历史文化遗产保护、现代城市文化创新、外来文化融合、城乡文化协调发展的主线,在城镇化进程中不断促进城市文化产业与制造业、建筑业、数字产业、环保产业等城市相关产业的深度融合发展。具体而言,在与制造业的融合发展中,着重创新城市文化产品特别是物质形式的城市文化产品的设计理念和工艺,提升它们的市场竞争力和吸引力;在与建筑业的融合发展中,着重抑制大量伪造仿古城市文化景观的行为,加强对特色文化城市的功能布局和建筑标准设计,在提升城市建筑文化品位的过程中保护和活化利用城市历史文化遗产;在与数字产业的融合发展中,着重利用现代数字技术、互联网技术和软件技术等促进城市文化产品内容、生产工艺等的开发和利用，促进文化企业的技术改造，实现智慧城市与文化城市建设的深度融合，增强对城市文化发展的技术支撑；在与环保产业的融合发展中，着重培育和生产融入绿色、低碳、循环理念的城市文化产品，既为环保产业发展提供文化支撑，又能更新和丰富城市文化的内容与形式，实现绿色城市与文化城市建设的深度融合，促进城市文化的绿色发展。

（二）促进城市传统与新兴文化产业协调发展

文化产业的涉及面广，其中包括传统文化产业与新兴文化产业。《中华人民共和国国民经济和社会发展第十三个五年规划纲要》在"加快发展现代文化产业"部分提出"加快发展网络视听、移动多媒体、数字出版、动漫游戏等新兴产业，推动出版发行、影视制作、工艺美术等传统产业转型升级"，[1] 为城市传统与新兴文化产业的发展指明了思路。一方面，应重点促进城市传统文化产业的转型升级；另一方面，应重点促进城市新兴文化产业的快速发展。鉴于此，在中国特色新型城镇化进程中，有必要促进城市传统与新兴文化产业协调发展，优化城市文化产业的内部结构和业态。

第一，加强对城市传统与新兴城市文化产业发展的政策供给。其一，继续扶持和促进城市传统文化产业发展。近年来，传统文化产业的增速放缓，各项经济指标呈现下滑趋势，但这并不意味着传统文化产业的衰落。当今，影视制作、工艺美术、出版发行等传统文化产业，在满足人民群众文化需要、传承城市文化特色等方面仍然具有较大的潜力。[2] 鉴于此，应完善相关政策供给，促进城市传统文化产业的合理发展。一方面，加强对广播电视、新闻出版、电影业等服务大众的城市传统文化产业，以及文物保护装备产业等有利于城市历史文化遗产保护的城市传统文化产业的财政、税收、融资、补贴等支持；另一方面，促进城市传统文化产业的转型升级，引导和鼓励相关文化企业依托现代经营管理理念、技术手段等，创新城市文化产品生产的工艺设计和技术水平，提高它们的市场生存能力和在中国特色新型城镇化进程中的发展能力。其二，加快城市新兴文化产业的发展。结合世界上城市新兴文化产业发展的趋势和建设"生态、和谐、宜居、智能"城市的城镇化目标，借鉴国外经验制定"城市文

---

[1]《中华人民共和国国民经济和社会发展第十三个五年规划纲要》，《人民日报》，2016年3月18日，第17版。

[2] 杨吉华：《文化产业政策研究》，中共中央党校博士学位论文，2007年，第129页。

中国特色新型城镇化进程中的城市文化发展研究
——理念、框架与路径

化产业倍增计划",为城市新兴文化产业发展提供政策、资金和项目支持;通过设立城市新兴文化产业创新基金,采取政府购买、政府委托企业研发等方式促进城市文化产品的创新,形成涵盖城市新兴文化产业创新、技术、融资等的产业链,[①] 推动文化企业兼并重组,扶持大型文化企业和鼓励中小微型文化企业参与城市新兴文化产业,促进"知识与经济、科技、文化的合流发展"[②],重点推动城市文化创意产业和城市特色文化旅游产业等发展,助力形成良好的文化业态,为城市文化创新提供产业支撑。

第二,促进城市传统与城市新兴文化产业协调互动。其一,增强城市传统文化产业对城市新兴文化产业的发展的推动作用。城市传统文化产业的发展时间较长,对城市文化资源的利用也较早,具备一定活化利用城市特色文化资源的经验。当今,"一个城市拥有复杂的产业格局,但从产业发展长远来看,只有形成一两项强势产业、特色产业,才能在区域和产业竞争中取胜"[③]。在中国特色新型城镇化进程中,既应发挥城市传统文化产业在培育城市特色产业上的已有作用,又应发挥城市传统文化产业在城市新兴文化产业发展上的推动作用,为城市新兴文化产业发展提供活化利用城市特色文化资源的经验,推动特色文化产品向城市新兴文化产业流动,以激发城市新兴文化产业的创意灵感,促进城市新兴文化产业的特色化发展。其二,发挥城市新兴文化产业对城市传统文化产业的带动作用。城市新兴产业顺应现代城市发展趋势,伴随城镇化的发展而逐渐发展壮大,在人才集聚、资金获取、产业升级、技术运用、市场开发、内容创新等方面较城市传统文化产业有一定优势。鉴于此,可以促进城市新兴文化产业的人才、资金、技术等向城市传统文化产业流动,为城市传统文化产业发展带来新的发展理念和经济动力。值得指出的是,促进城市传统文化产业与城市新兴文化产业协调互动,重点在于促进它们的协调发展,而非让城市传统文化产业完全代替城市新兴文化产业或者城市新兴文化产业完全替代城市传统文化产业。同时还应结合城市文化产业发展趋势和城市文化发展要求,运用市场机制推动转型升级困难、对城市文化发展缺乏贡献力的过时城市传统文化产业退出市场,以促进城市文化产业结构的优化和更新。

---

① 祁述裕、韩骏伟:《新兴文化产业的地位和文化产业发展趋势》,《马克思主义与现实》,2006年第5期,第97~101页。
② 雷鸣:《新兴文化产业集群与科技创新合流发展趋势研究》,《理论与现代化》,2010年第4期,第108~111页。
③ 范周:《新型城镇化与文化发展研究报告》,光明日报出版社,2013年,第85页。

二、推动城市特色文化产业发展

在中国特色新型城镇化进程中，推动城市特色文化产业发展有利于抑制城市文化的同质化倾向，增强城市文化特色化发展的经济动力。当今，城市文化创意产业与城市特色文化旅游产业是城市特色文化产业的重要代表。基于此，本书以这两个产业为例，探讨通过推动城市特色文化产业发展，进而探索城市文化发展的路径。

（一）推动城市文化创意产业发展

"创意"是一个产业最核心的竞争力。2016年3月通过的《中华人民共和国国民经济和社会发展第十三个五年规划纲要》在"加快发展现代文化产业"部分提出"推进文化业态创新，大力发展创意文化产业"，[1] 指明了当今文化创意产业发展的良好趋势。事实上，早在2006年9月，中共中央办公厅、国务院办公厅印发的《国家"十一五"时期文化发展规划纲要》在党和政府文件中首次提到"文化创意产业"，[2] 就已经体现出中国对文化创意产业发展的重视。文化创意产业，是指起于文化资源的创意，经过一定智力、科技和工艺加工而生产出高附加值产品，进而形成具有规模化生产效应和市场潜力的产业。[3] 当今，文化创意产业作为文化、科技、知识和经济深入融合的产物，成为全球经济发展、产业发展的重点领域，[4] 城市文化创新发展的重要依托。部分发达国家文化创意相关产业概况见表6-3。鉴于此，在中国特色新型城镇化进程中，应适应世界文化创意产业发展的潮流，推动城市文化创意产业发展，进而促进城市文化创新发展。

---

[1]《中华人民共和国国民经济和社会发展第十三个五年规划纲要》，《人民日报》，2016年3月18日，第17版。
[2]《国家"十一五"时期文化发展规划纲要》，人民出版社，2006年，第31~32页。
[3] 张振鹏，王玲：《我国文化创意产业的定义及发展问题探讨》，《科技管理研究》，2009年第6期，第564~566页。
[4] 洪涓，刘甦，孙黛琳，付建文：《北京与伦敦文化创意产业发展比较研究》，《城市问题》，2013年第6期，第38~41页。

表6-3 部分发达国家文化创意相关产业概况

国家	年份	代表性政策	产业规模	代表性行业	重点行业
美国	1990	注重版权产业的发展及其对经济的影响以及在国际贸易中的地位	2005年版权产业的产值达到13882亿美元，2007年占GDP的11.05%	出版、博物馆、视觉艺术、摄影、表演艺术、电影、电视和广播、设计、艺术教育	核心版权业
澳大利亚	1994	颁布第一个国家文化发展战略，提出"创意产业之国"的概念	创意产业总产值约占GDP的3.5%~4.5%	音乐、电影、电视及娱乐软件、写作、出版和印刷媒体、平面设计、建筑、视觉艺术和设计、健康和教育服务、广播服务、声音产品出版、游戏发行、表演艺术	电影电视制作，出版业
英国	1997	建立英国创意产业工作组，将创意产业作为英国经济发展的核心	2006年创意产业增加值为573亿英镑，占国民生产总值的6.4%；2010年占GDP的8.2%	广告、建筑、艺术及古董市场、工艺、设计、流行设计与时尚、电影与录像、休闲软件与游戏、音乐、表演艺术、出版、电脑软件、广播电视	软件和电子出版
新加坡	1998	把创意产业确立为21世纪的战略产业，出台《创意新加坡》计划	2000年创意产业增加值占GDP的1.9%	软件开发、出版、广告、电影、电视、广播、设计、视觉艺术、工艺制造、博物馆、音乐、流行行业及表演艺术	艺术与文化、设计、媒体

资料来源：（1）黄天蔚：《文化创意产业集群形成机理研究》，武汉理工大学博士学位论文，2014年，第17页。

（2）朱华晟等：《大城市创意产业空间与网络结构：基于北京和上海的实证研究》，东南大学出版社，2015年，第16页。

第一，完善城市文化创意产业发展策略。基于推进中国特色新型城镇化的背景和加快转变经济发展方式的总体要求，按照"整合创新资源、增强创新驱动、强化创新动力、优化创新环境、繁荣创新市场"的思路，着力完善城市文化创意产业发展策略。其一，优化城市文化创意产业策略选择。在借鉴国外城市文化创意产业发展经验的基础上，以人民为中心、以市场为主导、以人才为驱动，制定"城市文化创意产业发展规划"，整合国外"创业发展策略""创意阶层策略"和"寻求进步策略"的积极之处，追求实现经济效益和社会效益的

第六章 中国特色新型城镇化进程中城市文化发展的路径选择

共赢，选择较优的城市文化创意产业策略。具体而言，树立"促进市场投资、吸引创意人才、提升生活质量、促进文化共享"的目标，将游客、不同城市居民群体纳入城市文化创意产业的受众群体，依托税收减免、土地供给、财政补贴、平台提供、成果普及等方式，促进城市文化创意企业发展，增强城市文化创意产业的经济效益和社会效益。其二，优化城市文化创意产业结构。依据"文化递减、创意递增"的思路，[①] 将城市文化创意产业分为上游的城市艺术、城市文化服务（主要是图书馆、博物馆、音乐馆、文化馆等的文化服务）、传统工艺等行业；中游的城市艺术品交易、城市休闲娱乐、出版业、广播、电视、新闻、电影等行业；下游的时尚创意消费、城市广告会展、网络信息、创意设计服务等行业，结合城市文化创意产业的特点发展主导产业。同时，围绕活化利用城市历史文化资源、吸收外来文化、创新现代城市文化、不断优化城市文化创意产业的产业链，将绿色节能环保理念融入当前城市文化创意产业的内容建设和结构优化中，顺应城市文化产业结构优化的客观要求。此外，结合经济全球化和城市开放发展的背景，创新城市文化创意产品的语言、图片、动画等传播介质，并促进它们的跨文化转换，既让它们在转换前后保持一致，体现中国的城市特色，又让它们符合传播对象的文化接受习惯，不断拓宽城市文化创意的国际市场，促进城市文化创意产业从内向型发展转向外向型发展。

第二，促进城市文化创意产业集聚。以城市文化创意产业园为平台，有序推进对可活化利用的城市历史文化遗产集聚区、城市工业遗存集聚区的改造，规划建设立足于城市历史文化资源传承的城市特色文化创意园区；结合城镇化的发展要求，依据高校、科研院所、文化企业和城市文化类社会组织的集聚状况和城市文化市场的发展状况，在它们较为集中的地区，规划建设旨在推进城市文化资源创新的城市现代文化创意园区；部分有条件的城市可以依据城市国际化发展的需要，结合跨国公司、国际文化人才的集聚状况和城市文化市场的发展状况，在它们较为集中的地区，规划建设旨在推进吸收外来文化资源以实现城市文化集成创新的城市国际文化创意园区；结合城乡一体化的背景，依据城乡文化资源的活化利用和城乡文化市场发展状况，在这些文化资源较为集中的地区，规划建设城乡文化创意产业协同发展园区，完善鼓励相关城市文化创意企业、人才发展的财税政策，重点扶持发展中小微型城市文化创意企业并在信用担保体系、税收政策、市场开拓等方面加强相应的政策倾斜，促进城市文

---

① 黄天蔚：《文化创意产业集群形成机理研究》，武汉理工大学博士学位论文，2014年，第18页。

中国特色新型城镇化进程中的城市文化发展研究
——理念、框架与路径

化创意产业的人才、城市文化创意产业相关技术、城市文化创意企业、城市文化创意产业金融、城市文化创意产业中介等的规模集聚，驱动城市文化创意、文化旅游、科技产业的融合发展。

第三，培育城市文化创意产业人才。以合理配置上游、中游和下游城市文化创意产业人才为中心，实施内容多样化的城市文化创意人才培育计划。其一，实施城市文化创意产业人才扶持计划。在城镇化进程中打破因户籍制度、社会保障制度、教育制度、医疗制度等对城市文化创意人才带来的阻碍，为城市文化创意产业人才发展营造良好的制度环境。其二，实施城市文化创意产业人才孵化计划。在城市高等院校、科研院所加强与城市文化创意产业相关的专业建设，将城市文化传承人、城市文化发展高端智库成员纳入城市文化创意产业人才体系。积极扶持和鼓励城市文化创意产业园区、城市文化创意龙头企业、高等院校、科研院所和城市文化类社会组织共同构建城市文化创意产业人才培养教育机制，举办各类城市文化创意大赛、创意成果展、创意产品交易会等，重点孵化青年城市文化产业创意人才。其三，实施城市文化创意产业高端人才培育计划。以培养高层次、宽口径、复合型的城市文化创意产业高端人才为中心，建立城市文化创意产业高端人才库，通过住房优惠、税收优惠、政府奖励、单位奖励和社会奖励等构建多渠道、多层次的城市文化创意产业高端人才优惠奖励体系，资助和奖励相关人才的文化创作、研究深造、国际交流，打造城市文化创意产业的领军人物。其四，实施城市文化创意产业优秀人才引进计划。进一步建立和健全城市文化创意产业优秀人才的选拔、使用、流动、评估、奖励和管理机制，着重引进海内外城市文化创意产业高端人才。

第四，推动城市文化创意产业的技术发展和融资渠道拓展。推动城市文化创意产业的技术发展，基于现代网络信息技术发展所带来的技术条件，结合城市历史文化遗产保护、城市文化创新、外来文化融合和城乡文化协调发展的现实需要，依托网站、微博、微信、QQ 和相关交友 App 拓展城市文化创意产业的内容采集渠道和产品销售渠道，并积极吸收和引进国外先进技术，创新城市文化产品生产的技术工艺。同时，推动城市文化创意产业的融资渠道拓展，设立城市文化创意产业发展基金，建立和健全城市文化创意产业的资产评估机制，着重推进对城市文化创意企业无形资产的评估和活化利用；针对城市文化创意企业特别是中小微型企业提供金融、保险和投资服务，规范城市文化创意企业资产特别是无形资产的抵押登记机制，拓展城市文化创意企业融资贷款抵押物的范围；建立和健全依托政府、市场主体和社会主体多元参与的城市文化创意产业发展风险补偿机制，引导和鼓励保险企业、投资担保企业等城市文化创意产业中介依法提供融资担保、再担保服务，繁荣城市文化创意产业金融，为城市文化创意产业的发展提供融资渠道支持。

第五，引导城市文化创意产品消费。结合城市居民群体的文化消费特点，充分发掘各城市居民群体的文化消费潜力，优化和拓展城市文化创意产业的消费市场。其一，为城市文化创意产品的宣传提供便利渠道，开发和创新适合不同城市居民群体消费特点的城市文化创意产品，积极引导各城市居民群体对城市文化创意产品的消费。其二，将城市特色文化品牌打造和城市文化创意产业发展相结合，在城市特色文化活动、城市公民道德建设活动、城市社会主义核心价值观培育活动等城市文化活动中围绕相应的活动主题宣传、推广和应用城市文化创意产品。其三，举办由特定城市居民群体参与或各城市居民群体共同参与的城市文化创意作品竞赛、展览，为城市居民提供低价或免费的城市文化创意产品，引导和激发城市居民对消费城市文化创意产品的积极性。其四，顺应城市居民开展现代城市生活的内在需求，鼓励在城市企业的店面装饰、产品陈列和市场营销等方面融入城市文化创意元素，潜移默化地增进城市居民对城市文化创意产品的认知、认同和消费动力。其五，规范城市文化创意产品的内容和形式，抑制奢华化、同质化、功利化、庸俗化和泛西方化的城市文化创意产品生产，在现实社会和互联网中全面取缔包含负面信息的城市文化创意产品，避免出现城市文化空间的奢华化倾向和城市文化的同质化、功利化、庸俗化等问题。

（二）推动城市特色文化旅游产业发展

城市特色文化旅游产业，是依托城市特色文化资源禀赋而发展的旅游产业，是城市文化产业和城市旅游产业的重要组成部分，也是城市文化旅游产业的特色部分。城市特色文化旅游产业、城市文化旅游产业、城市文化产业、城市旅游产业的关系见图6-1。在城镇化进程中，城市历史文化遗产在商业开发中遭受损害、伪造城市历史文化遗产盛行、城市历史文化空间脉络迷失等问题，多由城市特色文化旅游产业发展的偏差引起，其实质上体现的是城市特色文化旅游产业的特色流失或缺失问题。鉴于此，在中国特色新型城镇化进程中，有必要从"特"上入手，以维护城市历史文脉为中心，兼顾城市历史文化遗产的保护和活化利用，发展城市特色文化旅游产业。

中国特色新型城镇化进程中的城市文化发展研究
——理念、框架与路径

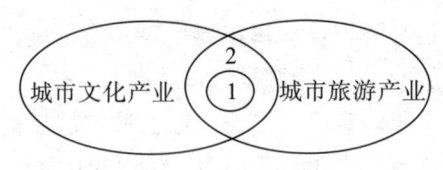

图注：1. 代表城市特色文化旅游产业
2. 代表城市文化旅游产业

图6-1 城市特色文化旅游产业、城市文化旅游产业、城市文化产业、城市旅游产业的关系

第一，优化城市特色文化旅游产业发展定位。立足城市特色文化资源禀赋现状，基于推进中国特色新型城镇化的背景和加快转变经济发展方式的总体要求，按照"立足和维护城市文化特色、保护和繁荣城市历史文化、发展和规范城市文化旅游"的思路，优化城市特色文化旅游产业发展定位。其一，注重城市特色文化旅游产业的特色凝练。基于城市历史文化遗产分布现状，依托城市文化传承人、城市文化发展高端智库等人才资源，凝练城市特色文化旅游产业的主要特色及其内容和形式的支撑体系，并将它们同城市文化旅游产业的现有基础相结合，提升城市特色文化旅游产业的内涵，打造历史性和吸引力强的城市特色文化旅游品牌。其二，加强城市特色文化旅游产业的特色保持。制定国家层面的"城市特色文化旅游产业振兴计划"、省级层面的"城市特色文化旅游产业推进计划"和城市层面的"城市特色文化旅游产业发展计划"，着重保持城市文化特色，防止出现因发展旅游及相关产业而导致的城市文化发展问题。同时，通过制定规范、统一的城市文化旅游产业发展标准，重点规范城市特色文化旅游的设施建设和内容建设，参照城市历史文化遗产开发的"三区四线"，设置城市特色文化旅游开发的"三区四线"（见表6-4），即禁开发区、限开发区和适开发区以及绿线、紫线、黄线和红线，避免和纠正在商业开发中损害城市历史文化遗产、兴建脱离城市历史文脉的仿古文化景观、发展脱离城市历史文化的民俗文化等不良现象。其三，依托城市文化特色，顺应城市开放发展的基本趋势，积极布局和发展外向型城市特色文化旅游产业，增强城市特色文化旅游产业的国际竞争力。

表 6-4　城市特色文化旅游开发的"三区四线"

类型	名称	要求
三区	禁开发区	城市风景名胜区核心区、城市文物保护单位保护范围、符合国家法律规定的城市文物发掘区和保护区，以及基本农田、行洪河道、水源地一级保护区、自然保护区核心区和缓冲区、森林湿地公园生态保育区和恢复重建区、地质公园核心区、道路红线、区域性市政走廊用地范围内、城市绿地、地质灾害易发区、矿产采空区等，禁止开发建设活动
	限开发区	城市风景名胜区非核心区、城市文物保护单位建设控制地带、城市文物地下埋藏区，以及水源地二级保护区、地下水防护区、风景名胜区非核心区、自然保护区非核心区和缓冲区、森林公园非生态保育区、湿地公园非保育区和恢复重建区、地质公园非核心区、海陆交界生态敏感区和灾害易发区、机场噪声控制区、市政走廊预留和道路红线外控制区、矿产采空区外围、地质灾害低易发区、蓄滞洪区、行洪河道外围一定范围等，限制开发建设活动
	适开发区	在已经划定的城市特色文化旅游开发相关区域，合理确定开发时序、强度和模式
四线	绿线	划定城市特色文化旅游开发的控制线，规定保护要求和控制指标
	紫线	划定国家历史文化名城内的历史文化街区和省级政府公布的历史文化街区的保护范围界线，以及历史文化街区外经县级以上人民政府公布的历史建筑的保护范围界限，规定开发要求和控制指标
	黄线	划定对城市特色文化旅游开发具有重要影响、存在滋生较大城市文化发展问题及其他城市发展问题的控制线，规定开发要求和控制指标
	红线	划定禁止城市特色文化旅游开发的控制线，规定具体要求和控制指标

资料来源：《广西壮族自治区新型城镇化规划》，《广西日报》，2014 年 8 月 10 日，第 7 版。

第二，完善城市特色文化旅游产业结构。具体而言，可从三个方面加以着手。其一，培育和扶持一批城市特色文化旅游产业中的骨干企业和战略投资主体，重点扶持经济实力较强的大型文化企业，以及有利于传承城市历史文化遗产的中小型文化企业和个体商户，促进城市特色文化旅游资源的适度集中，增强城市特色文化旅游产业的集中程度，围绕保持城市文化和城市特色文化旅游产业的要求，促进城市文化传承发展。其二，加强对城市特色文化旅游产业内部结构趋同、同质竞争现象的抑制，在人才、财政、税收、补贴等政策方面向开发城市特色文化旅游产品倾斜，增强相关文化企业的分工协作能力，提升城市特色文化旅游产业的综合竞争力。其三，增强对城市特色文化旅游产业的发

中国特色新型城镇化进程中的城市文化发展研究
——理念、框架与路径

展引导，促进其同科技相融合，开发特色旅游商品，加强人力资源开发和培养，优化旅游产品研发和管理服务，发挥旅游对文化消费的促进作用，提升城市特色文化旅游产品的文化内涵，增强它们满足游客、城市居民日益增长的个性化文化需要的能力，促使传统型的城市特色文化旅游企业向现代化的城市特色文化旅游企业升级，形成涵盖上游的城市特色文化旅游产品研发、中游的城市特色文化旅游管理、下游的城市特色文化旅游服务的城市特色文化旅游产业链。

第三，引导城市特色文化旅游消费。注重对城市特色文化旅游产业消费的引导，提升城市居民参与城市特色文化旅游、促进城市文化旅游产业发展的积极性，稳步扩大城市特色文化旅游市场。其一，分类优化城市特色文化旅游发展策略。对于基于活化利用的城市历史文化资源开展的城市特色文化旅游，可以采取政府监督旅游设施建设、监管旅游运营活动和补贴相关票价等方式，用较高的服务质量和较低的门票价格吸引城市居民消费，既丰富他们的个人生活，又照顾到城市弱势群体的文化诉求，综合提升城市居民文化素养，增强城市居民对城市历史文化的敬仰感情与维护热情；对于基于现代原生文化创新开展的城市特色文化旅游，可以采取政府规范旅游设施建设方向、监管旅游运营活动，鼓励相关文化企业向城市弱势群体提供优惠服务，更好满足城市居民现代化、个性化的文化需要。其二，结合城市经济社会发展现实和城市特色文化品牌，并根据不同城市居民群体的具体文化消费需要和习惯，定期或不定期举办各种形式的城市特色文化旅游节、城市特色文化展览会、农业转移人口城市文化旅游嘉年华等城市特色文化旅游活动，吸引城市居民广泛参与城市特色文化旅游。其三，整合城市特色文化旅游资源，特别是促进城市历史文化遗产和城市工业文化遗存的功能再生，注重保持城市历史文化的延续性，充分发掘这些资源的经济价值和社会价值，使它们在多功能复合、特色化发展的综合改造中焕发新的生机与活力，增强对城市居民参与相关城市特色文化旅游资源消费的吸引力。

此外，还应积极吸纳城市文化传承人才、城市文化发展高端智库成员参与城市特色文化旅游产业的发展规划，通过加强城市特色文化旅游行业监管、设立城市特色文化旅游产业发展基金和以税收、补贴、融资等方式向城市特色文化旅游产业倾斜，为城市特色文化旅游产业发展提供有力的智力和人才支持、环境和融资保障。

三、推动城乡文化产业一体发展

当今,受体制分割和制度障碍影响,中国的城乡产业发展还存在互动不足、要素流动不充分等问题,一定程度上阻碍了城乡发展一体化。事实上,产业是城乡发展一体化的基本支撑。若缺乏产业支撑,城乡经济社会都可能面临"空心化"的局面。鉴于此,在中国特色新型城镇化进程中,有必要打破城乡分割的二元体制,统筹考虑城市与农村文化产业的协调发展问题,不断整合城乡文化、经济资源,推动城乡文化产业融合互动和城市文化产业要素向农村有序流动,实现城乡文化产业的互补互促、共生共荣、协调发展,不断拓宽城市文化发展的领域和渠道。

(一)推进城乡文化产业融合互动

城乡文化产业一体化发展是城乡一体发展的重要内容,需要综合发挥城市文化产业和农村文化产业的积极功能。"城乡互动的起点是产业互动,城乡融合的基础是产业融合。"[1] 因此,在中国特色新型城镇化进程中,推动城乡文化产业一体化发展,有必要坚持城乡文化产业融合互动的思路,促进城乡文化产业的融合互动。第一,建立城乡一体的文化产业链。完善城乡一体的文化市场体系,加强城乡文化类事业单位的改革,打破妨碍城乡文化企业公平竞争的如"城市保护主义"等障碍,合法、稳步推进城乡文化产业的相关资本市场相互开放,规范各类中介组织在城乡文化市场中依法活动,完善城乡文化商品和要素的价格形成机制,建立和健全城乡文化企业的信用管理体系,加强对城市文化企业违法、失信行为的监管和惩戒力度,增强城乡文化企业适应城乡文化市场发展的能力。同时,促进城市文化产业向农村延伸、农村文化产业向城市拓展,促进城乡文化产业的融合发展。在农村文化产业发展中,应特别注重发展农村龙头文化企业和覆盖城乡的文化连锁企业,建立城乡一体的生产渠道和销售渠道,逐步形成布局合理、特色鲜明、运行规范、城乡一体的文化产业链。

第二,促进城乡文化产业分工协作。从客观上看,城乡文化产业所依托的资源禀赋和所存在的功能定位存在差异,其产业发展也存在相应差异。因此,城乡文化产业应做到差异化发展,防止城乡文化产业低水平重复。为此,应基

---

[1] 王伟光,魏后凯,张军:《新型城镇化与城乡发展一体化》,中国工人出版社,2014年,第62页。

于城乡文化资源禀赋状况，促进城乡文化产业资源互补、要素互补、合理分工。在此过程中，注重发挥农村文化产业对城市文化产业的推动作用，促进农村文化产业要素向城市流动，充实城市文化资源，丰富城市文化特色，为城市留住"乡愁"、传承中华优秀传统文化提供基础。

（二）推动城市文化产业要素向农村有序流动

坚持推进"城乡联动、以城带乡"，在城乡文化产业一体发展中，发挥城市的辐射作用，引导城市文化产业的资本、人才、先进技术、管理经验和优秀产品向农村流动，在城乡文化产业的项目、活动和生产要素对接中实现城乡文化资源共享。第一，推动城市文化产业向农村拓展或转移。对城市文化产业进行分类，鼓励生产和传播融入现代文化元素且便于农村居民接受的城市文化产品的城市文化产业，如城市出版、城市电影、城市广告会展等产业，通过向农村拓展产品加工和销售网点，带动相关资本、人才和文化产品等流向农村，充实农村文化产业要素；鼓励劳动密集型的城市文化产业，如城市文化装备制造业等产业，向农村转移，扩大农村就业，激发农村文化产业活力，增强城市文化产业对农村文化产业发展的带动作用。

第二，规范对城市文化产业要素向农村流动的引导和监管。一方面，兼顾发展农村文化产业和增强城市文化产业经济效益的目的，稳妥引导城市资本向农村文化产业流动，同时关注相关活动的社会效益，防止城市文化产业要素全面侵蚀、同化农村文化产业要素，适度保持农村文化产业的相对独立性，从而防止农村文化产业沦为城市文化产业的附庸，并确保农村居民固有的文化需要得到有效保障。另一方面，完善城乡一体的文化市场监管机制，加强对城市不法企业和不法分子通过倾销商品、文艺演出等形式在农村传播负面甚至低俗城市文化的打击力度；在互联网发展背景下，加强互联网文化生态治理，杜绝包含色情、暴力、迷信等负面内容的文字、图片、音乐、视频等流向农村，防止城市文化对农村文化和农村居民的负面影响。

此外，还应激活城市群的文化产业带动效应。城市群是区域城镇化的空间存在形态，体现区域城镇化的整体质量和水平。《国家新型城镇化规划（2014—2020年）》提出中国特色新型城镇化"以城市群为主体形态，推动大中小城市和小城镇协调发展""按照统筹规划、合理布局、分工协作、以大带小的原则，发展集聚效率高、辐射作用大、城镇体系优、功能互补强的城市群"。① 在中国特色新型城镇化进程中，可以整合城市群中各城市共同或相似的城市文化资源禀赋，统筹规划城市群的特色城市文化产业链，促进各城市相关城市文化产业的分工协作，以大城市的优势城市文化产业带动小城市的相关城市文化产业发展；结合城市群中各城市的城市文化资源禀赋差异，促进它们的文化资源互补，明确各城市在城市群特色城市文化产业链中的功能定位。不断发展城市特色文化产业群，增强城市特色文化产业群的集聚效应，并使之成为促进区域协调发展、支撑区域经济增长、参与国际文化领域合作与竞争的重要平台，促进区域城市文化的整体发展。同时，还应规范城市相关开发行为。依法加强对城市市场行为的监管，正确处理政府与房地产开发商、旅游开发商等的关系，纠正和杜绝以城市开发为名损害城市历史文化遗产、为迎合部分城市居民不良消费需求而生产或引进充斥西方腐朽价值观的文化商品、忽视城市居民文化诉求表达而推进城市开发，以及在大拆大建中完全破坏城市原有社会组织结构、社会网络和城市居民间的邻里关系等不良现象，为城市文化健康发展提供良好的经济社会环境。

第三节 引导社会参与，壮大繁荣城市文化的社会力量

当今，城市社区、城市文化类社会组织和城市居民等社会主体，在城市文化发展中起到越来越大的作用。在中国特色新型城镇化进程中，可以通过提高城市社区文化服务效果、发展好城市文化类社会组织和引导城市居民优化文化参与，激发各社会主体参与城市文化发展的积极性和创造性，凝聚城市文化发展的社会合力，壮大繁荣城市文化的社会力量。

一、提高城市社区文化服务效果

城市社区是促进城市文化发展的基本社会主体，能够从微观层面弥补政府在城市公共文化服务方面的不足，为城市居民提供更为个性化的文化服务。在中国特色新型城镇化进程中，针对城市社区文化服务可及性不足的问题，可以通过优化城市社区文化服务的定位、促进城市社区文化服务的创新、增强城市社区对城市移民文化服务的可及性，更好发挥城市社区在提供城市公共文化服务、促进城市文化创新等方面的职能，提高城市社区文化服务效果，为城市文

---

① 《国家新型城镇化规划（2014—2020年）》，人民出版社，2014年，第15、30页。

中国特色新型城镇化进程中的城市文化发展研究
——理念、框架与路径

化发展提供基本的社会力量保障。

(一) 优化城市社区文化服务的定位

基于城市社区同政府、城市居民以及业主委员会、居委会、物业公司等的具体关系，优化城市社区文化服务的定位，为提高城市社区文化服务效果提供方向指引和目标遵循。第一，补充政府的城市公共文化服务功能。在城市内部，政府供给的城市公共文化服务具有宏观性，一般针对全体城市居民群体，"重服务的覆盖面、轻服务的群体差异"。相较而言，城市社区成员一般是由同质性较强的一个或多个城市居民群体构成，因而城市社区开展文化的服务针对性较强，主要针对特定城市居民群体，能够在一定程度上弥补政府公共文化服务的不足。鉴于此，应加强对城市社区文化服务的经费投入和各类人才支持，使城市社区形成"主动向上对接、向下衔接、横向连接"的文化服务机制，[①]纠正城市社区以往"重行政化运作、轻城市居民文化需要"的问题，引导和促进城市社区根据政府关于加强城市公共文化服务的政策要求和实践方向，完成政府部门交办的城市公共文化公共服务。

第二，实现城市文化服务的个性发展。引导城市社区基于社会主义核心价值观倡导的"文明""和谐""友善"等价值要求，结合辖区内城市居民群体的文化特点，将"延续城市历史文脉""激发文化创造活力""实现多样文化融合""实现城乡文化共生""增进市民文化福祉"的相关发展理念和要求融入城市社区公共文化服务任务中，制定定期或不定期完成的城市公共文化服务实施方案，加强对辖区内城市历史文化遗产的监督和保护、城市文化创意企业和城市特色文化旅游企业等文化企业的服务、外来文化融入城市文化过程的引导和监督，以及根据实际推进城乡社区之间的文化服务交流互助，增强城市居民共享城市社区提供的城市公共文化服务的能力，切实满足他们具体的文化需要，既从宏观层面助力城市公共文化服务的质量提升，又从微观层面实现城市文化服务的个性发展。

(二) 促进城市社区文化服务的创新

针对城市社区开展的文化创新不足的问题，应结合城市文化发展理念和要求，促进城市社区文化服务的创新，增强城市社区的宜居性及其服务城市居民

[①] 王晓芸：《均等化视角下的社区公共文化服务探析》，《求实》，2012年第2期，第204~207页。

第六章 中国特色新型城镇化进程中城市文化发展的路径选择

的能力。正如胡锦涛所强调的："要坚持以人为本,适应群众安居乐业的要求,努力拓展社区服务,……不断满足人民群众日益增长的物质文化需求。"① 第一,促进城市社区文化服务的内容创新。建立常态化的城市社区与城市居民沟通机制,在辖区内通过设置城市社区居民文化服务意见反馈机制、安排固定的地点和人员听取城市居民关于文化服务的意见和建议、定期召开城市社区文化服务恳谈会、定期或不定期向城市居民发放文化服务调查问卷等,征集和反馈辖区内城市居民的文化诉求,② 以此作为创新城市社区文化服务内容的基础。然后,再结合社会主义核心价值观培育的要求、城市特色文化品牌,以及城市文化创意产品、城市特色文化旅游产品等一系列最新优秀成果,不断丰富城市社区文化服务的内容,适应现代城市文化发展的趋势要求,切实满足辖区内城市居民日益增长的文化需要。

第二,促进城市社区文化服务的形式创新。完善城市社区公共文化基础设施建设,通过专题培训、讲座宣传、实践体验等形式增强城市社区工作者的文化服务创新意识,通过补贴、奖励等形式鼓励城市社区工作者自觉探索城市社区文化服务的新思路、新方法和新途径。然后,结合辖区内城市居民的文化认知和接受习惯,创新符合社会主义核心价值观、公民道德要求以及城市文化主题和辖区内城市居民兴趣的文化知识讲座、文艺节目会演、书法比赛、演讲比赛、歌咏比赛等丰富多彩的社区文化活动。依托新媒体手段开通建立城市社区文化服务信息微信公众号、微博公众号以及兼具文化认知、休闲娱乐、交友互动、新闻传播、信息发布等功能的城市社区文化服务 App,以增强城市社区文化服务形式对城镇化和城市文化发展时代要求的适应性。此外,依托互联网技术,建立网上文化交流平台,定期或不定期组织城市社区居民之间、城市社区居民与因城市空间变迁如大拆大建而迁出辖区的城市居民之间、辖区内城市移民同原有居民之间进行交流互动,致力于修复被破坏的城市原有社会组织结构、社会网络和城市居民间的邻里关系,弘扬"文明""和谐""友善"等价值观,增强城市社区的文化凝聚力,最终压缩直至消解腐朽、落后城市文化在城市社区滋生、传播的空间。

(三)增强城市社区对城市移民文化服务的可及性

在中国特色新型城镇化进程中,可以通过发挥城市社区对城市移民的思想

---

① 胡锦涛:《胡锦涛文选(第1卷)》,人民出版社,2016年,第542页。
② 芦苇,张立荣:《依托社区提升公共文化服务效能——基于组织输送的视角》,《理论与改革》,2014年第5期,第55~58页。

中国特色新型城镇化进程中的城市文化发展研究
——理念、框架与路径

引导和文化熏陶功能，增强城市社区对城市移民的文化服务可及性，促进城市移民的市民化进程。第一，扭转以往"为城市原有居民服务"的社区文化服务观念，将农民工等城市移民真正纳入城市社区的文化服务体系之内，使他们能够均等地享受社区提供的文化服务，满足他们消费城市文化的基本需要，增强城市文化对他们的凝聚力，减小乃至消解"农民工文化圈"等城市移民特有的文化圈与城市文化氛围的根本性差异或对立，缓解城市移民对城市文化的排斥感和对城市的疏离感，让城市移民在文化层面更好地融入城市。

第二，加强对城市社区文化服务的政策、项目和资金投入，引入政府与社会资本合作模式投入城市社区文化服务建设，扩充城市社区文化服务的容纳能力，逐步消除辖区内全体城市居民享受城市社区文化服务的门槛，不以户籍、居住年限、职业等身份性指标排斥特定城市居民特别是农民工等城市移民，既充分满足城市原有居民的文化需要，增强城市社区文化服务的可获得性和有效性，又满足城市移民的文化需要，确保城市移民平等享受城市社区文化服务；还可以通过文艺比赛、歌咏比赛等社区文化活动，搭建城市原有居民同城市移民的文化互动平台，加深他们之间的文化交流、互信互爱，从而提升城市社区的文化服务效能。

二、发展好城市文化类社会组织

城市文化类社会组织是促进城市文化发展的重要社会主体，能够为城市居民提供各种专门的文化服务。《国家新型城镇化规划（2014—2020年）》在"完善城市治理结构"部分提出"激发社会组织活力"，"适合由社会组织提供的公共服务和解决的事项，交由社会组织承担"。[①] 在中国特色新型城镇化进程中，针对城市文化类社会组织发展不合理的问题，有必要通过明确城市文化类社会组织与政府的关系、鼓励合法的城市文化类社会组织发展、加强对城市文化类社会组织的监督管理等方式，发展好城市文化类社会组织，筑牢城市文化发展的社会力量支撑。

（一）明确城市文化类社会组织与政府的关系

要发挥好城市文化类社会组织对城市文化发展的促进作用，首先应明确城市文化类社会组织与政府的关系。《中华人民共和国国民经济和社会发展第十

---

① 《国家新型城镇化规划（2014—2020年）》，人民出版社，2014年，第59～60页。

三个五年规划纲要》在"完善社会治理体系"部分提出"发挥社会组织作用","形成政社分开、权责明确、依法自治的现代社会组织体制",[①]明确指出了社会组织与政府的基本关系。具体而言,社会组织与政府在隶属关系上保持一定的独立性,实行"政社分开";在权责关系上,社会组织与政府应明确在现代社会组织体系中的权责,实现"权责明确";在治理关系上,社会组织与政府依法开展活动,其中社会组织依法进行自治,实行"依法自治"。当然,社会组织与政府并非完全独立的关系,一方面,政府要建立社会组织分类等级制度、支持各类社会组织发展、健全社会组织管理的体制机制,"推动社会组织承接政府转移职能"[②];另一方面,社会组织要发挥自律、他律、互律作用,在增强社会自我调节功能以及健全群体利益表达、权益保障和化解社会矛盾等方面支持政府社会治理。在城市中,城市文化类社会组织作为特定社会组织,既应遵循社会组织与政府的基本关系,发挥好相应作用,还应发挥其提供城市文化服务、繁荣城市文化的作用,成为推动中国特色新型城镇化进程中城市文化发展的重要社会力量。

(二)鼓励合法的城市文化类社会组织发展

通过鼓励合法的城市文化类社会组织发展,切实发挥它们在城市文化发展中的积极作用。第一,完善保障城市文化类社会组织发展的法律法规。在坚持中国共产党对社会组织领导的基础上,从国家层面研究制定社会组织法,并在该法中明确城市文化类社会组织的基本地位和功能,在城市文化类社会组织成立方面依法设置门槛,加强对所有城市文化类社会组织的管理,完善培育、引导和激励城市文化类社会组织发展的制度体系。

第二,将鼓励合法的城市文化类社会组织发展与城市文化类事业单位改革相结合。《中华人民共和国国民经济和社会发展第十三个五年规划纲要》提出:"推进有条件的事业单位转为社会组织。"[③] 基于此,可以坚持事业单位分类改革的原则,逐步推进部分城市文化类事业单位的改革,将它们转为城市文化类社会组织,让它们承接城市文化类事业单位的公共文化服务功能,更加自主地

---

① 《中华人民共和国国民经济和社会发展第十三个五年规划纲要》,《人民日报》,2016年3月18日,第17版。
② 《中华人民共和国国民经济和社会发展第十三个五年规划纲要》,《人民日报》,2016年3月18日,第17版。
③ 《中华人民共和国国民经济和社会发展第十三个五年规划纲要》,《人民日报》,2016年3月18日,第17版。

创新公共文化服务。

第三,完善对城市文化类社会组织发展的鼓励性政策。确定优先支持领域,加大对提供公益性文化服务、特别是利于城市文化传承和创新的社会组织给予财政、税收、补贴、政府与社会资本合作项目等方面的支持,建设一批城市文化类社会组织孵化基地、孵化园,提高城市文化类社会组织的文化服务质量。

第四,引导城市文化类社会组织加强自我治理。支持城市文化类社会组织依据中共中央办公厅印发的《关于加强社会组织党的建设工作的意见(试行)》等文件精神设立党组织和开展相应党的工作,明确城市文化类社会组织工作的政治方向。引导城市文化类社会组织遵循现代管理理念,避开传统"家族式"的管理模式,逐步在组织内部建立权责明确、协调运转、有效制衡的法人治理结构,[1] 推动城市文化类社会组织自觉履行服务城市居民、促进城市文化发展的社会责任。

(三)加强对城市文化类社会组织的监督管理

通过加强对城市文化类社会组织的监督管理,规范它们的行为方式,避免相应城市文化发展问题产生。第一,完善城市文化类社会组织的管理制度。2015年12月,中共中央和国务院印发的《关于深入推进城市执法体制改革改进城市管理工作的指导意见》强调推进网格管理,全面加强对社会组织各类基础信息的实时采集和动态录入,及时发现和快速处置相关问题,实现政府对社会组织的有效管理和服务,并引导社会组织参与城市治理。[2] 基于此,在中国特色新型城镇化进程中,应对城市文化类社会组织实行分类登记制度,明确对它们的管理对象、管理标准和责任主体,对它们进行常态化、精细化、制度化监管,监督它们实行自律,[3] 实时采集和动态录入城市文化类社会组织的基础信息,及时发现和快速处置城市文化类社会组织出现的问题。

第二,完善城市文化类社会组织的考评机制。一方面,将引导和推进城市文化类社会组织发展纳入政府绩效考核体系,增强政府促进城市文化类社会组

---

[1] 刘西忠:《政府、市场与社会边界重构视野下的社会组织发展》,《江西社会科学》,2014年第6期,第43~48页。

[2] 《中共中央 国务院关于深入推进城市执法体制改革改进城市管理工作的指导意见》,《人民日报》,2015年12月31日,第3版。

[3] 周春霞:《浅析社会组织与政府关系发展的新特点》,《社会主义研究》,2010年第6期,第60~64页。

织发展的积极性和主动性；另一方面，建立由政府主导、社会组织配合、第三方参与的城市文化类社会组织考核评估体系，并将作为它们受众的城市居民的评价作为考评它们的重要依据。同时，建立城市文化类社会组织的表彰和退出机制，对考评成绩优秀的城市文化类社会组织提供物质奖励或政策优惠，要求对考评不合格的城市文化类社会组织限期整改直至解散。并且，建立城市文化类社会组织的"一票否决制度"，一旦城市文化类社会组织开展违法活动，便依法对其进行严惩直至取缔。

第三，纠正城市文化类社会组织的错误行为。纠正城市文化类社会组织以盈利为目的、打着公益服务的旗号、变相开展经营性活动的行为，以及宣扬负面城市文化的行为，促使确实需要市场化运作的城市文化类社会组织转型为文化企业。同时，重点切断城市文化类社会组织同境外势力的非法关系，取缔非法成立的城市文化类社会组织，净化城市文化类社会组织的业态，为城市文化发展提供良性的社会动力。

三、引导城市居民优化文化参与

城市居民既是城市文化的消费者，又是城市文化发展的重要推动者，对城市文化发展走向起着根本性作用。在中国特色新型城镇化进程中，针对城市居民文化参与的问题，可以通过完善引导城市居民文化参与的机制、分类协调城市社会关系、提升城市居民文化素质等方式，引导城市居民优化文化参与，壮大促进城市文化发展的根本力量。

（一）完善引导城市居民文化参与的机制

在城市中，城市居民是城市文化的直接体验者和消费者，而城市文化发展根本上在于服务城市居民。因此，城市居民才是城市文化发展的真正"专家"。鉴于此，有必要针对传统社会关系变迁等对城市居民文化参与行为进行制约，引导城市居民文化参与，赋予他们参与城市文化发展定位、决策与监督的权利，增强他们参与促进城市文化发展实践的信心和能力。如此，不仅有利于切实满足城市居民的文化需要，还有利于增强社会对城市文化发展过程的监督，避免出现寻租腐败、不作为、乱作为等负面乃至非法现象。第一，加强对城市居民文化参与方向的定位和研判，以增强城市居民的文化参与度和文化获得感为中心，设计确保城市居民"全民共享""全面共享""共建共享"和"渐进共享"城市文化成果的任务书、路线图和时间表，渐进推进城市居民在参与城市文化发展实践的过程中全面共享城市文化成果。

第二，建立城市居民文化参与激励制度，将他们参与城市文化发展特别是城市公共文化服务的状况纳入他们的信用体系并进行积分管理，对相关积分高的城市居民进行物质、精神奖励；加强引导城市居民文化参与的宣传，依靠财政直接补贴、转移支付、政府与社会资本合作等方式，降低城市居民参与各种城市文化活动的成本；通过定期或不定期地召开城市文化发展座谈会，安排固定的地点和人员听取城市居民关于城市公共文化服务的意见与建议，向城市居民发放关于加强城市公共文化服务的调查问卷等，引导城市居民自觉参与城市文化发展实践，在共建城市文化中实现对城市文化成果的共享。

(二) 分类协调城市社会关系

在城镇化进程中，城市社会关系的变迁会加剧城市居民的文化焦虑，影响他们参与城市文化发展的行为，从而诱发城市文化发展问题。鉴于此，有必要在中国特色新型城镇化进程中，合理协调城市社会关系，应对好因城市社会关系变迁而导致的城市文化发展相关问题。第一，针对城市原有居民的社会关系变迁，修复或新建良好的社会关系。一方面，基于对因居住环境变化导致熟人圈断裂的城市原有居民群体的文化需要调查，通过组织开展跨社区、跨单位的联谊会、文艺比赛等文化活动，增进他们的文化交流和情感互动，修复他们之间濒临断裂或已经断裂的社会关系；另一方面，组织城市基层党组织、城市基层政府、城市社区、城市文化类社会组织在城市新社区、新居民区，开展旨在增进相关城市居民文化交流和情感互动的文化活动，帮助他们在新的生活区域内建构熟人圈，缓解文化焦虑，增强参与新生活区域内城市文化发展实践的热情和能力。

第二，针对城市移民的社会关系变迁，引导他们更好地从文化层面融入城市。推进户籍制度、社会保障制度、医疗制度等的改革，为城市移民融入城市提供良好的制度保障；依托专门管理城市移民事务的政府机构以及相关城市社区、城市文化类社会组织，加强针对城市移民的文化需要调查、心理问题疏导与干预、专门文化活动组织等，引导和教育城市原有居民改变对城市移民的排斥观念，组织开展城市原有居民与城市移民共同参与的文化活动，增进他们之间相互接纳的情感，使城市移民更好地融入新的社会关系。同时，注重对农民工这一特定城市移民群体的关注，积极引导他们融入新的城市社会关系，加强对他们之间自发形成的社会关系网的关注、研判和监督，引导这些社会关系网向增进农民工从文化层面认同乃至融入城市社会的方向发展，避免它们成为引导农民工同城市社会对立的不利因素。此外，定期或不定期地组织农民工同留守家庭成员开展现实文化活动、视频文化交流等,增进他们的家庭关系,缓解他们因家庭关系淡化而出现的文化焦虑、文化参与不积极等问题,同时为农村带去先进的城市文化元素,在一定程度上带动农村文化发展。

(三)提升城市居民文化素质

提升城市居民文化素质,有利于提高他们的文化品位,增强他们文化参与的积极性、主动性和创造性,使他们更好为城市文化发展贡献力量。第一,加强对城市居民的思想引领。以"培育和弘扬社会主义核心价值观""认知与传承城市历史文化""认知与创新城市文化""认知与融合外来文化""认知与促进城乡文化共生""增强城市文化参与能力"等为主题,依托城市学校教育、企业教育、社区教育和职业教育平台,传播"实现城市文化发展利市利民"的理念,让广大城市居民在思想上成为城市文化发展的认同者和拥护者。并且,通过各类城市宣传和教育平台,让城市居民认知和理解"城市文化发展与自身有什么现实关系""做什么有利于城市文化发展""做什么不利于城市文化发展""自身如何参与城市文化发展实践",引导城市居民"趋利避害",自觉参与促进城市文化发展和抵制阻碍城市文化发展的实践活动。

第二,加强对城市居民的文化知识教育。结合中国教育发展现状,根据《中华人民共和国国民经济和社会发展第十三个五年规划纲要》《国家教育事业发展"十三五"规划》等要求,加强对城市居民的学历教育和职业教育等,着重推动城乡教育资源均衡配置,精准满足城市居民提高文化程度、丰富文化知识、提升文化素质的客观要求,进而增强他们自觉为城市文化发展贡献力量的意识和能力。同时,依托城市公益文化设施、城市文化活动为载体,加强对城市居民的法治常识、公民道德、文明生活等知识教育,增强他们的法治意识、道德意识、文明意识,提升他们依法、文明开展城市文化参与的素质和能力。在互联网发展的背景下,加强针对城市居民的合法上网、网络防骗、防网络病毒入侵等知识普及教育,特别是加强针对城市弱势群体及中老年城市居民群体中网络知识缺乏者的合法上网、网络防骗等知识普及教育,开展以"文明上网"为主题的社区文化活动、企业文化活动、校园文化活动等,发起建立融入社会主义核心价值观要求的城市虚拟空间居民公约,增强城市居民依法开展上网活动的意识,提升他们在网络世界抵制负面文化信息、传播正面文化信息的素质和能力。

第三,丰富城市居民的相关实践体验。依托城市图书馆、文化馆、艺术馆等公共文化设施,引导和帮助城市居民参与图书文献保存与维护、城市文化活

中国特色新型城镇化进程中的城市文化发展研究
——理念、框架与路径

动策划与组织、城市艺术产品设计与传播等实践活动，并组织他们中的代表进入城市文化发展的规划、管理机构参与城市文化发展决策和监督，让他们在实践中体悟城市文化发展趋势和要求，增强他们参与促进城市文化发展实践的自觉性，提升为城市文化发展做贡献的素质。如此，有助于促进城市居民文化素质的全面提升，更好地发挥他们在提升城市文化品位和发展质量上的积极作用。

主要参考文献

[1] 中共中央马克思恩格斯列宁斯大林著作编译局. 马克思恩格斯选集：第1卷［M］. 北京：人民出版社，2012.

[2] 中共中央马克思恩格斯列宁斯大林著作编译局. 马克思恩格斯选集：第2卷［M］. 北京：人民出版社，2012.

[3] 中共中央马克思恩格斯列宁斯大林著作编译局. 马克思恩格斯选集：第3卷［M］. 北京：人民出版社，2012.

[4] 中共中央马克思恩格斯列宁斯大林著作编译局. 马克思恩格斯选集：第4卷［M］. 北京：人民出版社，2012.

[5] 中共中央马克思恩格斯列宁斯大林著作编译局. 马克思恩格斯文集：第1卷［M］. 北京：人民出版社，2009.

[6] 中共中央马克思恩格斯列宁斯大林著作编译局. 马克思恩格斯文集：第5卷［M］. 北京：人民出版社，2009.

[7] 中共中央马克思恩格斯列宁斯大林著作编译局. 列宁选集：第1卷［M］. 北京：人民出版社，2012.

[8] 中共中央马克思恩格斯列宁斯大林著作编译局. 列宁选集：第4卷［M］. 北京：人民出版社，2012.

[9] 毛泽东. 毛泽东选集：第1卷［M］. 北京：人民出版社，1991.

[10] 毛泽东. 毛泽东选集：第3卷［M］. 北京：人民出版社，1991.

[11] 中共中央文献研究室. 毛泽东文集：第8卷［M］. 北京：人民出版社，1999.

[12] 邓小平. 邓小平文选：第3卷［M］. 北京：人民出版社，1993.

[13] 江泽民. 江泽民文选：第3卷［M］. 北京：人民出版社，2006.

[14] 胡锦涛. 胡锦涛文选：第1卷［M］. 北京：人民出版社，2016.

[15] 习近平. 习近平谈治国理政：第1卷［M］. 北京：外文出版社，2018.

[16] 习近平. 习近平谈治国理政：第2卷［M］. 北京：外文出版社，2017.

[17] 习近平. 之江新语［M］. 杭州：浙江人民出版社，2007.

[18] 习近平. 福州市20年经济社会发展战略设想［M］. 福州：福建美术出版社，1993.

[19] 习近平. 在纪念孔子诞辰2565周年国际学术研讨会暨国际儒学联合会第五届会员大会开幕会上的讲话［M］. 北京：人民出版社，2014.

[20] 习近平. 在省部级主要领导干部学习贯彻党的十八届五中全会精神专题研讨班上的讲话［M］. 北京：人民出版社，2016.

[21] 习近平. 在哲学社会科学工作座谈会上的讲话［M］. 北京：人民出版社，2016.

[22] 习近平. 在知识分子、劳动模范、青年代表座谈会上的讲话［M］. 北京：人民出版社，2016.

[23] 中共中央文献研究室. 建国以来重要文献选编（第5册）［M］. 北京：中央文献出版社，1993.

[24] 中共中央文献研究室. 十八大以来重要文献选编（上）［M］. 北京：中央文献出版社，2014.

[25] 中共中央文献研究室. 十八大以来重要文献选编（中）［M］. 北京：中央文献出版社，2016.

[26] 国家新型城镇化规划（2014—2020年）［M］. 北京：人民出版社，2014.

[27] 戴均良. 中国城市发展史［M］. 哈尔滨：黑龙江人民出版社，1992.

[28] 单霁翔. 从"功能城市"走向"文化城市"［M］. 天津：天津大学出版社，2007.

[29] 范恒山，陶良虎. 中国城市化进程［M］. 北京：人民出版社，2009.

[30] 范周. 新型城镇化与文化发展研究报告［M］. 北京：光明日报出版社，2013.

[31] 国务院发展研究中心，世界银行. 中国：推进高效、包容、可持续的城镇化［M］. 北京：中国发展出版社，2014.

[32] 韩美群，宋州. 文化建设的中国话语［M］. 武汉：武汉大学出版社，2014.

[33] 孔凡文，许世卫. 中国城镇化发展速度与质量问题研究［M］. 沈阳：东北大学出版社，2006.

[34] 李丽. 文化困境及其超越［M］. 北京：人民出版社，2013.

[35] 罗国杰. 马克思主义价值观研究［M］. 北京：人民出版社，2013.

[36] 骆郁廷. 精神动力论 [M]. 武汉：武汉大学出版社，2003.

[37] 吕玉印. 城市发展的经济学分析 [M]. 上海：上海三联书店，2000.

[38] 诺克斯，麦卡锡. 城市化：城市地理学导论 [M]. 姜付仁，万金红，董磊华，等译. 北京：电子工业出版社，2016.

[39] 彭翊. 中国城市文化产业发展评价体系研究 [M]. 北京：中国人民大学出版社，2011.

[40] 王国平. 城市学总论 [M]. 北京：人民出版社，2013.

[41] 王伟光，魏后凯，张军. 新型城镇化与城乡发展一体化 [M]. 北京：中国工人出版社，2014.

[42] 新玉言. 国外城镇化——比较研究与经验启示 [M]. 北京：国家行政学院出版社，2013.

[43] 许立勇，张延群，姜玲，等. 中国新型城镇文化建设指数（UCI）报告 [M]. 北京：中国发展出版社，2015.

[44] 刘合林. 城市文化空间解读与利用——构建文化城市的新路径 [M]. 南京：东南大学出版社，2010.

[45] 阿尔君·阿帕杜莱. 消散的现代性：全球化的文化维度 [M]. 刘冉，译. 上海：上海三联书店，2012.

[46] 戴维·哈维. 叛逆的城市：从城市权利到城市革命 [M]. 叶齐茂，倪晓晖，译. 北京：商务印书馆，2014.

[47] 凯文·林奇. 城市意象 [M]. 方益萍，何晓军，译. 北京：华夏出版社，2001.

[48] 乔尔·科特金. 全球城市史（典藏版）[M]. 王旭，等译. 北京：社会科学文献出版社，2014.

[49] 克莱德·克鲁克洪等. 文化与个人 [M]. 高佳，何红，何维凌，译. 杭州：浙江人民出版社，1986.

[50] 刘易斯·芒福德. 城市发展史——起源、演变和前景 [M]. 宋俊岭，倪文彦，译. 北京：中国建筑工业出版社，2005.

[51] 蔡瑞林，陈万明. 城镇化进程中文化的断裂与传承 [J]. 中州学刊，2014（11）：111-116.

[52] 曹萍. 新型工业化、新型城市化与城乡统筹发展 [J]. 当代经济研究，2004（6）：58-60.

[53] 陈桂波. 非遗视野下的文化空间理论研究刍议 [J]. 文化遗产，2016（4）：81-86.

[54] 李萍. 技术创新与市场经济 [J]. 长白学刊, 2001 (5): 67-69.
[55] 魏建. 四化同步与城镇化质量的提高 [J]. 学术月刊, 2013 (5): 90-96.
[56] 陈立旭. 论文化产品的社会效益和经济效益 [J]. 中国社会科学, 1998 (5): 96-105.
[57] 陈少峰, 王帅. 城镇化进程中的城市文化建设 [J]. 中国特色社会主义研究, 2014 (2): 81-85.
[58] 陈伟东, 张大维. 马克思恩格斯的城乡统筹发展思想研究 [J]. 当代世界与社会主义, 2009 (3): 19-24.
[59] 陈颜. 论城市社区文化建设 [J]. 西南民族大学学报 (人文社会科学版), 2005, 26 (1): 61-64.
[60] 樊晓燕. 中国农村文化在城市化背景下面临的困境思考 [J]. 西安交通大学学报 (社会科学版), 2016, 36 (2): 58-64.
[61] 方堃, 冷向明. 包容性视角下公共文化服务均等化研究 [J]. 江西社会科学, 2013 (1): 177-181.
[62] 傅利平, 何勇军, 李小静. 城市公共文化服务的综合评价模型 [J]. 统计与决策, 2013 (16): 39-41.
[63] 高珮义. 试论社会主义国家的城市化 [J]. 当代经济科学, 1990 (6): 38-44.
[64] 顾朝林, 吴莉娅. 中国城市化问题研究综述 (Ⅰ) [J]. 城市与区域规划研究, 2008 (2): 104-147.
[65] 洪涓, 刘甦, 孙黛琳, 付建文. 北京与伦敦文化创意产业发展比较研究 [J]. 城市问题, 2013 (6): 38-41.
[66] 胡策. 城镇化进程中的文化同质化与高等教育关联性分析应对 [J]. 学海, 2015 (6): 102-106.
[67] 胡丰顺, 杨少波. 我国城市化进程中农村文化的变迁与重构 [J]. 江西社会科学, 2012 (11): 238-241.
[68] 黄仲山. 当代城市移民文化变迁与文化共同体建构 [J]. 中华文化论坛, 2015, 7 (7): 68-73.
[69] 贾旭东. 论经济发展的文化动力 [J]. 哲学研究, 2005 (10): 109-113.
[70] 金元浦. 文化市场与文化产业的当代发展 [J]. 社会科学战线, 1995 (6): 38-41.
[71] 雷鸣. 新兴文化产业集群与科技创新合流发展趋势研究 [J]. 理论与现

代化，2010 (4)：108-111.

[72] 李云智. 当代社会发展的文化动力 [J]. 北京工业大学学报 (社会科学版)，2013 (1)：7-11.

[73] 石冉，张学昌. 新型城镇化的文化治理：维度、框架与路径 [J]. 农村经济，2015 (11)：69-73.

[74] 苏昕. 城市新移民社会保障权益完善探讨——共享发展理念的视角 [J]. 马克思主义研究，2016 (6)：146-154.

[75] 田根胜，卢晓晴. 一种新的蕴涵高附加值的产业资源——城市文化的经济学解读 [J]. 理论探讨，2006 (3)：92-95.

[76] 王华斌. 乡土文化传承：价值、约束因素及提升思路 [J]. 理论探索，2013 (2)：12-14.

[77] 王晓芸. 均等化视角下的社区公共文化服务探析 [J]. 求实，2012 (2)：204-207.

[78] 王益澄. 城市文化现代化指标体系及其评价 [J]. 经济地理，2003 (2)：230-232.

[79] 吴江，王斌，申丽娟. 中国新型城镇化进程中的地方政府行为研究 [J]. 中国行政管理，2009 (3)：88-91.

[80] 吴军. 文化动力：一种解释城市发展与转型的新思维 [J]. 北京行政学院学报，2015 (4)：10-17.

[81] 谢菲. 马克思恩格斯城市思想及其现代演变探析 [J]. 马克思主义研究，2012 (9)：32-40.

[82] 徐学庆. 城乡文化一体化发展途径探析 [J]. 中州学刊，2013 (1)：102-106.

[83] 颜玉凡，叶南客. 城市社区居民公共文化服务弱参与场域的结构性因素 [J]. 南京师大学报（社会科学版），2016 (2)：57-66.

[84] 叶继红. 新城镇居民城市融入过程中的文化消费研究 [J]. 北京社会科学，2016 (11)：95-102.

[85] 张霁雪. 城乡结合部"撤村建居"型社区的文化转型与再生产 [J]. 社会科学战线，2014 (8)：174-181.

[86] 张文宏，刘琳. 城市移民与本地居民的居住隔离及其对社会融合度评价的影响 [J]. 江海学刊，2015 (6)：114-122.

[87] 张学昌. 空间与权利：城市文化的双重变奏及现实选择 [J]. 北京行政学院学报，2018 (2)：92-97.

[88] 赵德兴,陈友华,李惠芬,付启元. 城市文化竞争力指标体系研究 [J]. 南京社会科学,2006 (6):20-25.

[89] 郑萍. 文化民生视野下的城市社区文化建设研究 [J]. 城市发展研究, 2011 (11):115-118.

[90] 鼓励基层群众解放思想积极探索 推动改革顶层设计和基层探索互动 [N]. 人民日报,2014-12-03 (1).

[91] 健全城乡发展一体化体制机制让广大农民共享改革发展成果 [N]. 人民日报,2015-05-02 (1).

[92] 推动全党学习和掌握历史唯物主义更好认识规律更加能动地推进工作 [N]. 人民日报,2013-12-05 (1).

[93] 中华人民共和国公共文化服务保障法 [N]. 人民日报,2017-02-03 (14).

[94] 中华人民共和国国民经济和社会发展第十三个五年规划纲要 [N]. 人民日报,2016-03-18 (17).

[95] 中央城市工作会议在北京举行 [N]. 人民日报,2015-12-23 (1).

后　　记

本书是在我的博士论文基础上的进一步修改完善。本书在写作过程中得到我的博士导师曹萍教授的悉心指点和教导，从选题到定稿，每一步都凝聚着曹老师辛勤的汗水和良苦用心。曹老师指导我优化文字表达、完善逻辑思维，不断扎实学术研究的基本功；教诲我提升专业素养、探究问题本质，不断增强学术研究的深度和广度。首先，我要感谢我的恩师！同时也要感谢其他老师、朋友、同窗给予我的帮助和启发。

在本书写作的过程中，我参阅了国内外诸多研究者的著作和文献，在此对他们表示真诚的谢意。在列举观点、引证文献中不免有疏漏之处，在此对他们表示深深的歉意。

最后，我还要感谢我的家人，正是他们的理解和体谅，使我得以顺利完成书稿。

本书顺利出版还得感谢四川大学出版社领导和编辑的大力支持和帮助。

"在科学上没有平坦的大道，只有不畏劳苦沿着陡峭山路攀登的人，才有希望达到光辉的顶点。"我将带着师恩给予的知识和智慧，带着良师益友和亲人的期待，继续开拓进取，努力在为中国特色社会主义事业做更大贡献的实践中实现好自己的个人价值和社会价值。

张学昌
2019 年 9 月于四川大学